Art and Communities
Life and Practice in Koganecho, Yokohama

アートとコミュニティ
横浜・黄金町の実践から

山野真悟＋鈴木伸治　〈企画監修〉佐脇三乃里

アートとコミュニティ　横浜・黄金町の実践から

はじめに

横浜市の初黄(はっこう)・日ノ出町地区（黄金町）における「アートによるまちづくり」の活動は二〇〇八年にスタートして（二〇二一年現在で）一二年の歳月が経ちました。複雑な歴史的背景をもつ黄金町の姿は、都市政策における文化活動の展開により「アートのまち」として認知されるようになり、目に見える形で変化を遂げました。

本書は、黄金町の活動を一つの事例に、都市とアートを関係づけるための実践とそこで起きた日常の記録を、活動の背景にある横浜市の創造都市政策（二〇〇四年〜）と、国内初期の都市型アートプロジェクトである「ミュージアム・シティ・プロジェクト」（一九九〇〜二〇〇六年、福岡）が当時描いていた構想とともに振り返る内容で構成しています。

都市政策と文化政策の双方の視点から黄金町という小さなまちで起きた出来事を見ていくことで、社会におけるアートの役割や機能を再考していきます。

かつて、黄金町は特殊飲食店と呼ばれる小さな建物が密集し、売春や麻薬の取引が横行していました。アンダーグラウンドビジネスやＨＩＶ感染など社会的な問題も引き起こし、まちの環境は二〇〇五年一月の警察による一斉摘発に至るまでますます悪化していきます。普通の暮らしを営む住民や小学校の通学路と隣接するエリアにもかかわらず、女性や子どもが一人で歩けるような安全な場所ではなくなり、このエリアから転居してしまう住民も次第に増えていくようになりました。

こうしたまちの状況を変える最初のきっかけとなったのが、普通のまちを取り戻したいという地域住民の強い覚悟と結束力でした。「安全・安心」なまちを目指し、地域住民、行政、警察、大学、アーティストなど立場の異なる人たちが関わり、予想もしなかった困難や課題に直面しながら地道な活動を続けてきた背景があります。

そしてもう一つ、まちづくりにとって重要だったのがアーティストの存在です。

現在も黄金町バザールのディレクターを務める山野真悟は、国内における都市型アートプロジェクトの先駆的な事例である「ミュージアム・シティ・プロジェクト」を一九九〇年代に福岡で手がけてきました。不特定多数の人が集まる都市の中に、アートを介入させることで美術が都市の中で流通するシステムを見出そうとする実験的な試みでした。

二〇〇八年より毎年続いている「黄金町バザール」は、地域課題を解決するため行政主導のもとアートでまちを再生する実験としてスタートしました。単に作品を設置するだけではなく、地域住民とアーティストが日常的な関係性を築きながら作品を制作したり、まち中の商店で来場者をもてなしたり、地域が一体となってまち全体を盛り上げてきました。アーティストがまちの日常に関わり、立場の異なる他者を互いに尊重しながら共通言語を探り、少しずつ、丁寧にまちとの関係性を築いていきます。

なぜアートだったのか。その背景にあるのが、二〇〇四年に横浜市で提言された「文化芸術創造都市――クリエイティブシティ・ヨコハマ」です。文化芸術のもつ創造性を生かして都市の新しい価値や魅力を生み出そうとするビジョンで、国内でもいち早く横浜市が実践してきた都市政策です。官民協働でアーティストやクリエイターの集積と活動を支える環境づくりの実現を目指し、黄金町のエリアもその一つとして位置付けられました。アートの力によって文化芸術活動が地域の活性化に繋がることを期待しました。

本書の著者である山野真悟と鈴木伸治は、黄金町の活動に初期の段階から携わってきました。それぞれ異なる専門分野を持ちながら、どのようにまちを見てきたのか。当時、活動を仕掛けた人たちがビジョンとして描いた未来の都市やまちの姿は一体どのようなものだったのか。それは今の風景と一致しているものだったのでしょうか。

長いようで短い時間の中で起きたまちの変化や関係性は、都市とアートが互いを結びつけようとする作業の中で、まちに集まる異なる立場や背景を持つ人々の日常の関係性にずれや重なりを生じさせながら少しずつ形を変えてきました。

「アートによるまちづくり」の活動は、まちの日常にアートを取り込みながら、多様性を受容するコミュニティを地道に築いてきました。アーティストの持つクリエイティビティは表現として作品をつくるだけでなく、地域や社会に新しい価値や関係性を作り出し、豊かな社会を形成していく原動力になるのです。

この先も時代の流れに応じて社会が変容する中で、アートのある日常が新たな関係と豊かなコミュニティを育んでいくきっかけとなることを願っています。

企画監修
佐脇三乃里

1章 創造都市のはじまり

都市デザインと文化政策

――鈴木伸治

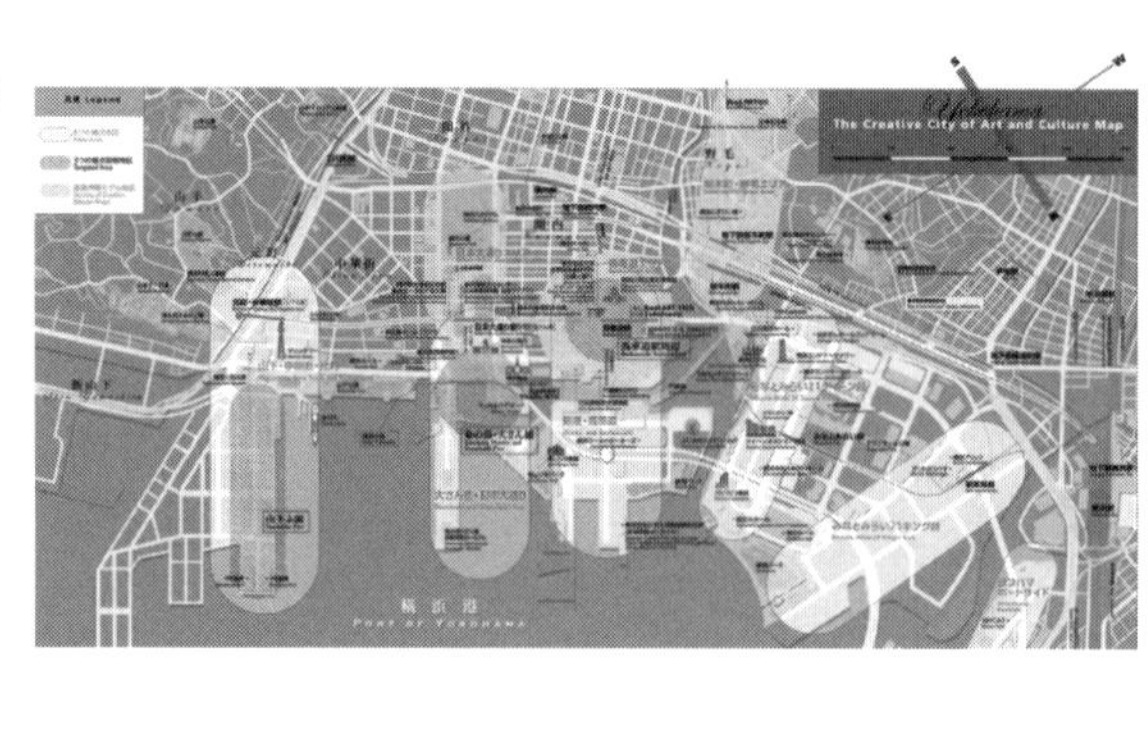

横浜では二〇〇四年より「文化芸術創造都市——クリエイティブシティ・ヨコハマ」を目標に掲げて都市づくりが行われてきた。

そのはじまりは二〇〇四年一月に市長の諮問機関である「文化芸術・観光振興による都心部活性化検討委員会」(委員長北沢猛東京大学教授・故人)が、「文化芸術創造都市——クリエイティブシティ・ヨコハマの形成に向けた提言」を発表したことによる。提言では、一八五九年に建設された開港場の地である関内(関所の内側の意)地区のオフィス空室率が約一四%に達するなど衰退傾向にあり、この古くからの都心部を再生するために、文化芸術活動や観光を振興しようとするものであった。

この提言をもとにスタートした文化芸術創造都市構想は四つの目標と五つの戦略的プロジェクトを設定していた。四つの目標とは①アーティスト、クリエイターが住みたくなる創造環境の実現、②創造産業[★1]の集積による経済活性化、③魅力ある地域資源の活用、④市民が主導する文化芸術創造都市づくり、というものであった。

また、この目標を実現するための戦略プロジェクトとして①(仮称)ナショナルアートパーク構想、②創造界隈の形成、③映像文化都市、④横浜トリエンナーレ、⑤創造の担い手育成の五つが設定された。

「(仮称)ナショナルアートパーク構想」は、一見すると国立芸術公園をつくろうという構想のように見えるが実はそうではない。戦前は港湾地区の埋め立ては国の直轄事業として行われていたために、横浜の古い港湾エリア内には国が所有している土地があり、それらの土地が十分に活用されていないという課題があった。そのような国有地を市が土地利用転換して整備を進めようとすれば、国は市に買取を求めるが、市としてそうした財源はない。そこで市は財政負担のすくない港湾緑地として国有

上｜旧第一銀行
下｜旧富士銀行

地を活用し、そこに文化芸術活動ができるような環境を整えていこうという戦略を持った。

二〇〇五年の横浜トリエンナーレが将来の土地利用の転換を念頭に山下埠頭で開催されたり、ワコールアートセンターが運営している象の鼻テラスが、基本的には港湾緑地の中の無料休憩施設として整備されているのは、このような背景によるものである。

この構想は、みなとみらい21地区から山下埠頭までの都心臨海部をカバーしており、創造都市の空間的な戦略ともなっている。国内には創造都市を推進している他の都市も多くあるが、明確な空間的戦略を有している取り組みはほとんどないのが現状であろう。横浜市の創造都市の独自性ともいえるポイントである。

この構想ができた当時は本書でとりあげる黄金町の取り組みは始まっておらず、この構想図の中に黄金町を含む関外地区（JR線よりも南側の吉田新田として埋め立てられた地区とその周辺、関所の外側という意味で関外地区と呼ばれる）は含まれていない。後に黄金町のプロジェクトが始まった際に後付けで構想が変更されたのである。

二つ目のプロジェクト「創造界隈の形成」の中心となる取り組みとしてスタートしたのが、現在のBankARTの取

★1　創造産業とはデザイン、美術、ソフトウェア開発、コンピューター・サービスなど知的財産権を有した生産物に関わる産業。

BankArt studio NYK（旧日本郵船倉庫、2018年解体）

り組みである。当時、利用方法が定まっていなかった旧第一銀行、旧富士銀行（共に一九二九年竣工）という馬車道地区にある歴史的建造物活用のため、運営団体の公募が行われ選ばれたのが現在のNPO法人BankART 1929（代表、池田修）である。まさに創造都市のフラッグシップとなる存在である。その後、旧富士銀行は東京藝術大学大学院の校舎としての利用が決まり、二〇〇五年には旧日本郵船倉庫を市が借り上げて、BankARTが新たに創造都市の拠点運営を行うこととなった。この拠点はBankART studio NYKと名付けられ、アートイベントのみならず、スクール事業や、都市づくりのビジョンを検討する研究会など、アートスペースにとどまらない多様な人たちが集まる拠点となった。

この他にも二〇〇五年から二〇〇六年にかけて行われた「北仲BRICK & WHITE」は記憶しておくべきプロジェクトである。これは再開発着工前の旧帝蚕倉庫本社ビルと旧帝蚕ビルディングの二棟の建物を暫定利用したプロジェクトで、当時の開発主体である森ビル株式会社に池田氏が働きかけ、約五〇組のアーティストやクリエイター、建築家などが、期間限定のアトリエやオフィスを構えることとなった。その中には東京からオフィスを移した人たちもおり、事業終了後も横浜で活躍することとなった人が多い。まさに創造都市の理念を体現する活動を、池田氏を中心とするBankARTは行ってきたといえる。

二〇〇五年には旧関東財務局の建物を活用したＺＡＩＭもオープンした。当初は二〇〇五年のトリエンナーレのサポーターの拠点として、その後はアーティストやクリエイターのシェアオフィスとしての運営がなされた。

二〇〇六年には横浜市の創造界隈形成事業の一環として、野毛山にある元結婚式場の旧老松会館を転用し、舞台芸術の創造拠点として管理・運営を行う民間団体の公募が行われた。ここではNPO法人アートネットワーク・ジャパンと、NPO法人STスポット横浜の共同事業体が選定され、以後舞台芸術団体の活動拠点、急な坂スタジオとして運営（現在の運営はNPO法人アートプラットフォーム）がなされている。

二〇〇九年には、開港一五〇周年事業として横浜港発祥の地である象の鼻地区が公園として整備され、象の鼻パークが開園した。園内の休憩施設である象の鼻テラスの運営は青山の複合文化施設スパイラルの運営や数々のアートプロデュース事業を手がけるワコールアートセンターが運営にあたることとなった。

このようにBankART、ZAIM、急な坂スタジオ、象の鼻テラスなど、新たな拠点が次々と生まれ、アーティストやクリエイターがさまざまな活動を展開するようになったのが、二〇〇〇年代半ばの横浜であった。こうした実験的ともいえる新たな都市へのアプローチを背景に黄金町のプロジェクトは立ち上がっていくのである。

一連の創造都市施策が展開されてきた歴史的背景についても述べておきたい。横浜では一九七〇年代から都市デザインの取り組みが行われ、七〇年代は都心プロムナード整備や、くすのき広場（旧市庁舎前の広場、現在は閉鎖）、山下公園通り周辺の都市デザイン、馬車道商店街、イセザキモールの整備など歩行者にやさしいまちづくり、八〇年代に入ると歴史的建造物を活用した歴史を生かしたまちづくり、郊外部の河川空間や公園などを整備する水と緑のまちづくりなど、都市デザインの活動分野を拡大していった。特に一九八〇年代後半には、都市の創造性に関わる国際会議やイベントが開催され、当時の高秀秀信市長による「デザイン都市宣言」が横浜から発信された。こうした都市デザインの新たな展開の模索は当時の横浜市都市デザイン室にいた北沢猛らの都市デザイナーたちの仕掛けであった。

一九八七年には都市デザイン室でトリエンナーレ開催のための調査検討が行われている。内容的にはデザインを中心としたもので、現在横浜で行われているような現代美術の国際展というイメージではないものの、都市におけるハード整備を担当する都市計画局（当時）の中で、こうした都市への試みが行われている点は他の都市と大きく異なる点であろう。この調査の実施はのちのトリエンナーレ開催へと結びついていく。

現在のヨコハマトリエンナーレは横浜市が中心となり開催されているが、当初のトリエンナーレは国際交流基金が中心となり開催されていた。開催地を模索するなかで、かつてトリエンナーレの調査を実施していた経緯から横浜市に打診があったと筆者は北沢氏から聞いた記憶がある。

こうした経緯から二〇〇一年に第一回がパシフィコ横浜と赤レンガ倉庫をメイン会場に開催されたが、それに先立つ一九九七年には「芸術文化都市づくり推進検討調査」が都市計画局の企画部門で行われており、開催にあたって、都市の中の水辺空間やオープンスペース活用の可能性について検討されている。実際にトリエンナーレの第一回展では水辺空間やプロムナードなどに作品が点在し、まちぐるみの祝祭といった趣であった。

こうした都市デザインからアートやデザインへのアプローチがあったのに対して、横浜市におけるもう一つの動きが創造都市政策の形成へとつながっていった。

横浜市を含む革新自治体で新たな政策分野として一九七〇年代ごろから「文化政策」が取り上げられるようになり、全国の都道府県、政令指定都市の首長部局に文化政策の担当部局が設置されていった。横浜市でも一九六四年には市民ギャラリーが桜木町の旧中区役所内に開設され、一九七四年には教育文化センターの開設にともなって移転するなど文化事業への取り組みが進められた。関内駅前にあったこの教育文化センターは立地もよく、市立の学校教員の研修や市民講座、展覧会などが開催される市民ギャラリー、ホール、視聴覚ライブラリー、音楽練習室などを含む複合文化施設であった。横浜市の文化事業は一九七〇年代から本格化し、一九八〇年代に入ると、横浜市主催の演劇公演・文化イベントに小劇場や前衛的なアーティストが起用されるケースも増えていった。中には教育文化センター以外の、まだ都心部に点在していた倉庫を活用したイベントもあった。

市役所の機構としてみると、文化事業に関しては、教育委員会文化事業課が担当していたが、一九七六年には企画局文化担当が設置され、文化政策の担当部署がうまれた。この文化担当は一九八二年に市民局文化室に、一九九一年には文化振興課と文化施設課からなる市民文化部へと発展した。一九九五年には教育委員会から文化事業部を吸収して、文化行政の一本化がなされている。

二〇〇四年文化芸術創造都市構想は、都市デザインと文化政策が展開して結びつき、当時の中田宏市長のリーダーシップにより実現したものであった。この構想を検討した委員会の座長を務めた北沢猛は一九八〇年代から九〇年代にかけて横浜市職員として新たな都市デザインを模索していたが、九〇年代後半より東大の助教授となり、中田市政においては参与として創造都市政策の立ち上げに関わった。北沢は市役所内の政策の変遷と継続性について十分に理解していたのである［★2］。

横浜市における文化芸術創造都市の取り組みは他都市と比較してどのような特徴を持つのか。その

★2　横浜市における文化政策の展開については、野田邦弘による『創造都市・横浜の戦略―クリエイティブシティへの挑戦』（二〇〇八）に詳しい。

最大の特徴は、文化芸術創造都市の取り組みを、文化政策、産業政策、都市デザインという三つの分野をミックスした政策パッケージとして構想している点である。通常の行政組織においては、それぞれが独立した組織によって担当される。横浜市は開港一五〇周年・創造都市事業本部という横断的な組織を設置して取り組むことによって、その境界領域におけるシナジー効果を狙っていた。当然、事業本部には都市デザイン室、文化振興課などの流れをくむ人材が登用された。筆者も一時期、創造都市アドバイザーという立場でこの事業本部に週二日勤務していたが、それぞれの分野で新しい領域を切り開いてきた経験豊富な、いい意味で「役人らしくない」スタッフが多く、梁山泊のような雰囲気があったことを記憶している。

二〇〇〇年代前半、この創造都市というコンセプトについては、チャールズ・ランドリー、リチャード・フロリダなどの著書が相次いで翻訳され、日本人では佐々木雅幸らの創造都市に関する著作が出版され、日本でも注目されつつあった。横浜市、金沢市などで先進的な取り組みが行われ、徐々に広がりを見せていた時期である。横浜市の取り組みに、国内外から多くの視察者がおとずれていた時期でもある。二〇〇九年の開港一五〇周年の際には創造都市国際会議が開催された。筆者も企画部会長としてこの国際会議に関わったが、都市計画史分野では著名なピーター・ホール卿を基調講演者に、国内外から多くの専門家が集まり、これからの都市のあり方について議論をたたかわせた。二〇一二年には創造都市ネットワーク日本（CCNJ= Creative City Network Japan）の立ち上げに際して、横浜で国際シンポジウムが開催された。現在この創造都市ネットワーク日本には一一六の自治体（二〇二〇年時点）が参加している。

その後、この創造都市施策については、徐々にその形を変えながら展開していく。市長が林文子市長に変わり、林カラーが政策面でもでてくることによって、スタート時点とは異なる新たな展開がすすめられた。具体的には、トリエンナーレだけでなく、「音まつり」、「Dance Dance Dance」といった、音楽イベント、ダンスイベントなどがトリエンナーレとセットとなり三年ごとに行われるようになった点も大きい。

創造界隈の拠点についても大きな変化があった。ZAIMについては、建物の耐震改修後に新たな運営者を公募し、現在は横浜DeNAベイスターズが提唱する横浜スポーツタウン構想のパイロットプログラムの発信拠点「THE BAYS（ザ・ベイス）」として利用がなされている。二階にはスポーツとクリエイティブをテーマとしたインキュベーションオフィスが入居し、現代アート路線から、起業拠点としての色彩が強くなった。

また、トリエンナーレの会場としても利用され、海外にもよく知られたBankART studio NYKであったが、所有者の意向により二〇一八年には惜しまれながらも旧日本郵船倉庫が解体されることとなった。NPO法人BankART 1929はその後もBankART Home（関内さくら通り、二〇一九年オープン、二〇二〇年クローズ）、BankART Station（みなとみらい線新高島駅構内、二〇一九年オープン）などの拠点運営を継続し、二〇二〇年には復元された旧帝蚕倉庫内にBankART KAIKO（蚕、旧生糸検査所の倉庫であることから）をオープンさせた。当初、この北仲北地区の再開発にあたっては、アジア・デザイン・マネジメントセンター（仮称）を設置することが、土地利用の見直し（容積率緩和など）にあたっての地域貢献の条件であった。開発主体が変わり文化面での貢献というコンセプトは残り、ライブハウスなどがオープンしたが、二〇〇五年に再開発までの時限プロジェクトとして行われた北仲BRICK & WHITEの地にBankARTが舞い戻ったのは、極めてシンボリックな出来事である。

黄金町の一連のプロジェクトは、それ単体で成立したわけではない。文化芸術創造都市構想を背景として、同時期に都心部にアーティストやクリエイターを集めようとする動きがあったことや、それらのプロジェクトと連携させることで都心部の活性化を目指そうとする狙いがあったからこそ成立したプロジェクトである。

ただし、そうした数多くのプロジェクトの中でも、黄金町の挑戦は、他のプロジェクトとは異なる性格も有していた。売買春という社会的な問題を抱えていた地区での展開という点、治安や、売春に使われていた小規模店舗の問題にも向き合わなければならなかった点、何よりも地域コミュニティと密接な関係を持ちながら進めていくプロジェクトである点が大きく異なっていた。

そのため、他のプロジェクトが創造都市政策を所管する文化観光局を中心に進められているのに対して、他の部局（都市整備局や中区役所）、警察、地域の協議会、町内会、地域住民など多くのステークホルダーのつながりの中で進められてきた。この書籍を出版するにあたって、なるべくこれまで語られてこなかった点に言及しようというのが、筆者らの意図ではあるが、ここで記すことが難しい問題もあるというのが正直なところである。「黄金町バザール」などの展覧会を見に来た人にとっては、なかなか理解できない面もあるかもしれない。しかし、複雑な事情を抱えつつも地域は動いていくのである。

黄金町での実践は、アートとコミュニティという関係でみれば、日本における一九八〇年代から始まった現代美術の潮流の流れにも大きな影響を受けている。これは山野真悟というキュレーターを迎えたことによるところが大きい。山野の手掛けた福岡のミュージアム・シティ・プロジェクトは都市空間へと展開するアートプロジェクトの先駆けであり、川俣正、蔡國強（ツァイ・グオチャン）Cai-Guo Qiangらの数多くの現代美術家との交流により生み出されたそのエッセンスは福岡から横浜へ、そして黄金町へと時間と空間を超えて連鎖してきたのだ。

2章

過去をトレースする

ミュージアム・シティ・プロジェクトから黄金町へ

――山野真悟

2-1 東京

美学校(一九六九年)

高校卒業後、私は福岡から東京へ行き、その年に開校した美学校に入った。当時としては先鋭的な異色の本を出版していた現代思潮社が始めた小さな学校で、初年度は四谷駅近く(新宿区若葉町)にあったが、二年目に神田神保町に移転した。美術の実技講座のほか、出版社の人脈を生かした文学者、芸術家、思想家など多彩な講師陣による座学が特徴で、当時としてもかなり変わった学校だった。ほとんどの大学ではまだ学園紛争が続いており、もちろん美学校もそのような社会動向と無関係ではなかったが、どちらかといえばそういう本流からはずれて、行き場をなくした大学生や大学中退者が集まっているように見えた[★1]。また、いわゆる美術学校とも一線を画しており、特に美術に興味があるわけでもない生徒も混じっていた。卒業後に美術の方へ進んだ人はむしろ少数で、人材はさまざまな分野へと散らばっていったように思う。座学はダダイスムやシュルレアリスムに関するもののほか、意外にアカデミックな講座もあったが、もちろん多様な講師陣ということもあって、内容は美術に関するものだけではなかった。ただ、時代背景からすると意外なほど、政治的な内容のものはなかった。地方から来た青年には、本を通してしか知らなかった作家や思想家、また第一線で活躍しているアーティストに会える初めての機会だった。また、今泉省彦や川仁宏など、運営者の側にも個性の強い人たちがいた。

私も含めて、この時代の若い人は、あらゆるジャンルの本や雑誌、漫画を読み漁り、二番館、三番館に来た映画を見て、さらに経済的余裕のある人は舞踏や芝居を観に行く、というような風潮だった。だから当時はジャンルの壁を感じる、というよりは、むしろ誰もが何についても興味を持つ雑学の時代だったような気がする。美術を学ぶ学生も現代詩の新しい動向を知っていたし、当時の詩人は同時に美術評論家であり、演劇評論家であり、映画評論家であり、漫画評論家だった。そして美学校自体が美術の学校という以上に、そのようなあらゆるジャンルが混在した学校だった。初年度、私が希望した井上洋介の漫画のクラスは（人数が集まらなかったという理由で）開講されず、その代わり、山川惣治先生の硬筆画（またはペン画）のクラスに入ることになる。昔の洋書の挿絵を丸ペンで模写するのが主な授業内容で、なにか作品を作るというより、繰り返し模写することによって技術を身につけさせるという、ある意味、美学校の方針通りのクラスだった。もし作品を作りたいならそれは自分で勝手にやるように、ということだったようだ。山川先生は絵物語の作者としては当時それほど忙しくなかったが、仕事があると生徒に交代でアシスタントの経験をさせていた。

後年になって私は山川先生の技術力を理解するが、当時は熱心な生徒でもなく、技術もあまり身につかないまま、一年目が終わった。芸術生活画廊で開催された修了制作展に私はウィリアム・ブレイク風のペン画を出した記憶がある［★2］。

★1　一年目、美学校でいっしょだった田村治芳と彼と同じ和歌山県田辺高校出身の國學院の学生倉尾勉と詩の同人誌を始めた。ふたりとも私と同年で、田村は後年古本屋になり、『彷書月刊』という古書の雑誌を発行していた。彼は二〇一一年に亡くなった。彼は、自分で出版した詩集や小説のほか、『彷書月刊編集長』（晶文社、二〇〇二年）という本を残している。この本にも美学校の思い出が少し書かれている。倉尾はもっと早く二〇〇二年に亡くなったが、田村が遺稿詩集を作った。

★2　美学校については『美学校1969−2019自由と実験のアカデメイア』（晶文社、二〇一九年）という本が刊行されたが、初期の美学校についての記述は嶋田美子の文章と、そのほかを含めても本全体の分量

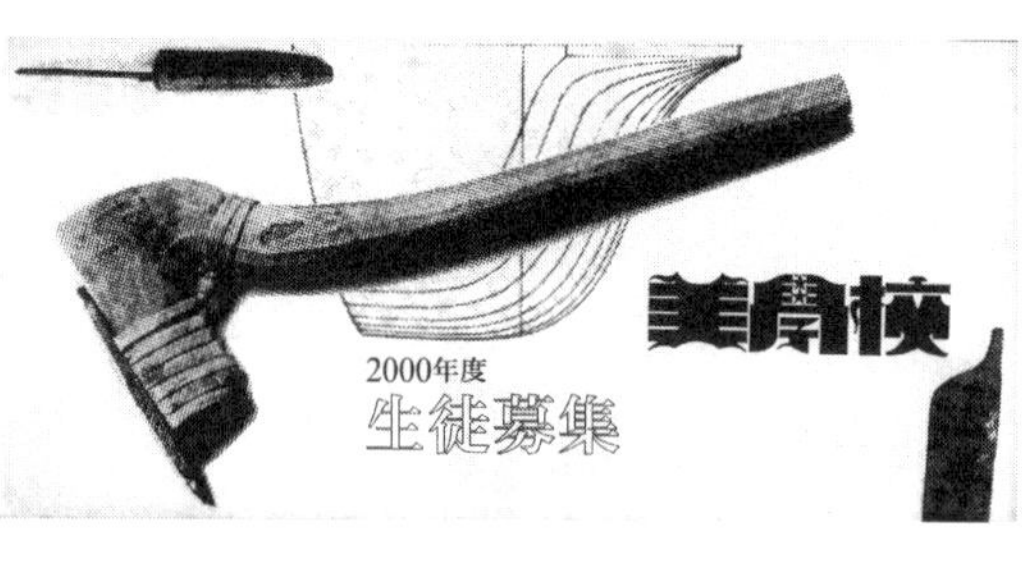

美学校のチラシ2000年

「人間と物質」展と二年目の美学校

翌年私は美学校に残り、加納光於先生の銅版画教場に通うことにした。

一九七〇年五月、私は上野の東京都美術館へ「人間と物質」展を見に行く。今まで見たことがない種類の展覧会だった。当時、私がどの程度それらの作品を理解できたか不明だが、この展覧会を見てから（この絶対に巡回しようのない展覧会が実は巡回展で、私はその後福岡で、縮小版をもう一度見た）、現代美術をやってみようかと考えるようになった。

しかし、この新しく垣間見た世界と、そのとき勉強し始めた銅版画は私の中ではかなりの隔たりがあった。最初は加納先生の模倣から始まったが、技術的にも内容的にも納得のいくものは出来なかった。そのうち私は版画の技法を使いながら、言葉と物質の関係について考えるコンセプチュアル・アートのようなものを試みるようになった。

なぜコンセプチュアル・アートのようなものに関心を持つようになったのか、そのきっかけは思い出せない。「人間と物質」展かもしれない。あるいは当時の美術雑誌かもしれない。松沢宥の影響ではなかった。松沢先生はいつも同じ時間帯に、仕切られた隣の部屋で授業をしていたが、当時の私にとってはまったく理解の外だった。私がそのときコンセプチュアル・アートという言葉を使っていたかどうかも疑わしい。私は言葉と図形を組み合わせたような作品をつくっていた。加納先生からすれば、私は落第生だったと思う。私は自分のことを美学校的枠組みから遠い人間だと思っていた。そして結局、美学校から学んだことは、独学の道を選ぶ、ということだったようだ。

美学校修了後、しばらく東京にいたが、アーティストになりたいという思いが強くなり、経済的に行き詰まっていた東京をひとまず離れて、福岡へ帰ることにした［★3］。

2-2 福岡

銅版画研究室からIAF芸術研究室へ

一九七一年、私は福岡に戻ってきた。最初は実家にいたが、その後福岡市中央区の谷二丁目に引っ越した。もとは浪人谷という地名だったようで、多分昔は地名通りの場所だったのだろう。一方に、迷路のように入り組んだ坂道があり、そこは住宅が密集していた。平地に沿った道路をたどって行くと、九州大学の教養学部にぶつかり、それを右折すると六本松の交差点に出た。その交差点近くで美学校出身の助広信雄が古本屋を営んでいた。しかし私が越して来た頃にはすでに店舗を別の場所に移転していた。藤川公三が古本屋のスタッフとして働き始めた。助広信雄は、九州派の人たちや、やが

からいうとあまり多くない。私の回想も入っているが、記憶が正確だという自信はない。その他、菊畑茂久馬が発行していた『機関』の今泉省彦特集などを参照するとより詳細がわかると思う。田村の『彷書月刊』の一九九八年三月号は「美学校の三〇年」という特集号である。また、英語では"ANTI-ACADEMY" (John Hansard Gallery, University of Southampton, 2013) という本に、初期の美学校についての嶋田美子とWilliam Marottiの記述と、初期美学校の講師、中村宏、赤瀬川原平、菊畑茂久馬、中西夏之、松沢宥のコメントが掲載されている。

★3　一九九〇年代の後半には、美学校はかなり経営状態が悪くなった。そんな中、二〇〇〇年に今泉省彦が退任し、藤川公三が校長を引き継ぐことになった。私もクラスを一つ担当し、また経営再建を手伝う巡り合わせになった。若いアーティストを講師にしようというのが私の方針で、忙しいのを承知で、小沢剛に依頼した。彼が複数の講師陣を引き連れてくることを想定していた。

　私のクラスは「アートプロジェクトラボ」という名称で、二〇〇〇年から二〇一一年まで続いた。最初は有給だったが、途中から無給になった。経営状態を改善するにはもっと時間を要した。

て私の師匠のようになった新開一愛など、私の福岡における最初の人脈作りを手伝ってくれた。菊畑茂久馬は美学校で接点があったわけではなかったので、改めて助広に紹介してもらったと思う。彼と一緒に菊畑の自宅を訪ねたりした。九大教養学部のそばに「さなえ」という小料理屋があった。九州派の人たちがときどき来るということで、助広に連れて行ってもらった。私は多分ここで最初に九州派のリーダー櫻井孝身やオチオサムに会った。新開一愛は菊畑茂久馬の弟子筋に当たる人で、過激な男として知られていた。私は弟子になった覚えはなかったが、新開は勝手に私のことを弟子だと思っていた。深夜に突然呼び出されたり、飲み代を払わされたり、家にあるものを持って行かれたり、大変な目にあったが、死が近づいたとき、彼は次第にやさしくなって、飲み代も自分で出すようになった（本当は胃がんだったので飲んではいけなかったはずだが、飲みながらよく吐いていた）［★4］。

父は私に銅版画のプレス機を買ってくれた。それを使ってしばらくは自分で制作をしていた。美学校の修了前の作品の延長で、凸版と凹版を組み合わせて多色刷りの図形を組み合わせたような作品と、文字だけの作品を作っていた。その頃、福岡には大学以外で銅版画を教えるところがないようだということで、一九七五年、谷二丁目の住居の一部を使って、銅版画教室を開いた。少人数の生徒たちが集まってきたが、その頃私の弟の紹介で、東京芸術大学を卒業して大牟田市の実家に帰ってきたばかりの江上計太と知り合い、彼と教室に集まってきた人たちと小さな美術評論の雑誌を作ったりしていた。そして彼らとともに、もう少し教室を大きくしようという話になり、そのほかのクラスも準備し、福岡市中央区薬院三丁目の木造の二階部分を借りて再スタートすることになった。しばらくして私はその場所に「ＩＡＦ芸術研究室」という名前をつけた。ＩＡＦは Institute of Art Function の略で、やがて私たちのグループはＩＡＦと呼ばれるようになる。

教室立ち上げ時の講師は山野（銅版画）、江上（デッサン）、小川幸一（シルクスクリーン）、だったが、その後、木塚忠広（油絵、デッサン）、井上彰（リトグラフ）、田崎六郎（小川と交代してシルクスクリーン）、多比良澄生（テンペラ）が加わった［★5］。

★4　一九九〇年代に入ってからチラシの裏紙に書いた手書きの原稿が残っていた。タイトルは「九州派講座余話――新開一愛のこと」とある。その後半部分だけをさらに要約して採録する。

「私には彼が「生活が芸術である」という九州派のテーゼの体現者のように見えた。

彼は二人で話しているときは、親切で優しい人間だったが、何人か集まるような状況になると鋭く、厳しい口調となり、衆目の中で、不運な犠牲者を叩きのめすようなことをしていた。私も何回かやられた。

また彼は私が書いた文章をよく読んでいた。そしてそれを材料に文句をつけてきた。私が記号論の勉強をしていると聞きつけると、「記号論なんかくだらん」といつまでも蒸し返していた。ある意味彼は教育者だった。結局私は彼の言うことをあまり聞かず、彼の生き方を真似ることもできなかったが、その影響は今でも大きく残っているという気がする。彼はあるとき、九州派の機関紙を私にくれ、ついでに彼がやっていた「集団へ」の資料とその他をいろいろ見せてくれた。彼は私がそこから何か答えを出すことを期待したのだろうか。今となってはもう分からないが、彼自身にも九州派とけりをつけなければならない課題があったのかもしれない。私は勝手に彼から何かを託されたように感じることがある。そしてやはり勝手に、何か応答しなければならないと思うことがある。晩年の彼はそれまでのいやな思い出を打ち消すかのように、寛大な人間になっていた。それまで金をたかられていた私は彼におごってもらうようになった。「新開に金を出させるのはお前だけだ」と桜井さんにからかわれた。逆に桜井さんから著書『パラダイスへの道』をもらった時は、ちゃんと金を払え、と新開にしかられた。そして最初の入院のとき、一度も見舞いに行かなかったことも、またしかられた。最後に病院に行ったとき、彼は骨と皮になって、身動きもできず横たわっていたが、笑顔で迎えてくれた。病室を出るとき、彼が名残惜しそうにしているのが見えた。私はそのとき、彼の手を握らなかったことを後悔した。私たちはあっけない別れ方をしてしまった。」

★5　教室の作業机は美学校のものをまねてつくった。オープンした年に美学校の細密画工房の展覧会をＩＡＦで行なった。当初はギャラリー的な役割も考えていたようだ。ちょうどその頃福岡ではゾディアックという若手のアーティストグループの活動が目立っていた。教室の講師のうち小川幸一、木塚忠広、井上彰、田崎六郎がそのメンバーだった。このグループのことはウィキペディアに「ゾディアック（前衛芸術グループ）」として掲載されている。活動期間はかなり短かく、一九七七年から一九七八年にかけて連続的に展覧会を開催して、その後グループとしては分裂したらしい。

銅版画教室ポスター

この新しい場所には若いアーティストや九州産業大学の芸術学部の学生たちが集まるようになった。彼らの多くはＩＡＦの生徒ではなく、教室がない日か、教室が終わる頃の時間に集まるようになり、ビールや食べ物を買い込んできては夜遅くまで、時には朝まで居座って議論をするようになった［★6］。

そのような状況の中で、木塚忠広が現代美術の勉強会を提案した［★7］。最初は近代美術から始め、自分たちだけで勉強していたが、それでは限界があったようで、途中から福岡市美術館学芸員の帯金章郎（おびがねあきお）に講師役を依頼した。彼が最初に選んだテキストは『MINIMAL ART: A Critical Anthology（Edited by Gregory Battcock)』という分厚い本で、毎週一回、各ひとりずつ担当の分を翻訳して発表し、それに帯金が英語の間違いチェックや解釈についての説明を付け足し、それをもとに議論を進めるというやり方だった。一九七九年一〇月に始まったこの読書会は一九八一年三月に終了した。次はコンセプチュアル・アートをやることにして、ミニマルアートの時とほぼ同じサイズのアンソロジー、On Art Artists: Writings on the Changed Notion of Art After 1965（Edited by Gerd de Vries）を読み始めた。

この勉強会は帯金が福岡を離れたあとも、継続した。その後も九州芸術工科大学の助手、森下明彦が参加し、アート&ランゲージのテキストによる概念芸術研究会、黒田雷児が参加した The Anti-Aesthetic の読書会、その後もパースやバフチンをテキストとした記号論研究会へと続いた。この研究会に集まってきた人たちと行動をともにする機会も増えて、私たちは若いアーティストグループのひとつと見なされるようになった［★8］。

私たちは若いアーティストたちが主催するグループ展に参加し、自分たちも展覧会を企画した［★9］。その頃福岡では実験映画が盛んで、民間ではＦＭＦ（フィルム・メーカーズ・フィールド）というグループがあり、また松本俊夫が率いる九州芸術工科大学の画像設計学科には若くて優秀な人材、学生が集まっていた。私たちも彼らの指導で、八ミリの映像作品を作ったり、彼らが私たちの展覧会に参加し

★6　最初にＩＡＦへやってきた学生は九州産業大学芸術学部、写真学科の坂田勲だった。彼はその後、他の学生たちを連れてきた。坂田は作品制作に熱心に取り組んで、一九八一年、ＩＡＦで「坂田勲版画教室卒業作品展」を自ら開催して卒業していった。彼はその数年後に交通事故で亡くなった。

★7　当時は東京池袋の西武美術館の一画にあった書店、アール・ヴィヴァンから本を取り寄せていた。この最初の勉強会のテキストのことは江上計太の記憶による。他にConseptual Artという黒いカバーの本があったそうだが、これは現在ＩＡＦに残っていない。他にドナルド・ジャッドの全著作集があったが、江上によればこれは私が買って来たそうだ。

★8　当時のメンバーでその後もアーティストとして活動を続けた学生は九州産業大学出身では和田千秋、牛島智子らがいる。後年ミュージアム・シティ・プロジェクトの事務局スタッフとして活動するようになる宮本初音（当時九州大学医学部学生）は一九八四年にサークルで作っていた雑誌の取材のために初めてＩＡＦに来たそうだが、彼女の証言によれば、それ以前に九州大学の美術部の学生がシルクスクリーンを習うために通っていたという。

★9　木塚と九産大で同期だった高向一成が博多駅の近くで「イヴの林檎」というスナックを経営していた。そこも若いアーティストの溜まり場になっていたが、一九八〇年、彼は当時の福岡のアーティストのグループを横断する企画を考えて、ゾディアックという若手のアーティストグループの長谷川清、木塚、ＦＭＦのノトヨシヒコ、九産大の講師の永崎通久、有田信夫、広末勝己、山崎直秀、ＩＡＦの山野と江上、そして高向自身が参加するプランだったが、長谷川清は結局参加しなかった。「方法の意志」（一九八〇）、「方法の意志II」（一九八一）と二回の展覧会を開いてこのグループは解散した。

IAF 芸術研究室 1990 年代はじめ頃　奥：山野真悟　撮影：長浜博之

たりしていた。

一九八二年からＩＡＦで、ＦＭＦのメンバーであるノトヨシヒコによる映像のクラスが始まった。これはフィルムではなくてビデオ機材を使ったクラスだった［★10］。

ＩＡＦは映像の上映会やパフォーマンスの会場として利用される機会が多くなった。また福岡を訪れた東京や他地域のアーティスト、さらに後年はアジアのアーティストが立ち寄る場所にもなっていた。

川俣正

一九八三年、帯金章郎から、川俣正が美術館の外で展示を計画しているので場所探しを手伝ってほしいと連絡があり、それで初めて川俣正と会った。帯金はその時「素材と空間」展という、当時は新しい動向として注目を集めていたインスタレーションと呼ばれる手法の展覧会を計画中で、他に戸谷成雄と保科豊巳が参加していた。

川俣が持ち込んだインスタレーションという新しい概念は福岡の若いアーティストたちに大きな衝撃を与えた。アートの概念が変わるということはアートを取り巻く現実についての概念も変わるということで、特に私と江上計太は彼から大きな影響を受けた。

川俣以後、福岡の若いアーティストの行動が変わった。彼らは（というか私たちは）とにかく外へ出るようになった。私たちの展示は、ビルの屋上や、空き家、オフィスなど、ギャラリーや美術館以外の場所を使うようになった。また、動きが早くなった。私たちは毎月のように展覧会をやった。このときには、すでに私たちの世代だけではなく、もっと若い人たちの動きも活発になっていた［★11］。

★10　この記述は「IAF1989」という展覧会のパンフレットの年譜に基づいている。そのときの生徒に、のちの映像作家土佐尚子がいた。また、当時のFMFの主なメンバーは福間良夫、宮田靖子、ノトヨシヒコ、吉住美昭らだったと記憶している。FMFについては二〇一七年に発行された『映像作家福間良夫とFMF』が詳しい。発行元はFMF福岡となっているが、所在地等については記載がない。FMFは一九七七年、福間良夫、ノトヨシヒコ、森田淳壱によって結成された。この本の中に、「IAFとFMF」という章があり、その中の前野りりえの文章によれば、IAFにおいて、一九八三年一〇月から一九八四年二月まで週二回、五ヶ月にわたり、映像理論（森下明彦）、写真（吉住美昭）、ビデオ（ノトヨシヒコ）、フィルム（福間良夫）というラインアップで、講座が開かれたという。一九八四年四月から八月まで第二期講座が開催され、第一期の生徒数五名、第二期が二名だったそうだ（「IAF1989」の記述と一致していない。「IAF1989」の森下明彦の文章には、IAFにはノトヨシヒコのビデオ講座があったと言う記述がある。今は確信がないので、前期の文章はそのままにしておく）。福間良夫は一九五三年生まれ、二〇〇七年逝去。九州芸工大の森下明彦は福岡の映像業界と美術業界をつなぐ上で、重要な役割を果たしていたが、それ以前に、映像の世界において、大学と民間をつなぐという枠割りを果たしていたと思われる。福岡では、お互いに誰もが顔が見える関係の中で仕事ができた時代があったが、彼はそんな状況を作った恩人のひとりだろう。

★11　川俣とIAFの関係はその後も続いて、私たちはアートフロントギャラリーやコバヤシ画廊の依頼で、彼のシルクスクリーン作品を制作した。

　また、川俣正は一九九〇年代の後半から、改めて福岡と接点を持つ。一九九六年に始まった「コールマイン田川」は炭鉱の街に鉄塔を建てるという長期的なプロジェクトで川俣は年に二回田川市に滞在してプロジェクトを進めながら、それに関連する企画を行った。若いアーティストや建築家をはじめ、多くの人たちがスタッフやボランティアとしてこのプロジェクトに関わった。二〇〇六年にこのプロジェクトは鉄塔が未完成のまま、終了した。

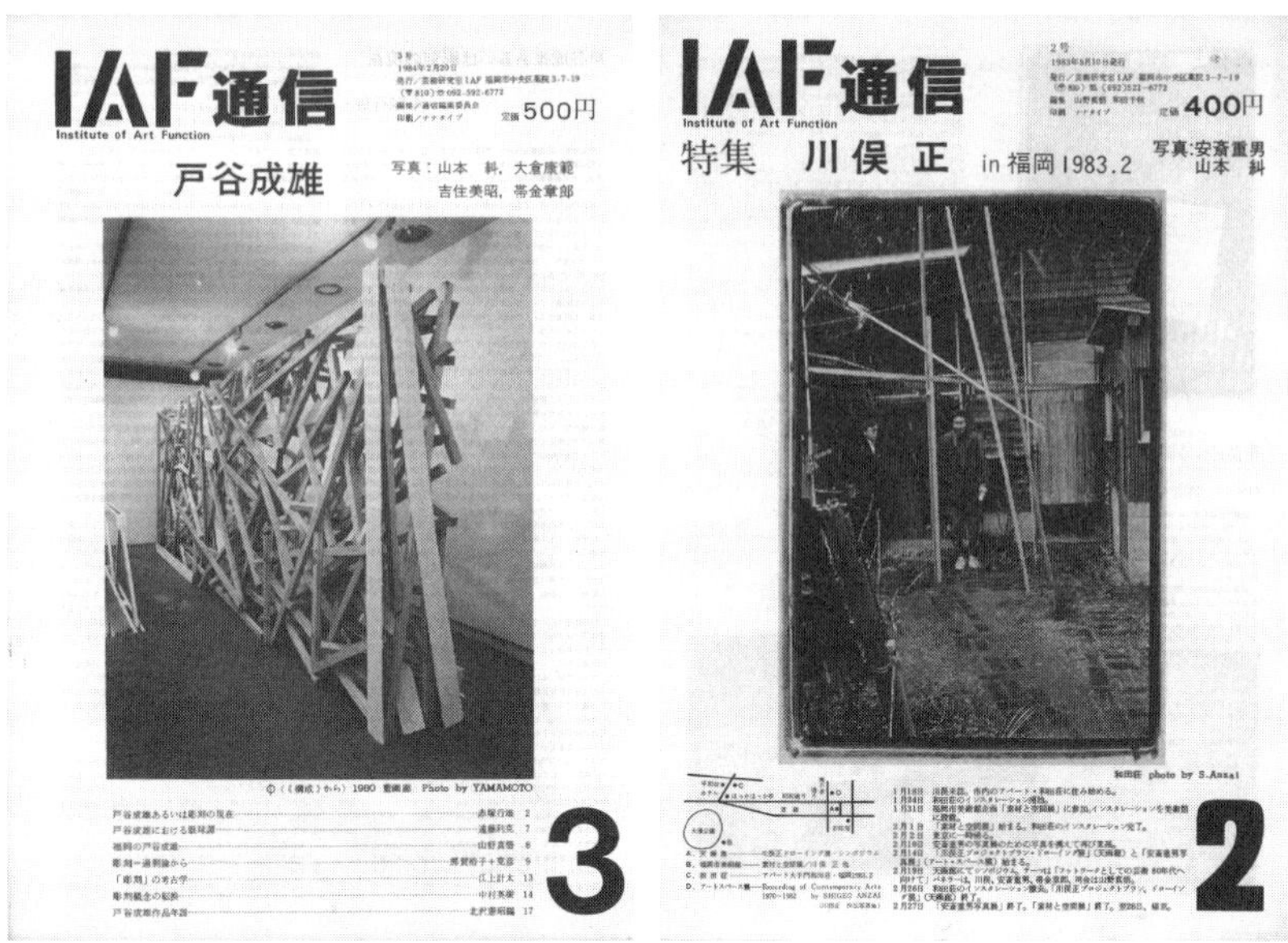

IAF 通信の 2 号を『川俣正特集』、3 号を『戸谷成雄特集』とした

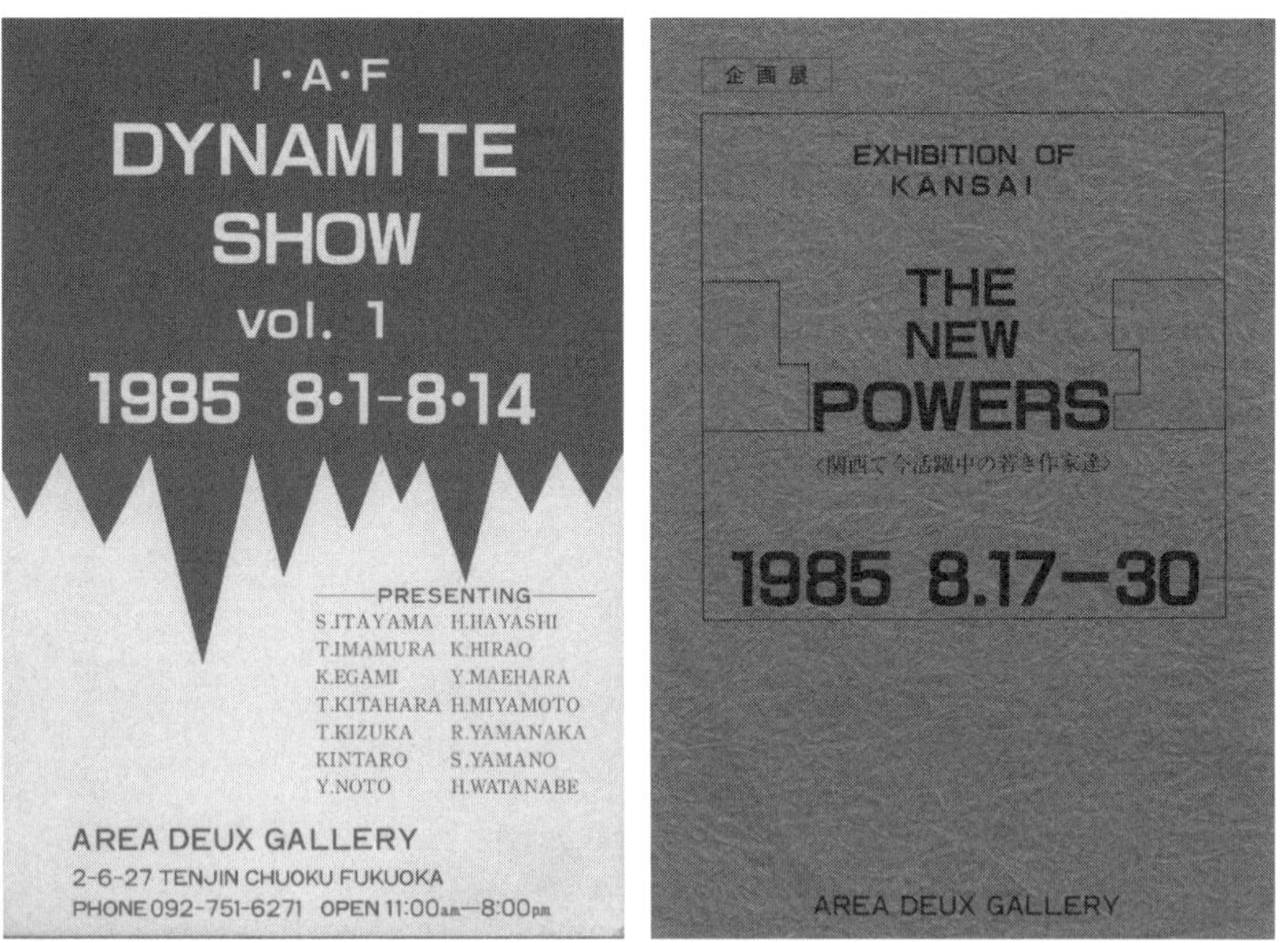

左｜エリア・ドゥ・ギャラリーにおける IAF のグループ展「ダイナマイトショー」
右｜関西のニューアートを紹介する「THE NEW POWERS」

アーティスト・ネットワーク

一九八三年以来、さまざまな場所を移動しながらプロジェクトを行う川俣との出会いがきっかけとなって、私たちは他の地域とつながりを作ろうと動き始めた。札幌で川俣のプロジェクトのサポートをしていた北海道立近代美術館学芸員（当時）の正木基の協力が大きかった。私たちは比較的近場の九州からネットワークを作り始め、ローカルな地域同士をつないでいった［★12］。また、一九八五年、地場企業である岩田屋系列の商業施設、エリア・ドゥが誕生し、そこにエリア・ドゥ・ギャラリーができた。貸しギャラリーでもなく、コマーシャルギャラリーでもない、という福岡では先駆的な企業支援という性格を持ったスペースで、私たちの活動も多くの場面で助けられた。

ネットワークは九州から関西、群馬、北海道へとつながり、一九八七年、東京の佐賀町エギジビット・スペースで、福岡、群馬、北海道のアーティストが集まり、「Artist's Network」という展覧会を開催、さらに同年、福岡県立美術館で関西のアーティストも参加し、その拡大版「Artist's Network Expanded」を開催した。この時期にできた人脈はその後の活動の基礎になった。

★12　最初は「多数多様態展」という名称で、福岡、熊本、大分と場所を変えながら、小さなグループ展を三回開催した。その後一九八四年に「多数多様態展 in KANSAI」のタイトルで、大阪、京都の複数の会場を使って総勢九八名の参加アーティストによる展示を行った。
またこの時期から、宮本初音、渡辺宏をはじめとして、若い世代の独自の企画と作品の発表が目立つようになってきた。

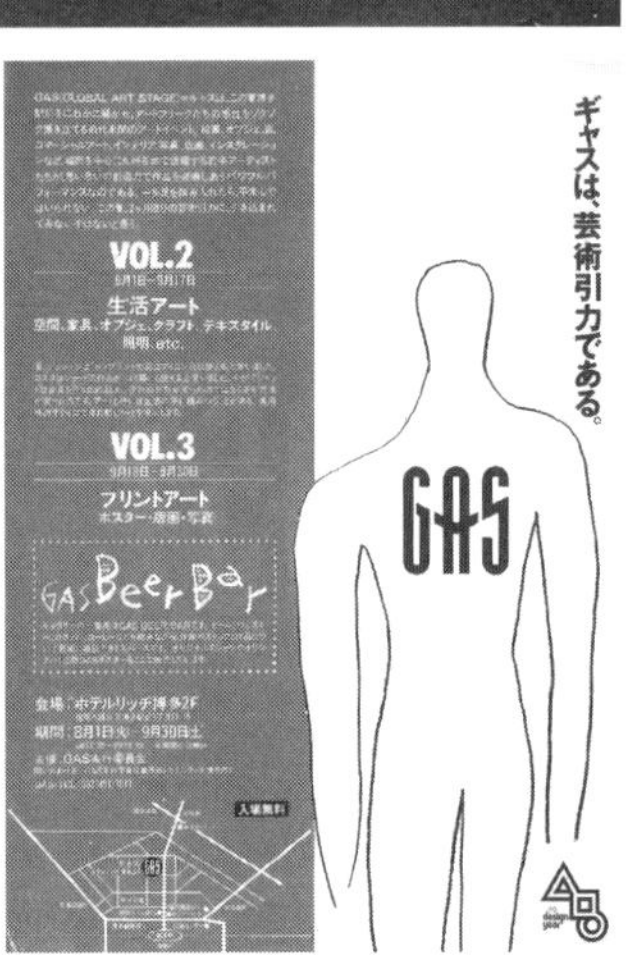

上｜「GAS」展会場サイン
下｜「GAS」展チラシ

「GAS」展

一九八九年、博多駅東口側にあった、おそらく閉館予定状態だったホテルリッチ博多で、総勢八〇名のデザイナー、イラストレーター、アーティストが参加して「GAS」展（GASはGlobal Art Stageの略）が開催された。この展覧会は当初、ホテルリッチ博多側がデザイナーやイラストレーターに依頼したが、彼らからアーティストにも話が回って来て、IAF関係者を含む多数のアーティストが参加した。主な会場はその頃空室となっていたホテル内二階の音楽教室跡、約九〇〇平方メートルで、一九八九年八月一日より九月三〇日まで開催された。会期中も参加アーティストは増え、音楽イベントのほか、ホテル側でビアバーの運営を行った［★13］。

九州コンテンポラリーアートの冒険

「GAS」展の会期中に私に会いに来た人がいた。三菱地所の辻正太郎と西日本新聞事業部の原田信行で、辻はこの年、福岡市中央区天神にオープンした商業施設IMS（イムズ）の経営側、原田はギャラリー三菱地所アルティアムの運営をはじめ、イムズ内の文化事業等を委託されている立場で、ふたりの相談はイムズの館内全体を使って、地元の若いアーティストの展覧会がつくれないか、ということだった。私は引き受けることにした。このとき私は予算管理をしながら展覧会をつくることをはじめて経験する。一九八九年、第一回目の「九州コンテンポラリーアートの冒険」が一五名の九州エリアのアーティストを集めて開催された。私と商業施設とのつながりはこのときからはじまった[★14]。この展覧会は一九九八年まで一〇回開催された。三回目以降は公募展となり、若いアーティストたちの登竜門的な役割を果たすことになる。一九九九年には、「九州コンテンポラリーアートの大冒険」

★13　GASの二枚目のチラシと思われる、赤に白抜き文字のものが残っている。裏面右肩に「ギャスは、芸術引力である。」というコピーが入っている。一応特集形式を組んでいたようで、九月一日から一七日まではVOL.2「生活アート　空間、家具、クラフト、テキスタイル、照明」とある。その下に短い文章があって「昔、デュシャンは『レンブラントの絵はアイロン台に使えると言いました。コススはジャッドの作品が『ゴミ箱にも使える』と言いました。やがてジャッドは家具を作り始めました。作品の形態が変わったのではなく、使用方法が変わったのです。アートも時には生活の手に棲みつくことがある。実用性のすぐそばで揺れ動くアートを提示します。」明らかに私が書いている。VOL.3は九月一八日から三〇日までで、「プリントアート　ポスター・版画・写真」とある。これには文章はついていない。VOL.3は問題ないと思うが、VOL.2は私が言いだしそうなプランで、本当に成立したかどうか、あやしい。その下にGAS Beer Barの手書き風のロゴがある。デザイナーやイラストレーターが何人も参加していたので、デザイン上の苦労はまったく感じられない。これには文章がついている。「ギャラリーの一番奥はGAS BEER BARです。ビール、ウィスキー、カクテル、コーヒーなどを飲みながら、作家やスタッフと作品について気軽に雑談できるスペースです。オリジナルTシャツやオリジナル一点物GASポスターもここで販売しています。」飲食スペースはホテル側のスタッフが運営していた。展覧会のオープン時間はAM11:30～PM11:30無休となっており、深夜まで大騒ぎしていた記憶がある。福岡的なやりかただと思う。九州藝術学会発行の『デアルテ』一九九〇年三月の号に、私が報告を書き、現代美術と隣接する分野との交流を図るという開催趣旨や企業との協力の先駆的例とかしているが、いずれも後付けのように聞こえる。

★14　辻正太郎を始めとして、IMSの人たちと仕事をするようになって、私の福岡における役割は大きく変化した。商業施設における展覧会の企画者であり、アーティストに仕事を依頼する立場になった。

として特別展を開催した。これまでの参加作家のうち、その後も継続的に活動している地元のアーティスト六名のほか、東京から中村哲也、ベルリンからナターシャ・ニジックをゲストに招き、このシリーズはすべて終了することになった。

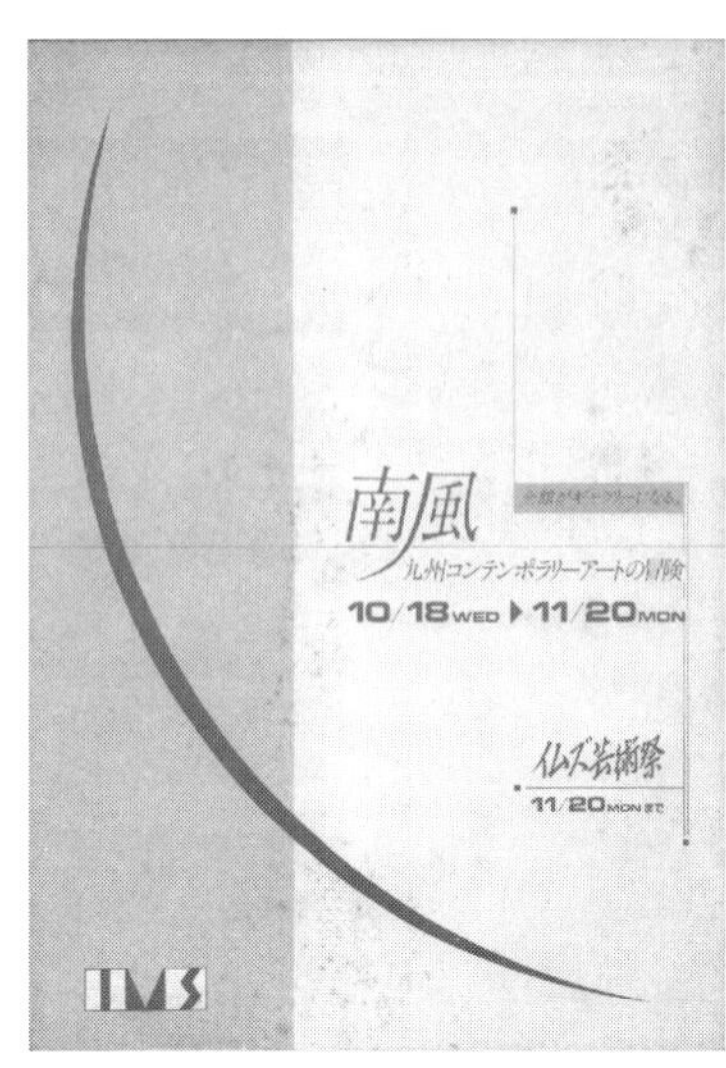

「九州コンテンポラリーアート冒険」チラシ、1989年

その後のＩＡＦ

一九九〇年代に入って、私の活動の中心はＩＡＦからミュージアム・シティ・プロジェクト（ＭＣＰ）という新しい事業に移行する。ＩＡＦはまだ教室のスタイルを残していたが、私個人としては事務所兼、交流の場所という役割が大きくなっていた。

ＩＡＦは経営的には失敗で、収入が家賃の額に達することはほとんどなかった。私が別のところで収入を得ながら維持するというスタイルが最後まで続いた。

ＩＡＦが果たした役割をまとめるなら、まずは福岡の若いアーティストが集まる場所になったこと、彼らの研究と発表の場所として機能したこと、そしてアジアを含む他地域のアーティストとの交流の拠点としての役割を果たしたことだろう。一九九〇年代に入ってもＩＡＦの活動は続いた。そこにはおそらくＭＣＰとＩＡＦを区別し、使い分ける意識があったのだろう。ＩＡＦ特別講座という福岡市内の施設（主に福岡市健康づくりサポートセンター、あいれふ）を借りてゲストを招いて続けたシリーズがあった。

資料によれば、一九九五年当時、ＩＡＦは年会費三〇〇〇円の会員制度を作ったようで、その会員のための特典として、特別講座を始めたらしい。第一回目は吉住美昭による作品を撮影するための写真講座。これは千代町のギャラリー、モダンアートバンク・ヴァルトで行われている。そして第二回目が蔡國強（ツァイ・グオチャン）Cai-Guo Qiang の講座で、「福岡市健康づくりサポートセンター、あいれふ」で開いている。一九九五年から一九九八年の間に三一回開催しているが、このあともまだ続いたらしい。

またこの講座の報告のような形で、会員向けにＩＡＦペーパーという小さな手書き混じりの冊子を作り、会員分コピーをして少部数配布していた。当時の福岡の美術状況を知る上で、今では貴重な資料になっている。

二〇〇一年になって、私が福岡市博多区に新しいオフィスを構えるようになってから、ＩＡＦはＩＡＦ ＳＨＯＰと改称し、糀野康臣とその仲間が中身を変えて、引き継いだ。その後さらに二〇〇四年から運営者が佐藤恵一に変わり、二〇二〇年現在、飲食とライブや展示のスペースとして、同じ場所で続いている。

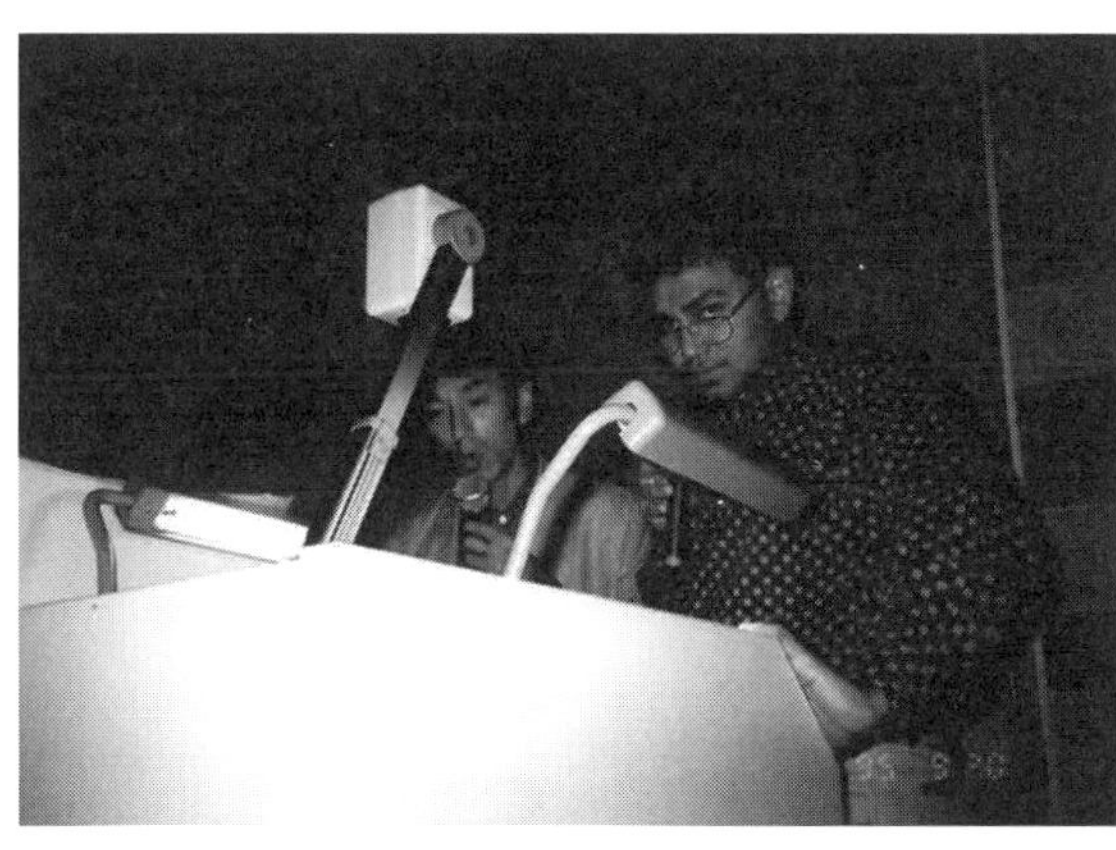

IAF 特別講座（ナウィン・ラワンチャイクン）、1995 年 9 月

2-3　ミュージアム・シティ・プロジェクト

ミュージアム・シティ・プロジェクトとは

一九九一年に「ミュージアム・シティ・プロジェクト（ＭＣＰ）」と総称さ

れるようになった活動は、一九九〇年に始まり、二〇〇六年まで継続した。

ミュージアムシティ天神（あるいは福岡）と銘打った展覧会は二年に一度のペースで、一九九〇年から二〇〇四年まで続く。そのほか一九九一年の「中国前衛美術家展［非常口］」と一九九九年の「ヴォッヘンクラウズール：アートによる提案と実践」を間の年に開催。

また、一九九五年と一九九六年に福岡ボート（競艇場）全体を会場として大掛かりなワークショップイベント「アートピクニック」を開催した。その後、ＭＣＰとしては「天神芸術学校」、「アートバス」、「アートホテル」、「アートセンター」など実験的な事業を単発で行っていた。これらの活動を集約し、持続的に行うための本格的な「アートセンター」の設立を模索したが、これは計画だけで終わってしまった。

「ミュージアムシティ天神　感性の流通〜見られる都市、機能する美術」（一九九〇年）

一回目の「九州コンテンポラリアートの冒険」の会期中、私はイムズの三菱地所の人たち（辻正太郎と当時の彼の上司であった村松靖彦）にこれを街全体（天神エリアのこと）でやってみませんか、という提案をしていた。すると彼らは、あっさりやってみましょうかと答えた。あるいは私の発言以前に、イムズには天神エリア全体についての文化戦略的な構想があったのかもしれない。

翌年開催の予定で準備が始まった。その頃の私に人脈があるとは思えないので、最初の組織づくりはイムズの人たちが動いたと思う。「ミュージアムシティ天神実行委員会（当初の名称）」は企業、行政、メディア、美術関係者でバランスを取りながら編成、実行委員長は「シティ情報ふくおか」編集長の佐々木喜美代でスタートした［★15］。「シティ情報ふくおか」を発行していたプランニング秀巧社内に

江上計太《PEARLS BEFORE SWINE》、新天町商店街、1990年

事務局を置いて、同社社員の長浜弘之、当時アーティストとして活動していた宮本初音、そして私が主たる事務局メンバーだった。中身については主に私と当時福岡市美術館学芸員の黒田雷児が相談して決めた。アーティストへの参加交渉もこのふたりで行なった。テーマ文については黒田がまとめた。「ミュージアムシティ天神」というタイトルは長浜が考えた。一九九一年に、この組織と計画全体を指す名称をミュージアム・シティ・プロジェクトとした。

私は当時一〇年間という目安を立てた。都市とアートの関係が少しずつ形成されていくうちにお互いはお互いを少しずつ認め合うようになり、結果的に都市もアートも現在とは違うものへと姿を変えるというストーリーを考えた。もっと遠大な時間が必要な計画で、一〇年は短すぎた。

このプロジェクトが始まった当時の外的な要因として街の大きな変化があった。福岡市中心部の再開発によって、新しい商業施設が次々に生まれ、それぞれにホールやギャラリーなどの文化施設が併設された。私たちのプロジェクトもこの動きと連動するように始まったが、同時に地元の老舗の協力がなくては、話をまとめることは出来なかった。当初、地場の岩田屋デパートが主体的に動いて、七社界という当時の福岡の主だった企業のグ

★15　実行委員会の組織は福岡市企画課（当時）の広川大八、西日本新聞の原田信行と相談しながら決めた。一九九一年から実行委員長は中村善一（ZEN環境設計）、副実行委員長は佐々木喜美代となり、その後一九九八年に運営委員会が発足し、運営委員長に山野真悟、事務局長に宮本初音という体制になった。

ループとの橋渡しをしてくれた。会社によって受け止め方に温度差はあったが、岩田屋が入ってくれたことで、門前払いということはなかった。しかし、結果的にバブルの崩壊と、再開発にともなう新しい街の動きが、岩田屋のような老舗を疲弊、倒産へと追いやり、同時に私たちのプロジェクトを終息させるという皮肉な結果をもたらした。

経済の流れによって始まり、同じ流れによって終わったとも言える。現在のようなクリエイティブシティという概念もなく、アートを都市と関係づけて考えることがまだ十分に認識されていない時代だった。

一九九〇年、「ミュージアムシティ天神　感性の流通〜見られる都市、機能する美術」[★16]は住民が誰もいない商業エリアの展示イベントとして始まった。五三組のアーティストが一〇〇箇所以上で展示を行なった。展示期間は各商業施設の催事のスケジュールの都合でばらばらになっていた。これは今まで誰もやったことがない無謀なプロジェクトだった。始まってから終わるまで、まったく休みなく何かが起きていた。私はしばしば終日事務所の電話機の前を離れられないという状況に見舞われた。

この第一回目はうまくいったり、いかなかったりが混在して、決して成功と呼べるような内容ではなかったが、今までにない展覧会として、福岡では大きな話題となった。そして私たちにとっても、観客にとっても街とアートが遭遇した初めての体験であり、私はこの試みの将来に大きな可能性を感じていた[★17]。

中国前衛美術家展［非常口］（一九九一年）

一九九〇年の参加作家であった蔡國強は手ぶらで福岡にやってきた。そして私の家に住み、少しずつ制作を始めた。近所にミステリーサークルが現れると、それを見に行ったりした。

彼はそのときすでに、次の計画を私に持ちかけていた。中国の現代美術を紹介する展覧会を福岡で開催すること、当時フランス在住の費大為（フェイ・ダウェイ） Fei Da-Wei にキュレーションを依頼することが彼の提案だった。費大為から、彼のこれまでの実績と候補作家に関する資料が送られてきた。私たちはこの企画をイムズのギャラリー、三菱地所アルティアムと一緒に進めることになった。

費大為は打ち合わせと会場候補地の下見のため、事前に一度来日した。彼は屋外の会場として当時国鉄清算事業団が所有していた香椎操車場跡地（福岡市東区）を希望し、いきさつはいろいろあったが、福岡市の主催事業であれば、という条件付きで借りることができた。費大為はそれぞれ異なる国で活動している中国人アーティスト五人を選定した。カッコ内が当時の在住地。蔡國強（日本）、黄永砯（ホアン・ヨン・ピン） Huang Yong-Ping（フランス）、谷文達（グ・ウェンダ） Gu Wen-Da（アメリカ）、楊杰昌（ヤン・ジェツァン） Yang Jie-Chang（ドイツ）、王魯炎（ワン・ルーヤン）（中国）Wang Luyan。

展覧会タイトルを費大為は［非常口］とした。これは彼が日本に来てしばしば目にした言葉だった。彼によれば「特別な通路」を意味しているそうだ［★18］。

★16　一九九〇年の「ミュージアムシティ天神」の表記には中黒がなかった。

★17　外国人アーティストの数が少ない、ということになり、当時ヒルサイドギャラリーのディレクターをしていた池田修に電話で相談をした。そして最近うちによく来る中国人がいるのだけど、と言って、蔡國強のことを教えてくれた。そのときは火薬ではなく、ダイナマイトを使うアーティストという話だった。作品も何もまったく見たことがなかったが、ダイナマイトという言葉だけで採用してみようという気になった。また、この年のノートに、アンゼルム・キーファーに宛てたオファーの手紙の下書きが残っているが、本当に出したかどうかわからない。

★18　［非常口］論は、終了後に費大為が書いた文章があ

上｜奥：蔡國強　床：黄永砯　ガラス：谷文達、三菱地所アルティアム
下｜黄永砯《道路》、香椎操車場跡地

私は彼から中国現代美術史のレクチャーを受けた。一九七〇年代末、社会主義リアリズムとは一線を画した現代美術の意識が芽生えた。最初の頃の情報はダダやシュルレアリスムなどやや古い時代のものに限られていたが、開放政策の進展によって、中国作家の知識はまたたくまに現代の欧米に追いついた。一九七九年北京の中国美術館で（ゲリラ的な形だったそうだが）「星々美（シンシン）」展が開催される。草創期の現代美術展として知られている。その作品の多くは政治性を強く打ち出していた。

一九八五年、さらに新しい展開を迎える。それは国営の美術展に対する激しい批判をきっかけとして、全国各地で開催された自主的な展覧会から始まった。「八五美術運動」または「新潮美術運動」と呼ばれるこの一連の状況から、中国現代美術は、たんに政治上の問題ではなく、芸術上の問題を取り上げる段階に入った。

一九八九年、初めての全国規模の現代美術展「中国現代芸術」展（北京、中国美術館）が開催された。また同年、パリのポンピドゥーセンターの「大地の魔術師」展において中国作家が紹介され、国外において中国現代美術が認知される出発点となった。

一九八九年、経済上の開放政策とは逆行する文化上の閉塞状態が訪れたが、そのような外的な状況の変化にかかわらず、美術運動としては終息に向かっていたのではないかというのが、当時の費の意見だった。以後作家たちの活動はより個人的なものとなり、また発表の場所を求めて海外へ出て行く者が増えた。この段階が［非常口］の背景になっている。

費と五人のアーティストは私の家で合宿生活を始めた。これは最初から予定していたわけではなく、予算をいろいろ切り詰めた結果、そうなった。


アーティストたちはなんどもプランを出して、費のチェックを受けていた。彼らは屋内と屋外の展示が関連性を持つことを要求されていた。費用等を含め、外在的要因についてはさらに私の確認が必要だった。王魯炎は屋外作品をあきらめ、彼が陳少平（チェン・シャオピン）Chen Shaoping、顧徳新（グ・ダーシン）Gu Dexinとともに結成した新刻度グループとしてアルティアムの作品のみを制作することになった。これまで彼らの作品は数学的な定義に基づいて一定の作図法を設定し、それを三人が共同で描いていくことによって、

り、今のところそれがもっともよくまとまっている（初出、『美術手帖』一九九二年二月号、『ミュージアム・シティ・プロジェクト1990―200X』再掲）。

私自身もすでに二度書いた。終了直後に書いた文章を一〇年後に書き直し、それからさらに二〇年が経過して、いまこれを書いている。

芸術における個人性を排除しようとしていた。当時イムズにはシステムソフトのショールームa-timeがあり、そこでコンピューターを使って作図してもらった。

これは『解析1』という本になった。費によれば、これが中国最初のコンピューターアートだそうだ。黄永砯の制作過程におけるプランの変更はとてもおもしろかった。おそらく彼のプランは屋外のコンクリートの通路（敷地内の道路）の上にコンクリートを撒き散らして使用不能にするというアイデアから始まった。彼はギャラリーの床にもコンクリートを敷き詰めるという案を出して来た。ギャラリーの床に直接コンクリートを撒くのは無理ということで、まず養生のためにコンパネ（合板）を敷くことになった。コンパネを敷き詰めたところで、今度はコンクリートはいらないと言い始めた。屋外がコンクリートの上のコンクリートなら、ギャラリーは板の上の板だから、これでいいということだった。他のアーティストは黄のコンパネの上に作品を設置した。そしてさらに彼はコンパネを撤去すると言い始めた。この段階で私たち全員が、彼にだまされていたことに気がついた。コンパネを片付けても他のアーティストの作品の下のコンパネは残る。他のアーティストの作品はすべてなんらかの形で床との接地面を持っていた。つまり他のアーティストの作品はすべて黄の作品の上に乗っていることになる。さすがにこの段階でアーティストは話し合ったようだ。黄は他のアーティストの作品の下だけにコンパネを残すのを断念し、コンパネの一部を剥がしてそれを会場の壁に立てかけ、ちょうど作業途中であるかのように見せかけた。

屋外では彼はミキサー車八台分のコンクリートを撒き散らした。彼はコンクリートの落とし口を手で操作しながら形を描いていった。高い位置から撮影した写真（敷地内には鉄塔が残っていた）を見るとコンクリートの流れとはまったく別の石灰のドローイングの跡が残っている。

谷文達の作品はいくつかの含意を持っていたと思う。黄金比を用いたこと、見えないことが屋内外の作品に共通していた。ギャラリーでは、彼はガラスの壁で会場を分断した。入口から出口へというルートは辿ることはできず、観客は一度入口から出て、出口からもう一度入り直す、ということになった。この作品は火災の場合の避難導線が確保できないと消防署の指摘があり、ガラス脇にスタッフがカッターを持って待機する、ということで了解された。火災のときはガラスを繋いでいるコーキングをカッターで切断することになった。

屋外では彼は巨大な溝を掘り、そこに赤い顔料を使って黄金比の矩形を作り続けた。作業が終了して、彼はそれを埋め戻して、見えなくしてしまった。

楊杰昌の作品は、費大為が最も難解な作品だと言ったものだ。屋外会場で彼は一一個の大きな穴を掘り、「九井」と名付けた。ギャラリーでは遺言という作品を展示し、彼によれば、これは屋外作品の解釈であるということだったが、彼の場合、作品のすべての要素が互いにつじつまの合うような関係とは限らないと見た方がよさそうだ。

蔡國強の作品は一際壮大なスケールだった。大掛かりな仕掛けを綿密に計算していて、すべての作業は計画的に進行した。九〇年のときはサポートする側の私たちはいったいなにをすればいいのかよく分かっていなかった。今回は何をやればいいのかは分かっていたが、その作業量は膨大だった。人力で枕木とレールを並べる作業は福岡のアーティストたちが手伝った（ちなみに枕木はJRから、レールは西鉄から借りた）。最後の点火時間までも細かく計算されていた。一九九一年九月一五日一八時五一分に点火された火は仮設のレールの上を走った。そのすぐ脇には鹿児島本線があり、香椎駅をスタートして博多駅方向へ向かう電車と炎は一瞬並行して走り抜けて行った。導火線の火は空に浮かぶ大きな凧に向かって走っていった。そして糸が切れて、凧は燃えながら近所の民家の庭に飛び込んだ。

私はこの展覧会をつくりながら、これは重要な出来事になるかもしれないと感じていた。当時、費大為は福岡でやる理由の一つとして、この展覧会がすぐに消費されてしまうことを回避したいという旨の発言をしていた。彼の意図は成功したと思うが、中国のことはさておき、一方、日本では福岡という場所であったことが、いつまでも美術史的にまともに取り上げられない遠因になっているかもしれない。

当時、中国の現代美術は多くの人たちにとって、未知のものだった。そのためもあって、資金集めはかなり苦戦し、この規模からすると考えられないような低予算でやることになった。この低予算状態に理解を示し、多くの人たち、そして多くの企業が、低コストでときには無償で仕事を引き受け、素材を提供してくれた［★19］。

そのときのみなさんに遅ればせながら、感謝を伝えたい［★20、21］。

ミュージアム・シティ天神'92［可動的］

一九九〇年の反省を踏まえて、九二年はアーティスト数と展示の範囲をコンパクトにし、その代わりに一人あたりの作品規模をそれなりに大きくするようにした。そして前回主に商業施設側の都合でばらばらになっていた展示期間を統一し、回遊しやすい距離を意識した。以後のMCPは基本的に一九九〇年ではなく、この年の展示方法を原型にしている。海外作家だけが滞在制作という形をとった。この年は工事中の場所が多く、工事フェンスの上にパネルを取り付ける作品を複数箇所計画した。中村一美の作品は彼からドローイングを送ってもらい、それを江上計太が拡大し、中村が仕上げの手を入れた。折本立身の《耳引く》は写真作品である。カモン・パオサワットのパネルは高さ三メートル横二〇メートルの巨大な作品だった。彼は画材だけでなく、海苔や餃子の皮などの食材や土などを使って表面を製作した、完成作には当初生のさんまが複数ぶらさがっていたが、口から血が垂れ、やがて腐敗することが分かっていたので、これは外してもらった。これらの作品の設置作業中、パネルが道路上にはみ出していないかどうかが問題になり、警察からストップがかかった。私たちが直接ではなく、警察と行政の間で協議が行われ、オープン当日にようやく許可が出て、一日遅れの展示となっ

★19　シンポジウムに参加した小倉正史に謝礼を渡そうとすると、「お金困っているでしょう」と言われ、封筒のまま返された。本当に困っていた。当時の収支予算書が見つかったが、わずか七五〇万円で組まれている。収入見込みがそれだけしかなかった、ということだ。私の記憶では実際には約一二〇〇万円かかった。あの規模からすると、それでも大幅に切り詰めた数字だが、足りない分はすべて借金ということになった。

★20　この一〇年後、費大為が再来日したおりに、私たちは［非常口］2の開催の可能性について話をした。その頃、中国現代美術はアートシーンにおいてすでにメジャーになっていた。前と同じメンバーでやるか、それとも全員新しいメンバーでやるかだが、いずれにしろ一〇年前とは比較にならないくらいお金がかかる、と彼は言った。結局、これは話だけに終わった。

★21　その後の資料探しで、フクオカスタイルVol.3（一九九一年一二月福博総合印刷）に私が［非常口］について書いたときの原稿が出てきた。フクオカスタイルのロゴ付きの原稿用紙に書いているが、冒頭の部分が、掲載されたものと異なっている。要約して再録しておく。「ミュージアムシティ天神が終わった後、私はこんな大風呂敷ではなく、何か小さなものを、と考えていた。その中に、何も知らない中国美術の展覧会も頭にあった。少し資料を集めて、あとはまとまらないまま放置していたら、中国人アーティスト（蔡さんのこと）の方が先に動き始めた。そして、中国現代美術を世界に紹介することを仕事の一つにしている費大為をフランスから招いて、相談することになった。東京で彼の講演会を開いた。会場のP-3は文字通り立錐の余地もなく、関心の高さをうかがわせた。私は今年の仕事はこれだ、と覚悟したが、やがて話は小さいどころではなくなってしまった。費大為と蔡國強が福岡に来て、香椎操作場跡地を見、会場はここがいいということになった。しかし、そのときは金も、人手も、機械も、何もなかった。中国の作家を呼ぶ時の手続きのむずかしさも知らなかった。特に資金面の困難さは特別で、計画がスタートしてから二ヶ月目についに会議で中止を決定した。それから一ヶ月は何もしなかったが、どうしてもやめるべきではないと主張する人たちに引きずられ、資金作り、企業や行政への協力依頼の作業を再開した。予定の予算には届かなかったが、あらゆる部分の予算削減をして、なんとか最低限やれるかというところにたどり着いた。八月に入って、アーティストたちがぼつぼつと福岡にたどり着き、作業が始まった。全員揃ったところで私の家での合宿自炊生活になった。」

ミュージアム・シティ・天神'92 チラシ

た。アメリカの写真作家エメット・ゴーウィンは雲仙・普賢岳をヘリコプターで上空から撮影した写真を出品、展示会場の壁面は地元のアーティスト坂崎隆一がデザイン、製作した。［可動的］のタイトル通り、移動する作品や街中のパフォーマンスがあった［★22］。ダダン・クリスタントは大丸の敷地内の設置したインスタレーション作品の周辺で白塗りのパフォーマンスを行った。折本立身は時計人間、パン人間として出没。特にパン人間は大勢の参加者とともに街中を移動、最後は船に乗って出航していった。ナイジェル・ロルフは顔を白と黒に塗り分けたパネル作品のほか、新天町商店街でパフォーマンスを行った。柳幸典の《ヒノマル・トランスポーテーション》はコンテナ車の中に仕込まれた作品で、会期中コンテナごと移動した。中には宙づりのネオン管が入っており、どうやって安全に移動するかが大きな課題だったが、人間の手で支えればいいという、一番単純な方法で解決した。藤本由紀夫の《天神の耳》はそれぞれかなりちがう条件の場所にパイプを設置した。

中原浩大は福岡のモデルクラブに所属する女性たちのポートレートを商店街やデパートのバナーとして設置。そして唯一の地元アーティストとして参加した江上計太は市役所前広場に大規模なインスタレーションを設置、また会期中同場所で公開制作を行った。

ミュージアム・シティ・天神'94［超郊外］

「ミュージアム・シティ・天神'94［超郊外］」には二つの大きな特徴があった。天神を離れて郊外へと展開したこと、また福岡市美術館の第四回アジア美術展と連携したことだ。

一九九四年が特別の年であった、ということは私一人がそう思い込んでいるわけではなく、すでに

池水慶一《鋼管、海へ行く》、マリナタウン海浜公園

何人かの人には共有されていると思うが、その数はそれほど多いとは思えない。これがただ福岡においてということだけでなく、アジアと日本のアートシーンをつなぐ上で重要な節目となった年であり、またテンポラリーな形でパブリックな場所へ出たアートのあり方について、いくつかの典型的な例を示すことができた機会でもあったと思う。福岡市美術館が主催する第四回アジア美術展とミュージアム・シティ・プロジェクトが連携して展覧会を開催したことも画期的だった。これらすべての組み合わせが特別な状況を作りだした。私たちの間で、アジア美術展の参加アーティストが美術館の外で展示を行う場合はMCPの参加アーティストとしても扱うことを取り決めた（ヘリ・ドノとタン・チンクアン）。レバノン出身、ロンドン在住のアーティスト、モナ・ハトゥムは黒田雷児の希望でMCPの方に参加することになった。やがてアジア美術展のワークショップ参加アーティストたちは支給される滞在費を節約するために、指定されたホテルを出て、街中のアパートに住み始めた（これは藤浩志が先導したらしい）。この頃はまだ都心部にも安いアパートがあった。そして地元のアーティストを含むアーティスト同士の日常的な交流が始まった。MCPの参加アーティストたちと夜の街を歩いていると、アジア展の参加アーティストたちにバッタリ出会い、一緒に食事に行く、という

★22　展覧会タイトルが漢字三文字というのはその後も踏襲される。これは［非常口］にならったもので、ほとんど黒田が考えた。おそらく九四年の［超郊外］が最高傑作だと思う。

牛嶋均＋U.E.P.D.クラス《巨大人力球登場》、福岡ボート駐車場

ようなアジアのアーティストと日本のアーティストがレジデンスを通じて日常的に交流する場面が展開していた。このときの滞在がきっかけになって、その後、アジア展に参加していた藤浩志とナウィン・ラワンチャイクンは福岡に拠点を移す。

［超郊外］というタイトルどおり、作品設置の範囲は船で行く能古島やマリナタウン海浜公園など、天神から離れた海岸部まで広がった。そのため、これまでの都市型という限定を離れ、作品のヴァリエーションが増え、池水慶一のように規模の大きな構造物も可能になった。相互連携の枠組みの中のアーティストではなかったが、リーウエンは黄色い姿で街中をさまよい、また中村政人は《新宿少年アート》の流れを汲むゲリラ的なアートイベント《中洲少年アート》を実施した。また小沢剛の牛乳箱ギャラリー《ナスビ画廊》には小沢自身を含む一五組のアーティストが参加していた［★23］。

アートピクニック（一九九五―一九九六）

当時、アーティストが自分の作品について子どもたちの質問に答えながら、話をするという映像を見た。おそらくアメリカの美術館の教育プログラムの記録だろう。キース・ヘリングやほかの若いアーティスト（キキ・スミスだったか）が話していた［★24］。

私たちも、子どもたちとアーティストが直接出会う機会を持つことの重要性について考えるようになっていた。そのとき福岡ボートのイベント担当者から連絡があった。今まで歌謡ショーや戦隊ヒーローのイベントなどで使っていた予算をもっと教育的なことに使いたい、という相談だった。競艇を開催していない日に全会場を使っていいということで、私は複数のアーティストによるワークショップを提案した。「アートピクニック」は二年間続いたが、三年目に担当者が変わり、この人はまったくやる気のない人で、会いに行くと、いつも二日酔いで寝ていた。実名を覚えていたらここに（記念のために）書いておきたいほどだが、とにかく内容に関して何の関心も示さないので、この年以降、福岡ボートではやらないことになった。

ミュージアム・シティ天神'96［光合成］

一九九六年は前回の郊外エリアへの展開から、もう一度天神に戻り、作品の見せ方としては一部のアーティストを除き、場所を変えて各アーティストの作品を複数設置するという方法をとった。海外

★23　今のところまだこの年の出来事を詳細な全体像として捉えた記録、研究はないが、福岡市美術館が『第四回アジア美術展Workshop』というワークショップ参加アーティストたちの滞在と活動をまとめた記録集を残している。また、二〇一三年に福岡市美術館と福岡県立美術館合同で開催された『福岡現代美術クロニクル1970－2000』のカタログにその前後の状況を含め、より広範囲に見渡した記述があるので、機会があればそれらを参照されたい。アジア美術館のウエブ上のアジ美ニュースに、黒田雷児が書いた文章がある。
私自身も近年になって一九九四年について話す機会が何度かあった。

★24　このような資料は福岡アメリカンセンター経由で発信されていた。またMCPはアメリカのアーティストについてはアメリカンセンターの協力があり、フランスのアーティストは九州日仏学館の協力のもと、アーティストを選考していた。

アーティストだけが滞在制作を行なった。森村泰昌は福岡の映画看板作家である深江義男の協力により、《女優シリーズ》の写真を映画看板風に拡大して展示した。市川平の《コンディショナル・パラダイス》は商業施設の吹き抜け空間に聳えたち、機械音を響かせていた。牛島均はこの時から遊具としてのパブリックアートのスタイルを確立した。コン・スンフンの《芸術作品自動販売機》は、当時まだ商業施設内に普通にあったタバコの自動販売機を利用して、タバコのサイズの箱に作品を入れて、すべて五〇〇円で販売した。特に藤浩志の小さなヤセ犬の模型、福田美蘭のハンカチがよく売れた。福岡に拠点を移した藤浩志は木彫で黒いヤセ犬を量産し、場所に合わせて、他の素材と組み合わせながら、さまざまな展示方法を展開した。吹き抜け空間の高さを使ってカップ麺のどんぶりを垂直に数珠繋ぎにしたインスタレーションは火災の恐れがあるということになって、当初の計画よりずっと短くなった。ログズ・ギャラリーは車の音を増幅する装置を搭載したシトロエンを使ってデモンストレーションを行ったほか、観客限定の予約制で福岡の街を走り回った。宮川敬一は臓器売買をテーマに、《ヒューマン・ボディ・ショップ》という店舗まがいのスペースを作った。クリスティーヌ・ユキ・ディクソンは昔イギリスで行われていたという人の体に羽毛を貼り付けるという拷問の話をヒントに、黒く塗られたクリスマスツリーと羽毛を組み合わせて作品化した。

大榎淳のカメラ、モニター、コンピューターを使った作品は地下街の交差点に置かれ、カメラに映った人は別の角度のモニターに反映され、さらにそれが遠方に配信される、という仕掛けになっていた。今となっては、当時は鉄の檻に収めないとこういう展示が許容されなかったという証言者のようだ。FXハルソノは商業施設の中に人工的に給水を受けている宙吊りの植物を展示した。

この年、ディスコに展示された森村の下半身を露出した《マリリン》のシリーズとセルフヌードを使った宮川敬一作品のため、私はテレビカメラとマイクに追いかけられるという体験をした。

ミュージアム・シティ福岡'98［新古今］

一九九八年は福岡市の要望もあって、従来の天神から博多部へ範囲を広げることになった。博多部は当時四つあった小学校が統廃合されて一校になったタイミングで、そのひとつ御供所小学校を準備期間から会期中、拠点として借りることができるようになった。私たちはそこに事務所を置いた。各教室はアーティストの制作場所になり、また会期中は校庭も含め、展示やイベントの場所となった。この旧御供所小学校は公立だが、土地は仙厓和尚で有名な聖福寺の所有で、お寺に隣接して建っていた。私たちは二〇〇〇年まで利用させてもらったが、その後福岡市はこの場所をインキュベーション施設にすると方針転換した。私はインキュベーションとアートセンターを共存させるプランを提案したが、それは受け入れてもらえなかった。MCPでアートセンターの必要性を考えるようになった時期でもある。

博多部を拠点にして最も変わったことは、天神は誰も住んでいない場所だったが、博多部には昔から続く商人の文化を背景にした地域コミュニティがあることで、今までのような、行政と商業施設、企業とやりとりをするだけではなく、地域コミュニティとの関係づくりがまず重要な課題となった。地域のまちづくり団体が数年前から博多灯明ウォッチングという博多部の路地に沿って、紙コップと和紙を使ってろうそくを並べるというイベントを開催していた。MCPの会期中でもあり、私たちもそれに協力することになった。旧御供所小学校の周辺のお寺が多いエリアを担当するほか、小学校の校庭に龍の地上絵をつくることにした。試行錯誤ののち、最終的には藤浩志のアイデアでこのプランは具体化した。この時の手法を原型としてその後このイベントは博多部の全エリアで行われるようになり、博多の秋の行事として定着した。そしてこのイベントの共同作業が私たちと地域コミュニティの距離を縮めた。

この年、ナウィン・ラワンチャイクンは参加アーティストとして戻ってきた。彼の作品のスタイルは大きく変化していた。一九九四年の経験は彼にとっても大きかったのではないかと想像している。

フランスから参加したフランソワ・ボワロンは当時使われていたパリの地下鉄マップのイラストを描いていたアーティストで、福岡市全体を俯瞰し、圧縮したような地図を描いて、川端商店街に展示した。また彼は全参加アーティストの作品をイラスト化して残した。

韓国のハン・ケリュンは映像作品を三カ所で展示、御供所小学校ではプロジェクターとモニターを組み合わせた常設の映像インスタレーション、そのほかソラリア、イムズ、ふたつの商業施設の大型ビジョンでほかの広告情報の間に時々流れる設定で上映した。

島袋道浩は大きな人魚の骨が残る龍宮寺の伝説を遠方の職人に伝え、それを作品化してもらい、龍宮寺内に展示した。またカフェとして福岡では最も古い歴史を持つカフェブラジレイロの昔の写真を拡大して、現在の店舗に展示するということを行なった。

風倉匠は解体したピアノからつくった立体作品を御供所小学校の校庭に設置、それを使って、会期中にパフォーマンスを行なった。

PHスタジオは小さな白い家を作り、滞在中近所を訪問していろいろなものをもらっては、その家の内外にレイアウトしていた。そしてこの家自体が会期中博多から天神へと移動した。

中国の王晋（ワン・ジン） Wang Jin は鉄板三枚にそれぞれ、円、USドル、人民元の三種類のお札を彫り込んで、福岡銀行の本店前に展示した。そのほか旧作として持ってきた厚手の透明ビニールを釣り糸で縫製して作った宮廷衣装のような作品をイムズのアトリウムに宙づりに、そしてビニールを使った新しいインスタレーションを岩田屋内の書店に展示した。キューバのラザロ・サーベドラ・ゴンザレスは政治的メッセージを含む作品を御供所小学校内（国旗の色を解体して椅子、テーブル、パラソルにしたカフェのようなしつらえ）と天神コアに（壁面に取り付けた多くの顔面からホースが伸び、それぞれスピーカーにつながっているが、そのホースが床から生えた大きな手で握り締められている作品を）展示した。

プラントデモンストレーションは藤浩志と尾方孝弘、徳永昭夫、そのほか若いアーティストの集まりで、先述したロウソクのイベントのほか、御供所小学校の敷地の中でインスタレーション等を試みた。

博多部に新しくできた大型商業施設、キャナルシティ博多はタカシマリカのワークショップと、それを元にしたおおがかりな絵画作品の展示を行った。

旧御供所小学校を拠点に活動していた頃、当時九州大学の学生だった、のちの美術評論家福住廉がボランティアとして参加していた。

ヴォッヘンクラウズール：アートによる提案と実践（一九九九年）

この年、私たちは作品をまったく作らないアーティストグループ、ヴォッヘンクラウズールをウィーンから招聘した。彼らの仕事は社会に介入すること、そのための組織をつくって残していくことだった。メンバーそのものもプロジェクトに合わせて編成するというもので、日本側からもメンバーを採用した。彼らは教育問題を課題として取り上げ、学校に専門家を派遣するという組織を立ち上げることにした。本来ならNPOとして設立すべきだったが、そこまで至らなかった。このプランを教育

ヴォッヘンクラウズールメンバー 彼らはプロジェクトごとにメンバーを変えるということで、今回は日本側からも参加した。左から藤浩志、桐野祐子、パスカル・ジャネー、桐野愛子、ヴォルフガング・ツィングル、カール・セイリンガー、ウルリーケ・コーネン=ツルツァー

委員会に提案に行ったが、そんなばかなことは、という感じで一蹴された。個別に学校を当たって、ある小学校の校長先生からやってみたいという返事をいただいた。それは子どもたちが新聞記者になって、実際の紙面をつくるというプランで、私は知り合いの新聞記者の人たちに説明し、了解してもらって、学校の授業がスタートした。しかしある日その上司から、電話で文字通り、そんなばかなことができるか、とどなられて、話はつぶれてしまった。一般的には、一九八九年頃から「NIE教育に新聞を」という動きがあったと言われているが、当時の福岡ではまったく無縁だった。

ヴォッヘンクラウズールのメンバーが意図したとおりのものだったかどうかはひとまず置いて、学校に専門家を派遣する組織はその後も若い人たちに引き継がれてしばらく続いた。どちらかと言えば、学校にアーティストを派遣するという内容になっていたが、これもそういうことが各地で行われるようになるより、ずっと前のことだった[★25]。

ミュージアム・シティ・福岡2000［外出中］

二〇〇〇年が恒例のMCPのスタイルとしては最後の年になった。経済的にもすでにかなり苦しい状況で、あまり大がかりな作品がつくれなくなっていた[★26]。池水慶一、ナウィン・ラワンチャイクン、小沢剛などのキャリアのあるアーティストも、今から見ると、かなりコストのかからない内容で依頼していることがわかる。一方で、若手のアーティストや地元のアーティストを多く起用して、作品の設置場所数はかなり増やしている。一九九八年からキャナルシティ博多も会場になっていたが、今回は前回ほど大掛かりではなく、比較的サイズの小さな作品を施設全体に分散させるという方法をとった。また、博多リバレインでは、和田千秋、中村海坂による、《障害の茶室》が行われた。

2-4 都市のシステムへの介入

二〇〇一年以降の動き

そして、私の関心は次第に、展示よりも都市のシステムへと移っていった。アートが都市のシステムにどのように介入するかという視点からいくつかの実験的な事業を行なった。二〇〇一年には、西鉄の都心部を循環するバス三台をアートバスとして、アーティストによるラッピングを行って運行した。また社会実験のプログラムとして期間限定のバス停を作った。博多座の前のバス停は木造で、や

★25　このメンバーは最初、代表徳永昭夫、副代表吉村美紀で始まった。二〇〇一年にASAPという名称となり、代表徳永、事務局長小河けいという体制でしばらく活動を継続した。小河けいはヴォッヘンクラウズールのシンポジウムに来たことがきっかけで、この活動に参加するようになった。

★26　『ミュージアムシティ天神』という名称の展覧会は二〇〇四年に開催されたが、これまでとは内容も異なり、さらに小規模のものだった。

クリスマスアートバス（2001年12月8日–25日）
福岡市中心部を走る百円バスの外装デザイン
デザイン：大村政之

や和風の様式を取り入れ、また別のバス停ではカフェの屋外席を作った。

また、二〇〇二年はこれまでの展示に特化したプログラムではなく、ミュージアム・シティ・プロジェクト２００２［ホームルーム］として、展示以外にもいくつかの事業を組み合わせて実施した［★27］。ビジネスホテルの部屋を段階的にアーティストが手を入れて行くという企画もこの時にスタートしたが、残念ながら、途中でオーナーが変わって中断してしまった。またこの年はバスの運行はできなかったが、バスを一台借りて、浜竹睦子がラッピングをして展示、車内は子どもたちがカッティングシートを使って、作品で覆い尽くした。そして合わせて坂崎隆一がバス停を作った。この空地の会場（フクニチ新聞社跡地）には、ＰＨスタジオをはじめウシジマヒトシ、乃美喜久子など何組かのアーティストが参加し、ここだけがかろうじて展示会場のようになっていたが、このような事業の作り方はむしろ普段ばらばらにやっていることを一時期に集めて、イベントらしく見せようとしており、いよいよお金がなくなっている状態が透けて見えるが、その中で行った事業のひとつとして始まったのが「天神芸術学校」である。

天神芸術学校（二〇〇二年〜二〇〇六年）

二〇〇〇年前後から私たちの活動はアートセンターを目指すという方向へ移行しつつあった。アートセンターの機能の一部を実験的にやってみる、という構想のもとに行った事業のひとつが「天神芸術学校」である。学校は都市の中心にあるべきだ、という私の考えから、イムズ一四階の会議室を借りて約一ヶ月間の短期集中講座を開いた。期間は二〇〇二年一〇月七日から一一月二日で、入学式と修了式を行い、受講者には修了証を渡した。

一年目の講師は以下の通りである（五十音順、当時の表記のまま）。

伊藤憲夫、今村創平、ウシジマヒトシ、宇治野宗輝、後小路雅弘、ＡＳＡＰ、江上計太、オーギカナエ、小倉正史、草野貴世、久住昌之、黒ダライ児、後藤新治、駒形克哉、佐々木喜美代、嶋田美子、鈴木淳、角孝政、鷲見和紀郎、鷹見明彦、土佐正道、中村光信、鍋田庸男、ナウィン・ラワンチャイクン、花田伸一、原万希子、原田真紀、藤浩志、藤本由紀夫、松蔭浩之、宮川敬一、宮本初音、柳幸典、山野真悟、山口洋三、和田千秋

二〇〇四年の六月から私たちは博多区下川端リバレインセンタービルの地階にあった福岡市文化芸術振興財団のギャラリースペース『アートリエ』の運営委託を受ける（以後私の事務所はここになった）。芸術学校もイムズの会議室だけではなく、この新しい場所も含め、会場を三箇所に分散して開催している。またこの年はコースを設定しており、講師は以下のような人たちだった。

★27　「ホームルーム」というタイトルはすでに漢字三文字を踏襲していない。これは宮本初音の命名だろう。

アートリエ内風景。安部泰輔の展示

コースと講師名（五十音順、講師数二四人）

・アーティストコース
今村創平、江上計太、岡山直之、角孝政、土佐正道、戸谷成雄、平野治朗、藤浩志、ヘリ・ドノ、ナウィン・ラワンチャイクン、和田千秋

・マネジメント・文化政策コース
小倉正史、加藤種男、古賀弥生、鈴木滉二郎、吉村哲夫、山野真悟、宮本初音

・理論歴史コース
川浪千鶴、黒田雷児、山口洋三

・美術評価コース
椹木野衣、村田真、毛利嘉孝

二〇〇六年は以下の通り。「横浜トリエンナーレ２００５」が終わり、私は福岡に戻っていた。名称は相変わらず「天神芸術学校」だが、川端校と銘打ち、アートリエのほか、アジア美術館内のあじびホール、財団の会議室など、すべて同じ建物の中でまかなっている。また、この年の学校はＭＣＰと福岡市、財団と共同主催だった。

講師（五十音順、二二人）
安部泰輔、牛嶋均、遠藤水城、岡山直之、オーギカナエ、柴田尚、白川昌生、川浪千鶴、黒ダライ児、古賀弥生、竹口浩司、徳永昭夫、中ハシ克シゲ、仲原正治（仲原生）、藤浩志、宮城潤、宮本初音、森司、柳和暢、山口洋三、山野真悟、ドミニク・リュイリエ

アートセンターについての議論

二〇〇六年三月私が座長になって議論を行った提言書「クリエイティブ福岡10年計画」を山崎広太郎市長（当時）に手渡した。残念ながら、その直後にあった市長選で彼が落選してしまったために、この提言はただの紙切れになってしまったが、私としてはその中に民間の活用というメッセージを込めたつもりだった。その後六月に私は福岡のアーティストに呼びかけて、アートリエでアートセンターについて議論する会を開いた。私はアートセンターの必要性について説いたが、おそらくそれほどの反応は得られなかった。アーティストにとっての必要性が十分に説明できていなかった。

また、民間のアートセンターはスペースと資金の両面で大きな課題を抱えている。

私たちはイベントではなく、常設の活動を希望していたが、行政からの理解を得ることはむずかしかった［★28］。

★28　宮本の記憶によれば、私は一九九八年から一九九九年にかけて民営のアートセンターをイムズにつくるという、提案書を書いていたそうだ。これがいつのまにか役所内に出回って、多くの人に回覧されたらしい。のちに、私の計画が財団の構想を盗用していると財団の職員が抗議に来たことがあったそうで、彼がそのとき持って来た財団の企画書の表紙が私のイラストで、また内容も私の文章を丸写しした部分があったそうだ。また、私はそれ以上に、私のアートセンターの計画を財団がやってしまうと、民間の活動を圧迫するかもしれないことを懸念していたという。私はこの件をあまり覚えていなかった。私の記憶を併記すると、どこか

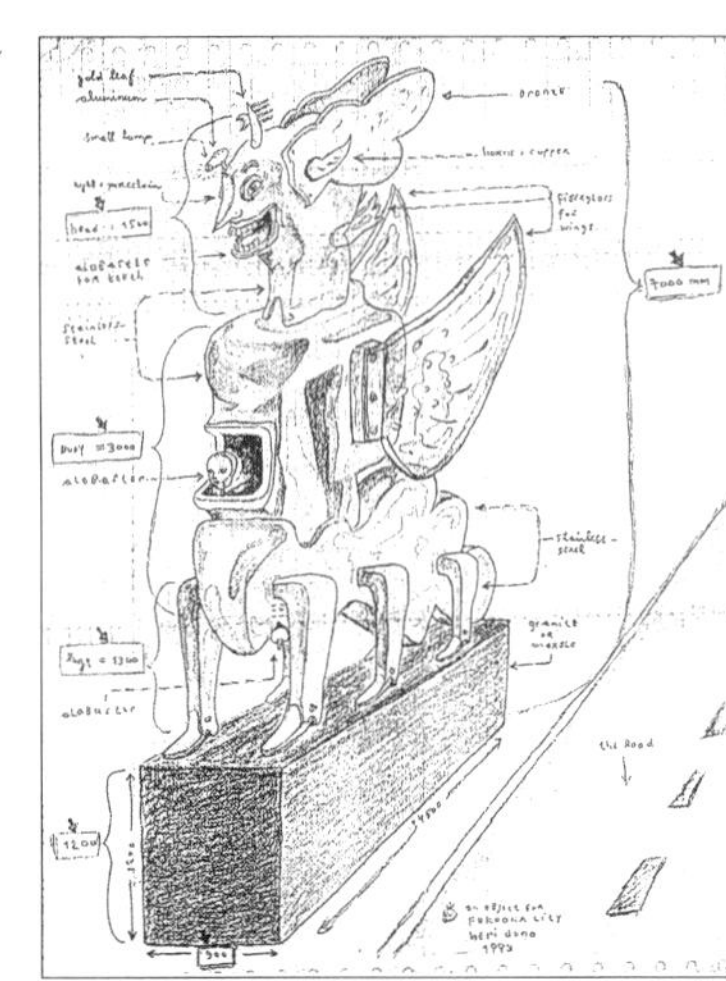
ヘリ・ドノのプラン

実現しなかった仕事

この文脈で、言及を省略してしまった実現しなかった仕事と、実現した仕事がある。福岡市へ入る複数の幹線道路の入り口にあたる場所に、アジアのアーティストによるシティゲートをつくるという計画があり、福岡市から調査と提案を依頼された。資料が手元にないので曖昧なことしか書けないが、ヘリ・ドノほか数名のアーティストにプランドローイングを依頼し、その絵をもとに、現地調査の立地と擦り合わせて、プランをつくった。なぜか実現しなかった。またこれは福岡市内ではないが、刑務所のパブリックアートの提案を依頼されたことがある。現地調査で刑務所の壁の写真を撮っていたら、警備の人たちに取り囲まれた。ソル・ルウィットのウォールドローイングを壁の外側と内側の両方に描くという案を出したが、採用されなかった。

2-5 横浜

横浜トリエンナーレ（二〇〇五年）

二〇〇四年の終わりころ、川俣正から連絡があった。横浜トリエンナーレのディレクターを引き受

ナウィン・ラワンチャイクン
《キュレーターマン》

けるかもしれない、キュレーターをやらないかという話で、君がやるなら、と答えて、その後東京でくわしい話を聞いた。準備の時間があまりなかった（私の他に、天野太郎、芹沢高志が共同でキュレーターを務めた）。

川俣には横浜の街中へ展開する構想があり、もちろんそれは私の役割だったと思うが、横浜の人間関係に無知であった私はどうやら最初の入口をまちがえてしまったらしく、中華街でいきなり門前払いになって、その門は二度と開くことはなかった（事務局を何度訪ねても、話を切り出そうとすると、そのたびにあなたには会ったことがない初対面です、と言われた）。というわけで、私は街中に出るという役割を果たせなかった。これは川俣自身が役所の人と動いて場所の確保をしてきた。

そのため、私はもうひとつの役割だったアジア担当に専念することになる。当時の川俣はアジアのアートに（一部の目立ったアーティストを除けば）あまり関心がなかった、というか、時代的に当然だと思うが、あまり情報を持っていなかった。一方で国際交流基金からはアジアの参加国をできるだけ増やしたい、との要望があり、また私自身も、アジアのアートを多く紹介したいと考えていた。リサーチのためにアジア各国を転々とするというほどの時間的余裕はなかったので、ある程度目標を定めて動かなくては、と考えていた時に、タイのナウイン・ラワンチャイクンから、

の代理店から新しくできる財団の計画について、下請けで企画書を書いてくれと頼まれて書いた、という風に覚えていたが、もしそうなら、その内容に、民間との共同を入れたはずだから、おそらく私の方が記憶違いだろう。この件については、もっと詳細に語れる人が他にいると思う。

近くチェンマイでアジア各国のアーティストやキュレーターを集めてシンポジウムを開催するので、そこに来ればまとめて複数の国の人たちに会える、という連絡が来た。私は大急ぎで、出張の準備をした。自分の担当分のテーマについてはチェンマイに行ってから考えることにした。チェンマイではナウインをはじめ、シンガポールの王景生（オン・ケンセン）ONG Keng Senや中国のロングマーチの盧傑（ル・ジェ）Lu Jie、炭鉱のプロジェクトを進めているベトナムのアーティストなどに会った。そしてそのときに「アジアのアートプロジェクト」というアイデアを考え始めた。ひとまず手元の材料で骨組みをつくり、それに福岡時代の知識や追加のリサーチ（中国に行ったことは覚えているが、あとはどうだったか）に行って得たそのほかの情報を寄せ集めながら内容を膨らませていった。

この考え方の背景には当然、川俣正のアートプロジェクトの手法（制作過程を重視し、集団で取り組む）があり、それに私自身が福岡の街の中でプロジェクトを進めるにあたって体験してきたこと、そして私がアジアのアートについて考えるときの基本的なフレームであったアートとコミュニティとの関係を手がかりにしながら、アジアにおいてプロジェクト型のアートがある一定の役割を果たしているのではないかという仮説のもとに全体を組み立てた。それぞれのやりかたで近代化の過程を歩んで来たアジアの各地域において、アートを社会、あるいは都市や地域コミュニティと、より密接に結びつける工夫の一つとして試みられたのがプロジェクト型のアートではないか、という仮説に基づき、私はアートプロジェクトをいくつかのパターンに分類した。このパターンはむしろ具体的なアーティストの例が先にあって、そこから固有名詞をはずしただけ、と言った方がいい。これは作品以外あるいは作品以前の部分における人の巻き込み方のサンプルのようなものだった。

実際の展示は多様なグループの寄せ集めのようになった。王景生は複数のアジアのアーティストのグループ展「フライング・サーカス・プロジェクト」として参加した。「ロングマーチ」は中国のアーティストを束ねた。ナウィン・ラワンチャイクンも「キュレーターマン」というプロジェクト名で参加。タイのバンコクで出会った若いアーティストたちにはグループで参加するように依頼し、「ソイプロジェクト」というグループ名をつけた。gansomaeda は二人組（Gaku Tsutaja、渡辺郷）だが、彼らは一〇〇〇円払えば、一日だけ横浜トリエンナーレにアーティストとして参加できるというシステムをつくった。安部泰輔のぬいぐるみ制作は会期中毎日誰かがサポートに入らないと成立しないようになっていた。

画期的なトリエンナーレだと思ったが、その後この流れは受け継がれることはなく、二〇〇五年だけの例外的な出来事で終わった。その一部分を取り出して、トリエンナーレの時にはほとんどできていなかったまち中への展開を私なりにやってみたのが二〇〇八年の「黄金町バザール」だったということもできる。

展覧会とは別に、アジアのリサーチによるネットワークの拡大という副産物があったが、これもその後につながった。

横浜トリエンナーレとは一度縁が切れたが、その後のいきさつで横浜トリエンナーレサポーター事務局の事務局長を数年間やることになった。また、二〇一一年以来、トリエンナーレとの連携事業として BankART とともに、三者共通の連携チケットへの参加や、「黄金町バザール」の会期を合わせたりしている。

幕間（二〇〇六―二〇〇七）

横浜トリエンナーレが終わり、私は福岡に戻った。横浜とのつながりが残り、私は日本大通りのＺＡＩＭ（旧関東財務局ビル）にオフィスを置いて、時々往復していた。福岡では福岡市文化芸術振興財団の施設、ギャラリーアートリエの運営を続けていた。この間、私は二つの委員会の座長となり、文化政策に関わる提言を福岡市に提出した（二〇〇六年の提言については既に述べた）。

二〇〇六年、ミュージアム・シティ・プロジェクト（ＭＣＰ）の展示のための補助金が福岡市から二〇〇万円出て、残りの一千数百万円は私が集めることになっていた。私は次年度の打ち合わせの時、その二〇〇万円を私にください、それでしばらくアジアの調査をさせてください。そしてその後またもう一度プロジェクトをやりたい、と申し出た。当然それはだめだと言われたので、それ以後、私は補助金をお断りすることにした。

鼎談　福岡の構想から横浜へ

吉本光宏（株式会社ニッセイ基礎研究所 研究理事・芸術文化プロジェクト室長）＋山野真悟＋鈴木伸治
実施日：二〇二〇年七月二〇日（Zoom）

鈴木　吉本さんは横浜の創造都市政策の立ち上がりの頃から参加されていたということで、黄金町だけではなくて、創造都市の枠組みの話からお伺いしたいと思います。その中で二〇〇八年に「黄金町バザール」が始まるわけですが、黄金町の取り組みをどのように見てらしたのか。それから、吉本さんが数多くのアートNPOを見ていらっしゃる中で、アートNPOとしての黄金町エリアマネジメントセンターはどのように目に映るか、ということも伺っていきたいと思います。あとは、ポストコロナの話も出てくるかもしれないですし、そもそも横浜の創造都市についてもうちょっと方向を見直したほうがいいんじゃないかというご意見もあるかと思います。

二〇〇二年に「文化芸術かつ観光による都心部活性化の委員会」があったと思いますが、横浜との繋がりができたのはどういった経緯ですか？

吉本　その委員会がスタートした最初の年は関わりはなかったんですけど、確か二〇〇三年の春だったかな。北沢（猛）先生から委員会にゲストできてほしいと言われて、話題提供させていただいたのが最初ですね。何の話をしたか具体的には覚えてないんですけど、それがきっかけでした。

鈴木　私は実は北沢先生が色々作業をやるバックでスライドの写真を準備したりとか、別のことを一緒にやっていた関係で横浜市にも行っていたんですけど、当初から創造都市というカラーを打ち出そうとしていたかというと、そうでもなかったような気もするんですよね。

吉本　そうですね。私は委員会の最初の方の議論はちゃんと把握していないんですけど、観光と文化芸術で横浜の都心を活性化させようというのがその委員会の元々の趣旨だったと思うんですよね。確か、議論を重ねる内に、委員会で議論していることは創造都市の考え方に合致しているのではないかという話になって、「クリエイティブシティ・ヨコハマ」という提言の大きな方向性が出てきたと理解しています。

その時の委員会のメンバーは、他に加藤種男さん（クリエイティブ・ディレクター）、熊倉純子さん（東京藝術大学国際芸術創造研究科教授）、近澤弘明さん（株式会社近沢レース店代表取締役社長）が入っていたんじゃないかな。私はその委員会の委員ではなくて、一、二回ゲストで招かれた形です。提言を出す前だったと思います。

鈴木　そこから一歩踏み込んで関与されていくようになったと思うんですけど、横浜市側からのリクエストがあったのでしょうか。

吉本　そうですね。提言が出た時に同時並行的に歴史的建造物を活用した実験事業の公募が行われていたと思います。BankARTが始まるのが二〇〇四年の三月だったと思うんですけど、その直後の二〇〇四年の四月に創造都市事業本部が発足しました。そこに誰か民間から一人アドバイザー的な専門家を入れようということになり、私に声がかかりました。多分北沢先生とか加藤種男さんあたりが川口良一さん（創造都市事業本部長・故人）に進言したと思うんですけど。その二〇〇四年度と二〇〇五年度の二年間、創造都市事業本部のアドバイザーという形で、月二回くらいのペースで事業本部に出向いていました。

鈴木　その頃の印象はどうでしたか。提言は出てはいましたが、具体的に何をやるかはあまりはっきりしていない部分もありましたよね。

吉本　提言では、横浜の都心部に居住するアーティスト、クリエイターを五〇〇〇人に増やすという数値目標も出ていました。でも具体的に何をやるかというのはなかなか決まってなくて、その時にBankARTがオープンしたというのはとっても大きかったと思います。二〇〇二年の一二月に国際交流基金がチャールズ・ランドリー［★1］を招いてシンポジウムを行うなど、創造都市の考え方は知られるようになってはいましたが、具体的にどういうことかというのがなかなか掴みにくかった。そこにBankARTがオープンして、いろんなこと始めて、「あっ、こういうことか。」と。実感として創造都市がどんなものか分かるようになっていったのが、BankARTの非常に大きな功績だったと思います。それで、私がアドバイザーを務めた二年間は、BankART以降いろんな創造界隈のプロジェクトが始まるわけです。「急な坂スタジオ」や、もう無くなりましたけど桜木町駅前の「創造空間９００１」、黄金町の前身になる「BankART桜荘」などが次々にオープンしていきました。当時の創造都市事業部は結構勢いがあるというか、新しいことにチャレンジしようという空気に満ちていましたね。職員の数も少しずつ増えていった。

鈴木　その頃は渾然一体としていた部分もありましたよね。今は文化観光局になっていますけど、創造都市事業本部は経済と都市整備からいろんな人種の人たちが集まってきて、いきなりできたようなところもあったと思います。

吉本　そうですね。ちょっと後になるんですけど、僕は当時の創造都市事業本部長の川口（良一）さんにインタビューしたことがあるんです。横浜市の創造都市政策について財団法人地域創造の雑誌に掲載することになって。二〇〇七年、僕がアドバイザーを辞めた後ですけど、横浜市の創造都市政策の成果を振り返るみたいな感じでインタビューしました。その時の川口さんの言葉がとても印象的なので、紹介しますね。「私の人事の考え方は、もちろん必要最低限のスキルは必要ですが、それから先は職員のモチベーションの問題だと思っています。ですからプロジェクトの目的と仕事のミッションを明示し、君たちは他の部署よりこの方が力を発揮できるはずだ、と励まし、他じゃ使い物にならないぞ（笑）。と鼓舞しています。」記録として残すべきかどうかわからないですけど、吹き溜まりみたいだと川口さん自身が言ってて。他じゃ使い物にならない連中が集まっているから、ここは面白いことができるんだ、みたいなことを仰っていた。当時の事業本部は要するに梁山泊のような雰囲気でしたね。

　最初は創造都市だけでしたが、その後、文化振興のセクションも一緒になって。当時の文化振興の部長が、武井（伊織）さんで。武井さんも横浜市の文化政策でいろいろ新しいことを開拓しようという意欲に満ちていました。指定管理者制度も始まったばかりで、磯子区民センターに横浜方式という指定管理者制度の公募の仕組みを全国に先駆けて作ったりしていました。その公募の仕組みに一箇所間違いがあったんですけど、他の都市がみんなそれを真似るもんだから、間違いまでコピーされていった（笑）。とにかくそれくらい新しいこと、今までやってないことに取り組もうという空気感に満ちていて、集まった人たちもそういう気概を持っていた。そういう雰囲気の二年でしたね。

　最初に僕が委員会に参加したときは野田邦弘さん（鳥取大学地域学部地域文化学科特命教授）もいらっしゃいました。

福岡の構想

吉本　今日の鼎談のために昔の資料を探していたら出てきたんですけど、委員会の名前が「福岡市文化芸術による都

★1　一九四八年生まれ。シンク・タンクCOMEDIAの主宰者・代表。文化や芸術を創造する際に生み出される創造性やダイナミズムを活かした持続可能な都市の再生を提唱。

市創造懇話会」。山野さんが座長をされていて、その提言が二〇〇六年の三月に出ています。福岡の話になりますけど、実はこの仕事は僕も二〇〇五年から二〇〇六年にかけて手伝ったんですが、その前に「福岡アイランドシティ構想」というのもあった。山野さん覚えてます？　埋立地でアートプロジェクトをやろうという構想。

その構想を作る委員会も山野さんが座長でした。仲原正治（当時 創造都市事業本部）さんが参考にしたというのは、二つめの委員会が出した提言「クリエイティブ福岡一〇年計画」のことだと思います。実は私は委員会の委員でありながら市役所から提言のまとめというのを別途依頼されていて、もう一人政策技術研究所の永山恵一さんという人も委託先で入っていて、山野さんと彼と私が相談しながらまとめたんですね。山野さんは覚えていらっしゃるかわからないですが、戦略目標とか基盤整備の方針とかがまとめられているんです。これが結構よくできているんですよね。自分でいうのもなんですけど（笑）。仲原さんは恐らくこれのこと言ってるんじゃないですか。

山野　前後関係でいうと二〇〇六年のものですからね。横浜がスタートした後に作っているわけですよね。

吉本　横浜の提言は目標が確か四つくらいだったと思います。福岡の提言は逆にそれを参考にして更にバージョンアップしたのかもしれないですね。

山野　そしてそれをまた横浜が逆輸入したみたいになったのかもしれないですね。

吉本　資料編には横浜市の政策も出てます。福岡はそれも参考にしたということですね。

山野　そうだと思います。

吉本　この三人の鼎談だと福岡の話が出ると思ったので、私はぜひ話題にしたいと思っていたことがあるんです。それは「ミュージアム・シティ・プロジェクト（以下、ＭＣＰ）」のことです。僕は福岡に行くようになった二〇〇〇年以降に知ったので、現場を実際に目撃、体験はしていないんですが、いまで言うところのアートプロジェクトだったり、創造都市だったり、あるいはトリエンナーレだったり。そういうもののルーツがみんなここにあるような感じがして。

山野　ただ当時は福岡市にあまり理解していただけなかった。一番お金出してくれた時で二〇〇万円でした。でもそれやるのに一〇倍はかかるんですよ。そういうやり方だったんですね。

吉本　あんまりいうと悪口になっちゃうけど、福岡市は「アイランドシティ構想」も実現していないし、「クリエイティブ福岡一〇年計画」も提出した直後に市長が変わっちゃってしまいました。

山野　そうなんですよ。市長さんが落選しちゃったから全部反故になってしまった。

吉本　全部お蔵入りになった。でも私が言いたいのは、なんたって山野さんが福岡でこんなに先駆的にやられていたということなんですね。ランドリーが「クリエイティブシティ」を発表したのは一九九五年でしょ。その前なんですよ、福岡のＭＣＰは。一〇年間の記録を見ていくと、九〇年に森村泰昌さんの巨大インスタレーションやっていたり、ＰＨスタジオも参加しているんですよね。それから蔡國強の点火イベントがあったり。九四年は渋いところでモナ・ハトゥムとかやってるじゃないですか。私はヨーロッパの小さいギャラリーで見てすごく驚いたんですけど、それをいち早くやってるし。あといま直島のアイコンになってる草間彌生の《南瓜》。ＭＣＰの記録集を見ると福岡銀行の本店前に設置していますよね。

山野　いま福岡市美術館にあるのと、当時二つ作りました。

吉本　私がＭＣＰのことを知ったのは九九年のヴォッヘンクラウズールなんです。今はソーシャリーエンゲージアートっていうのが結構潮流になってきましたけど、ヴォッヘンクラウズールはまさしくそれですよね。あの頃は説明を聞いてもよくわからなかった。だけど、これは絶対に新しいっていう感覚だけはあって、ちょっと衝撃を受けた。なので、創造都市政策の流れを考えると、福岡のＭＣＰが多分原点だと思う。原点というか、創造都市政策が出る前にそういうことを日本でやっていた。

山野　やった側からすると、ちょっと早すぎたなと思います。もうちょっと遅かったら、理解も得られたと思うんですけど。

吉本　そうですね。この実績を創造都市政策とか文化政策の文脈の中で、もう一回再評価しなくちゃいけないと改めて思いました。それをやった山野さんが横浜にいるというのが私は圧倒的に大きいと思っています。しかも黄金町に！

福岡から横浜へ

鈴木　福岡に今の創造都市の原型があるということですね。実は今日の鼎談の前に BankART1929 代表の池田修さんと山野さんがお二人で話す機会もありました。いろいろなつながりが横浜にだんだん集まってくるような感覚があります。やっぱり、福岡のプランが横浜にも影響を与えてる部分があると思いますか？

吉本　あるかもしれないですね。でもちゃんと検証していないのではっきりとは分からないですけど、横浜や福岡があり、あと金沢とか。最初に行政が主導して明確に創造都市政策と位置付けたのは横浜と金沢だと私は理解しています。そこが始めた後にいろんなところが加わってきましたよね、新潟だったり、札幌だったり。お互いにそれぞれの創造都市政策で何をやってるかということを、先行事例を調べながら自分のところで独自なものを作るというのが起こってきたと思います。

鈴木　都市間の交流は、イベントの度に新潟の人が横浜に来たり、割とそういうことありますね。

吉本　そうですね。国際会議もやりましたし。ランドリーは確か横浜には三回くらい来ています。最初にランドリーが来たのは二〇〇五年のトリエンナーレで、仲原さんや私も一緒に横浜トリエンナーレを案内したんですよ。以降も国際シンポジウムとか何度かやって。やっぱり横浜が、提言を出した後数年間は国内の創造都市をリードしていた感じはしますよね。私が知っている範囲でいうと、海外にも影響を与えていて、ソウル芸術文化財団の方がBankARTを見て「これだ」と思って、同じような政策を始めるんですよ。ソウル創作空間という名前で、元工場や、市場など九カ所でアーティスト・イン・レジデンス的なスペース、事業を立ち上げた。文化庁の委託でアーティスト・イン・レジデンスの調査をした際、ソウル芸術文化財団の方が、横浜市の創造都市政策、特にBankARTを見て同じようなことを始めようと思ったとはっきり明言していますので。そのくらい大きな影響というのを、横浜市の創造都市政策は与えたと思いますね。

鈴木　我々も向こうで、黄金町でどんなことやってるのか、横浜市の政策はどんなことをやっているのかというのを、プレゼンテーションして、意見交換をしたりした記憶があります。多分、何をやっていいかがよく分からないので、我々が呼ばれて、交流しながら情報交換したんじゃないかな。

吉本　なるほど。それも影響しているのかもしれないですね。

創造界隈と評価方式

鈴木　吉本さんは、創造都市の政策の中で創造界隈を高く評価していると思いますが、創造界隈の考え方や、評価手法は指定管理とは違って、中身を評価するというあの仕組み自体が画期的だった。それについて何か議論した記憶はありますか？

吉本　議論した記憶というか、横浜市の創造界隈が非常にユニークだと思う点、あるいは創造都市政策という観点から見ても優れていると思う点はいくつかありますね。第一はその運営や事業を民間のＮＰＯに託したことですよね。最初のBankARTは旧第一銀行と旧富士銀行、つまり横浜にとっては歴史的建造物として一番コアな、言ってみればとても大切なスペースで。それを文化施設にするのであれば、横浜市の芸術文化振興財団があるわけですからそこにやらせてもいいんだけど、それをやらずにあえて民間から公募をしましたよね。そこがとても大きな決断だったし、その後の創造界隈の大きな流れを生んだと思うんですよ。それに応える形で、ＮＰＯ、民間が実績を出していったという、いわば行政と民間のパートナーシップの関係ができていったと思います。当時の状況でよく覚えていることがあるんですね。旧富士銀行にカフェを作ったじゃないですか。僕は何度かしか行ってないけど、夕方になると市役所の人が来てるんですよ。それって二つ意味があったと思います。心配だから見に来てるっていうのと、一体何が起こるのかって楽しみに見に来てるという両方があって、だんだん後者の方になっていったと思うんですね。つまり民間に解放することによって、行政ではできない知恵や実践力とか、フットワークとか、そういうものを取り入れたというのが創造界隈政策のとても大きいところだと思います。

それと、鈴木さんがおっしゃった評価に関しては、委員会を作って、創造界隈ごとの分科会を作って評価をやったわけです。税金が入ってる以上、評価は避けられないということも当然あると思うんですが、指定管理のような非常に形式的なものではなかった、ということが重要なポイントだと思います。私は分科会はBankARTの担当で、あと近澤さんなどを含めて三、四人くらい。分科会で話し合われる内容っていうのは、ざっくばらんな話になるわけですよ、こういうことを横浜市にいくら言っても全然対応してもらえないとか。そこには横浜市の担当者もいるので、実は過去にこういう事情があって、という話ができる場だった。指定管理の評価っていうと、評価項目や目標があって、それをどれくらい達成しているのかしていないのかみたいな話になる。もちろん創造界隈の評価でもそういう部分は報告書には盛り込まれるわけですが、それだけじゃない、両者のパートナーシップ、お互いの信頼関係の上に、互いの事情を共有しようとしていた。それに基づいて次どうやるべきかというところまではなかなか踏み込めなかったですけどね。評価委員会、分科会があることでお互いの信頼関係を作っていこうというベースは、その仕組みの中にはあったと思うんです。私は何年か前に委員会の委員を辞めたので、今、どんな感じで行われているかはわからないですけどね。

山野　昔の分科会は何をやっているか五分で話すようにと言われて。それで五分過ぎたらもういいっていうんですよ、途中でも。今ここで私が説明していることはどうでもいいという感じでした。それに比べれば今の方がずっと真面目な議論をしています。お互いのやり方とか進め方を知るには評価委員との付き合いの長さが必要です。要するに、何年か地域の状況とか説明するうちに、その段階でやっと理解されて、それを前提に話をするようになるという感じですからね。ちょっと手間がかかる。それとやっぱり指標がないといけないことになっている。達成目標があって、どこまで達成したかというのを出しながら。いわゆる文字通りの評価委員会という感じですね。

鈴木　世の中的にはどちらかというと、指定管理が全国的に広がっていったと思います。それを文化施設に適応してもいいものかという議論もある中で、ある種新しい評価の仕方へチャレンジでもあったかのような気もします。吉本さんはそのあたり広く見てらっしゃると思いますが、いかがですか？

吉本　正確には覚えていないんですが、横浜市の創造界隈も今の仕組みじゃなくて、指定管理に切り替えるべきなんじゃないかって議論が確かあったと思うんですよ。黄金町は違うと思うんですけど、確か「急な坂スタジオ」ではそういう話が出ていた。そうなったら、やり方が変わって困るという雰囲気があった。でも、結果的に今も指定管理にはなっていないと思いますね。でも、だから指定管理よりは柔軟な評価の仕組みがまだ維持されてるんじゃないですか。指定管理者制度自体そのものも結構曲がり角にきているというか。制度ができて確か一四〜五年経ってると思うんですね。横浜市は文化施設の指定管理については、全国の先陣を切ってやってきた。それから指定管理者制度の評価の仕組みについても、横浜の場合は美術館とみなとみらいホールと、もう一つは能楽堂、この三つは市が一方的に指定管理者を評価するんじゃなくて政策協働方式っていうやり方をしているんですね。私は横浜美術館の評価委員をしているんですけど、市と指定管理者である美術館が共同で目標を立てて、それを共有して、一緒にゴールに向かいましょうという仕組みなんですね。その仕組みはさっき名前の出た武井さんが作ったんですよ。だからその評価委員会では、指定管理者である美術館に対してももっとこうすべきだと言うんですが、同時に横浜市に対しても横浜市はここの所分かっていませんよね、っていう意見を言えるんですね。つまり、評価する側とされる側両方が対等に評価をする立場、そういう仕組みなんですね、横浜市の指定管理者制度の評価というのは。それはそれでまた新しいんですけど。

それにしても指定管理者制度そのものは制度としてはすっかり定着しているので、評価も非常に形骸化している部分があると思います。横浜の政策協働方式は指定管理者制度の中でいうと、まだ望ましい評価の仕組みではないですかね。東京都なんかでも参考例として横浜の話が出ますので。

創造界隈の中の黄金町

鈴木　創造界隈と評価の方式ってありますけど、その中で黄金町のプロジェクトが立ち上がっているときの印象など、その辺りはご記憶はありますか？

吉本　横浜市の創造都市政策は二〇〇四年の提言から始まって、その後、様々な動きが生まれていくんですけど、黄金町で黄金スタジオと日ノ出スタジオがオープンしたのは二〇〇八年ですよね。その頃に、ちょうど寿町も横浜市の創造都市政策の対象エリアになっていたと思うんですね。最初は都心部、時にウォーターフロントエリアを活性化させるということと、歴史的建造物を活用する、特に関内エリアですよね。そういう形で始まったものが、黄金町と寿町まで拡張されていって、そこで横浜市の創造都市政策というのは決定的に変わったという印象を持っています。当初は文化芸術による創造都市政策というと、文化芸術によって街を活性化させるみたいな、分かりやすく言うとそういうことだと思うんですけど、黄金町や寿町が入ることによって、ある種の社会包摂的な考え方とか、あるいは多様性とか、あるいはリチャード・フロリダのいう寛容性とか、そういうものがより強く求められるようになった。だから黄金町が横浜市の創造都市政策にちゃんと入っていることが、横浜市の創造都市政策を他とはちょっと違う、非常にユニークで厚みのあるものにしているっていうのはあると思います。

山野　黄金町を創造界隈に入れようっていうはどの辺から出てきたアイデアなんですか？

吉本　過去の年表を見ると、二〇〇六年に「BankART 桜荘」がオープンしていますが、それが最初じゃないですかね。黄金町という地域が今のように変わり始める。あのとき確か浄化っていう言い方をしてたと思うんですけど、その言葉はどうかなと今でも思うんですけど、黄金町を良くしようという流れの中で、桜荘の建物をどう活用するかという話になった。確か地域の防犯センターみたいなのができましたよね。

山野　地域防犯拠点ですね。

吉本　その防犯拠点で使わない残りのスペースをどう活用するかという時に、これは想像ですけど、市の方にもあまり決め手がなくて、ちょうどその頃 BankART ができて、いろんな成果を出すようになってきていた。彼らにも期待しつつ、活用方法の公募を行った。確か私も審査員の一人で、他の提案もあったと思いますが、彼ら（BankART）の提案が採択された。それは一階を地域に開いたアートスペースにして、二階はBankARTスタジオで滞在制作をするアーティストの宿泊施設にするというものでした。でもその時はまだ一軒隣が暴力団の事務所で、その筋の人の車が停まってたりした。なので、ちょっと怖くてなかなかそこに宿泊できなかったっていう話でしたよね。

山野　相当怖い思いをしたという話を聞きました。

吉本　それがスタートじゃないですかね。「BankART桜荘」が一年か二年経った頃に、黄金町エリア全体にアートをという話になっていって、創造都市の文脈の中に入っていった。

山野　謎が一つあって、なぜわざわざ私を呼んだの？　池田くんにやらせればよかったのにって。

吉本　それは僕も知らないですね（笑）。山野さんがヨコトリやった実績があったから山野さんを呼ぼうということになったんじゃないですかね。

山野　福岡では外でやってることは皆さん知ってるけど、横浜トリエンナーレではほとんど外ではやっていません。だから何でかなっていうのがありました。

吉本　誰に頼まれたんですか？

山野　直接は仲原さんですよ。ただ、仲原さんが勝手に決めたとは思えなくて。

吉本　あとは加藤種男さんとか？　確かヨコトリは加藤さんが川俣正さんを呼んできたりしてたじゃないですか。その流れじゃないですかね。

山野　その流れを意識したんだったら、あるかなと思います。天野太郎（当時横浜美術館学芸員）も最初一緒にやってましたからね。要するに二〇〇五年のヨコトリのチームが二人でやってる感じだったんですよ、最初。

吉本　山野さん、天野さんともう一人いませんでした？

山野　もう一人は熊倉敬聡（たかあき）さん（芸術文化観光専門職大学芸術文化・観光学部教授）。彼はすぐ抜けちゃったんですよ。

鈴木　まちづくりの関係で、黄金町をいっぺん見にきてくださいって言われたんですが、それが確か二〇〇五年の一一月くらいでした。二〇〇五年の一月にバイバイ作戦があって、その直後に地元の人に見にきてくださいと。それで一回見に行ったんです。しばらくして案内していただいた時に、都市整備局の大堀剛さんと、仲原さんが実はいたんですよ。なんで仲原さんいるんだろうって思いながら一緒にぶらぶら歩いた記憶があって。その時にすでに創造都市事業本部で何かできないかなと考えようとしてたのかもしれないですね。それが具体的にBankART桜荘の話につながったのはどういう経緯かは知らないですけど、少なくとも割と最初の頃から少し目配せはしてたのは確かですね。

山野　多分、大堀さんが仲原さんに何かやってと頼んだんじゃないかな。

鈴木　創造都市事業本部自体が寄せ集め部隊で、いろんな分野の人が入り込んでいるので、都市整備とかそういう関係の人の方が取っ付きやすい部分があったのかもしれないですね。

アートNPOと創造都市政策

鈴木　黄金町のプロジェクトが始まって、方向転換があったんじゃないかというお話がありましたけど、BankARTにしろ黄金町にしろ、アートNPOがある一定の役割を担っているというのも横浜の創造都市政策の特徴の一つじゃないかなと思うんですが、吉本さんは全国的なアートNPOを見ていてどういう印象を持たれていたんでしょうか。

創造都市政策の中でアートNPOが一定の役割を果たすのは当時の状況、今の状況と二〇〇〇年代の半ばくらいではだいぶ状況違うと思うんですけど。

吉本　アートNPOと創造都市政策の関係が生まれたのは二〇〇〇年代ですよね。アートNPOリンクができたのは二〇〇四年。最初の全国フォーラムを二〇〇三年の一〇月に神戸でやっているんすね。NPO法ができたのが阪神・淡路大震災が契機になっているということもあって、神戸でやったんですね。その前に二〇〇三年の九月に旧第一銀行で全国フォーラムのプレイベントをやっているんですよ。その後二〇〇四年の三月にBankARTが始まるので、歴史的建造物の活用の公募が行われるか行われないかの時期で、それでNPOとしてはSTスポットが当時勢いがあったので、確か岡崎松恵さん（当時STスポット館長）に相談したと思います。そしたら第一銀行のスペースが使えることになり、そこでやったんですね。横浜の創造都市政策と全国のアートNPOの動きも結構繋がっていて、その後全国のアートNPOフォーラムはいろんな場所で行われるようになるんですけど。その源流を作ったのも横浜なんですよ。その後、神戸と札幌でやった時は当時の創造都市事業本部の川口さんにも来て頂いて、横浜市の創造都市政策についてレクチャーをしてもらったりしました。それから前橋だったり別府だったり、淡路島とかいろんなところでやった。その時のアートNPOリンクの事務局長で、今沖縄アーツカウンシルにいる樋口（貞幸）くんがその時の戦略を作っていました。使われなくなったスペースをフォーラムの時に交渉して開けてもらって、そこでフォーラムをやることでその先そこを創造拠点に変えていけないかと。そういう戦略があって、いろんなところでやっていきましたね。横浜市の創造界隈とも似たような動きでもあるし、それが一〇年くらいずっと続いていくんですね。だけど数年前にアートＮＰＯリンク自体に曲がり角が訪れた。ある事情で人件費を賄える財源が途絶えてしまい事務局を維持できなくなり、同時に全国フォーラムも基本的に企業からのファンドレイズでやってたんですけど、その財源もなかなか難しくなって、方向転換した。でも今も事業の規模は小さくなったとはいえ、アートＮＰＯリンクは存在している。二〇一九年に久しぶりに八戸で全国フォーラムもやりました。アートＮＰＯリンクが全国フォーラムをやってたほぼ一〇年間は、各地のＮＰＯが創造都市的な取組に関わっていた。例えば、神戸で「ＫＩＩＴＯ」ができたり、「ＢＥＰＰＵプロジェクト」は別府でアートＮＰＯフォーラムをやったのをきっかけに、山出淳也さんが立ち上げるんですね。なので、アートＮＰＯは全国の創造都市政策に結構寄与したと思うし、その源流は全国フォーラムのプレイベントを行った横浜とも言える。創造界隈も基本はＮＰＯがやっていますからね。遊休施設をＮＰＯが活用して、公立の文化施設とは異なるアートセンター、オルタナティブスペースとも呼ばれますけど、BankARTとかＫＩＩＴＯとか、そういうものを生み出していくことに、横浜市の創造都市政策が最初の潮流を作ったと言える。アートＮＰＯと組んで最初の潮流を作ったと言える。アートＮＰＯはいわゆる公立の文化施設、劇場だったり美術館とは違う視点でアートと向き合っている。一番大きいのは創造の現場に対する眼差しがあるということだと思うんですよ。美術館とか劇場は出来上がった作品を見てもらう、いわば消費する現場じゃないですか。それに対してアートＮＰＯはアーティスト側に寄り添っている。彼らが一番支援を必要とするところは創造の現場、分かりやすくいうとスタジオだったりするんですけど。黄金町もそこをやっぱり一番支援している。そこに着目しているのはＮＰＯならではじゃないですかね。

アートＮＰＯを取り巻く状況

鈴木　今アートＮＰＯを取り巻く状況は、コロナの前と後ではだいぶ違うと思うんですけど、できて一〇年ぐらいまでの時期と、それ以降ではだいぶ変わってきたという印象はありますか？

吉本　変わってきたと思います。その要因はいくつかあるんですが、一つには公益法人制度改革が行われて、いわゆる社団とか財団も作りやすくなりましたよね。いま広い意味での日本の非営利法人は、ＮＰＯ法人と公益法人の二つあるんです。なので同じ公益的な活動をする時に、社団、財団、NPOという選択肢がある。今は一般社団法人として、アート系の団体を作るところがすごく増えているんですよ。なぜかというと運営とか管理が楽なんです。NPOの場合は理事会を作って合議でいろんなこと決定していかなきゃいけないし、認証を受けた都道府県等に対してもいろんな報告義務があるので、それなりに手間がかかるんですね。一般社団であればそういったことがないので、そちらで作るのが増えている。NPO法ができたときはミッションオリエンテッドというか、こういうこと達成する、それで社会に寄与していくと。アートNPOであればアートを通じた地域再生だったり、アート教育だったり。そういうものをミッションオリエンテッドでやろうっていうのが出てきていて、一〇年くらいはその動きが続きました。そういう感覚が残念ながら後退してるんじゃないですかね。それと大きいのは、世代交代ですよね。NPO立ち上げの時はやっぱり個人の強いリーダーシップが必要なので、その人が頑張っていられる間はいいんですけど、その人が誰にリーダーを譲っていくかというのが実は非常に難しい。数少ない成功例はSTスポットなんですよ。あそこは岡崎さんの後に何代か館長が代わってるんですけどね。ちゃんと世代も若くなってるし、基本的なミッションが引き継がれながらその都度新しい戦略を入れていっているので。他にもあるかもしれないですけど世代交代は非常に難しいですね。だから、山野さんにも初代リーダーとして骨を埋める覚悟で取り組んでほしいと思いますけど、同時にそろそろ黄金町エリアマネジメントセンターの世代交代も考える必要がありますよね。

山野　一生懸命考えている最中です。池田くんと僕は一代限りかもという話をたまにするんですけど。彼は一枚看板でしょ。私がいない黄金町は想像つくけど、池田くんがいないBankARTは想像つかない。

吉本　アートNPOは二〇〇〇年代の前半から二〇一〇年前半くらいまで非常に大きなをムーブメントを作ってきたし、それが創造都市政策の潮流とちょうど重なってたと思うんですよね。創造都市政策も今後どうなるかはなかなか見通すのは難しいと思いますけど、アートNPOも今後のことを見通すのは結構厳しい局面かと思います。なぜかというと、やっぱりアメリカのようにNPOを支える社会的基盤が日本はものすごく弱い。一〇年経つうちにいろんなものが整うかと思いましたけど、あまり変わらないですよね。役所も助成の仕組みとか支援の仕組みとか、一応NPOも対象になってますけど。例えば公立の文化施設に文化庁から補助金をもらうのと同じ枠組みの中にNPOは入れないじゃないですか。公立の文化施設はベースがあるから、人件費とか基本的な運営費とか。でもアートＮＰＯはゼロからいかないといけないので、同じ仕組みの中では存在し得ないですよね。その社会の仕組みはＮＰＯにとっては結構厳しいですよね。たぶん山野さんは日々その辺を感じてらっしゃるんじゃないかと。

山野　黄金町は行政に依存する部分も大きいし、その運営に当たっても行政の発言権がやはり強い。行政との間の調整をしながらじゃないと何事も進まない。理事会と行政の両方の了解が必要です。行政からの補助があって、それに自主財源を足して年間の予算が作れるという状況です。これもね、さっき世代交代とおっしゃったけど、看板が変わった時に行政が同じように付き合ってくれるかなっていうのが、ちょっとわからない。行政がＮＰＯの役割を他のところでもできる判断した瞬間に、もうＮＰＯはいらないわけです。しかも行政のお金を使わずにそれやりますっていうところが出てきたら、古風な言い方で言うと、ジェントリフィケーションですよね。黄金町がそういうパターンの一つになるわけですよね。成功したらジェントリフィケーションとして成功した、みたいな。それが答えになってしまう。そのときはもうアーティストやアートは要らないとかになりかねない。そういう場所でもある。これは地域の人たちにとっても地域の企業にとってもそうかもしれない、場合によっては行政にとってもそうかもしれない。アートよりも地域の経済の方が優先なんだってなるとそっちに方向転換。同じＮＰＯでも経済優先のＮＰＯに切り替えた方が話が早いってことになり兼ねない。自己意識としてはうちはアートＮＰＯですから、そういう意識とどうやって戦っていくか。

吉本　私も今日の鼎談で、今まさしく山野さんがおっしゃっていた、ジェントリフィケーションのことを取り上げた方がいいなって実は思っていたんですよ。黄金町なんてまさしく、昔は民間の投資なんて起こらなかったと思うんですけど、今や民間の投資エリアになってきていますよね。マンションなんかできてくると、黄金町で今まで積み上げてきたいろんな努力というか創造都市としての成果は根こそぎ無くなっちゃう危険性があると思うんですよね。黄金町を応援したい私としては、それは起こってほしくないんだけど、経済の論理はそんな青臭い話では通用しないじゃないですか。そういうことを考えると、そういう場面でこそ行政が関与することの意義が出てくると思うんですよ。誤解を恐れずにいうと、林文子市長になってから経済優先に舵が切り替わっていますよね。そこのところはどうですか？現場で日々戦ってらっしゃると思いますけど。

山野　今まで黄金町は問題の多いエリアで開発にも手を出せないような場所でしたが、やっと最近開発しようという方向に動き始めたんですよ。そしたら京急さん（京浜急行電鉄）がやってくれるんだったらお任せ、みたいな空気になりかねないですね。横浜駅からこんなに近い所なのに長いこと全然開発の手が及んでいないエリアだった。それが徐々に手が出せる状況に地域が変わってきた。そういう徐々に手が出せる環境を作るのがアートＮＰＯの役割で、あとはお役御免ということが起こる可能性がこれからありますね。移行期がひょっとしたら来ているのかもしれない。その時我々がどうするのかが問題なんですが。

吉本　京急の高架下にある黄金スタジオや日ノ出スタジオは、やっぱりアートだったからあれができてるわけですよね。それが原点となってその後の関係者の努力によって、京急さんも投資対象として検討できるようになっていると思うんですけどね。

鈴木　担当者が変わると認識が変わってきますよね。

吉本　民間企業は原理原則として営利を追求するというのがあると思うんですけど、今は逆にＳＤＧｓとかＥＳＧ投資（Ｅ＝環境、Ｓ＝ソーシャル、Ｇ＝ガバナンス）、あるいは社会的インパクト投資ということが言われるようになっている。つまり、企業も営利だけじゃなくて、社会にどれだけ貢献できるか、インパクトをもたらせるか、社会をどれだけ良くすることができるかということが問われるようになっていて、投資家もそうした企業の姿勢にすごく厳しい目を向けるようにはなっていますよね。京急さんはその辺どういうお考えかわからないですけど、そこらへんをうまく刺激しながら、もちろん市の理解、協力も必要だと思うんですが、それに加えて民間の理解を得ながら、黄金町の活動を継続してほしいですね。さらに、地域の人たちも味方になってもらうというのも重要かと思います。

山野　地域の人たちも行政も、そして京急さんも、エリア全体が経済的に苦しい状況にあると認識している。この三者とともにこの環境で頑張らなきゃいけないのは我々やアーティストも同じです。アーティストがこの環境を当たり前だと思わないことが重要です。要は一般的なアーティストの状況と比較すると、割と家賃も安いし、同業者は沢山いるし。展覧会のサポートとか海外のレジデンスのサポートもあるし。ある程度、アーティストにとっていい環境整備ができてきている。自分たちが頑張らないとこの環境がいつか崩壊するかもしれない、という危機感は運営者側としてはある。それは半ばアーティストの力にかかってるんですね。例えば彼らが、地域の人たちにとってすごいモデルとなるような、目標となるような人として存在しているとか、地域を代表するような人としてね。それくらいのものが出てきたら、全然もう排除しようがなくなると思う。潜在的にはそういう能力を持った人たちのはず。だからみんなで頑張ろうよって思うところがあるんですよね。アーティストの生き方とか作品とか、それをうまく外に見せていくのも我々の仕事です。

吉本　山野さんの話を伺ってちょっと思い出したことがあるんですけど。横浜市でもシンポジウムで招聘したと思いますが、アムステルダムにＮＤＳＭというのがあって。昔の造船所を改修したアーティストトランスペースがあるんですよ。そこはアーティストだけじゃなくて設計事務所とかデザイナーとかも集積してるんですけど、そこの代表のエヴァ・デ・クラークさんという女性の方がいて、彼女を横浜に招いてレクチャーしてもらったことがあるんですね。そのＮＤＳＭのストーリーっていうのがとても興味深い。アムステルダム駅の北側にＩＴリバーっていう運河があって、その周辺で廃墟になった建物に大勢のアーティストたちがスタジオを構えてたんですよ。でもアムステルダム市はそこを大規模再開発するというので、みんなアーティスト追い出しちゃったんですよね。多くはベルリンとか、いろんなとこ行ったんですけど、アムステルダムに愛着を持っているグループがいて、その代表がエヴァさんで、廃墟になっていたＮＤＳＭっていう造船所に一時避難した。その後、彼女がアーティストやクリエイターのグループを結集して市と交渉してその場所を獲得していくんですね。公募でコンペにしてもらったりして。エヴァさん自身はアーティストじゃないんですけど、ある種のスペースメイキングの実践家ってご自身では言っていますが。いま黄金町にはアーティストは何人くらいいるんですか？　一〇〇人以上いますよね。

山野　五〇何人かくらいですね。

吉本　でも、昔いた人も入れるともっといるかもしれない。その中にリーダーシップを発揮できる人がいるか分からないですけど、自分たちの活動拠点を自分たちの手で勝ち取っていく実践ができるアーティストが黄金町にいれば、大きな動きになると思うんです。

山野　土着化している人はいます。地元の人と結婚して子どもが生まれてっていう、そういうパターンはいます。そんな感じで、要するに地域住民とアーティストの両方を兼ねるという人が出てきているんですよ。地域住民でありアーティストである、みたいな。それと、我々のレジデンスの施設を使ってる人だけじゃなくて、例えば川を挟んだらWAKABACHO WHARF（若葉町ウォーフ）という佐藤信さんがやっている新しい劇場のスペースができたり。なんとなく周りでもそういう動きがでてきたり。それからＹＣＣヨコハマ創造都市センター［★2］を運営していた長田（哲征）くんもいま黄金町エリアに事務所を構えています。

吉本　さっき言ったＳＤＧｓとかＥＳＧ投資にもあるように、企業側も特に若い世代はそうだと思うんですけど、今までの同じ企業経営ではダメだと思っている人が必ずいると思うんですよ。だから京急の中にもファンを作って、というか仲間を作りながらできるといいんじゃないですかね。言うは易し行うは難し、でしょうけれど。

山野　それはもう私じゃなくて、うちのスタッフが30〜40代ですから、彼らの力次第ってことになりますね。

吉本　寺田倉庫とかは黄金町で結びついたりしないんですかね。寺田倉庫は黄金町のような感じというより、もう少しエスタブリッシュした雰囲気のビジネスをしていると思うんですけど。彼らはもともとスペース経営の専門なので、場所をどう生かして、アートでどう価値づけしていくかについて色々アイデアがあると思うんですよね。黄金町にも通じる部分がある。私も最近全然行ってないんでいい加減なこと言うと申し訳ないんですけど、横浜以外のところとネットワークを作ってビジネスができると良いんじゃないですかね。

山野　福岡でやっていた時も、実は三菱地所の人たちと一緒にやっていました。要するに企業のパートナーがいないと難しいですよね、こういうのって。

吉本　イムズとかそうですよね。

山野　企業パートナーがいて、企業が企業に声をかけると割と動きやすいんですよ。私がいろんな企業をあちこち一人でいくよりもね。そういう関係づくりがあったんで。黄金町に来てから、いわゆる大きな企業パートナーとしては京急さんがうちをサポートしてくれているんですが、こんなことやろうよ、という中身について話す関係性づくりはこれからですね。うちが何かやる時に、協賛しますみたいなことはあるんだけど、お互いに中身に踏み込むところまでいってない。そういう意味の企業パートナーは必要ですね、この事業。

吉本　横浜と付き合える民間企業って、三菱地所ですか。

山野　実は地所の人を連れてきたことあるんです。イムズの立ち上げの時やってた人や、当時コンサルをやっていた人にも見せて、なんとかなりませんかね、お金がないから手詰まりなんですよ、って相談したんです。そしたら、こ

★2　創造界隈拠点の一つとして二〇一五年四月に開館。開館以来、レンタルスペース、カフェオムニバス、コワーキングスペースなどを運営。横浜市との運営契約期間終了に伴い、二〇二〇年三月末に閉館。

こはやっぱり京急さんがやらないとダメでしょと言われた。

鈴木　多分デベロッパー系の不動産屋だとダメだと思うんですよね。リノベーション系のところで回していくようなところでないと。関内でギリギリデベロッパー系が成り立つようなところがありますけど、黄金町とか関外ですよね。リノベーション系の方が可能性あるんじゃないかと思う。横浜は実はそういうところが弱かったんですよね。ここ五〜六年くらい、株式会社泰有社という、古いビルをリノベーションして、オフィスとしてクリエイターを入れたりするところが出てきました。元々シゴカイや北仲 BRICK & WHITE の流れで集まっていた人たちは、そういうところを転々としてオフィスを構えていたりするんですよね。それを建て替えてビジネスとして回していこう、スクラップアンドビルドやろうって思う人たちだと相当厳しいものがある。

吉本　確かにR不動産的な動きの方が黄金町は合いますよね。

創造都市政策のこれから

鈴木　これから人口減少や、超高齢化の課題を抱えていく中で、創造都市政策的なものは広がっていけるのか、そのためにはどういう方向を目指すべきでしょうか。

吉本　それは結構大きなテーマなので簡単には語れないですが、創造都市政策についてさっきも話が出ましたけど、ランドリーとフランコ・ビアンキーニが『The Creative City』を出したのが一九九五年。そのときは、鈴木先生もご存知だと思いますけど、彼らがヨーロッパの重厚長大産業で栄えた後衰退した都市をいろいろ調べたところ、活力を取り戻している都市の共通項として文化や創造産業の振興に取り組んでいることがわかって、それを創造都市という概念で整理したわけですよね。でも今は、CCNJ（創造都市ネットワーク日本）もそうだし、海外でもそうだと思うんですけど、創造都市という概念自体が相当広がっている、生まれた時に比べると。黄金町や寿町のように社会包摂みたいなことも創造都市として重要な意味を持っていると思うし、他にもいろいろあると思います。その都市その都市で自分たちが考える創造都市というのをやって。金沢なんかは工芸とか伝統とか、彼らのDNAを生かした創造都市を目指したり、札幌なんかだとメディアアートとか映像とか言ったり。ユネスコの創造都市ネットワークだと他にも食とかもあるし、デザインだと神戸や名古屋だったと思いますけど、それぞれの都市の特徴を活かした創造都市政策がある。私はその都市の成り立っている歴史が重要だと思うんですよ。それを生かした創造都市政策がポイントになってくると思うんですね。創造都市って一時のブームで終わるかなと思っていましたが、実はそんなことなくて、同じ創造都市という名称でも政策は日々変わっていく。時代が変わると同時に、都市が抱える課題もどんどん変わっているわけですから。それに対応して、創造都市の中身や戦略も変わってきていると思うんですね。そういった流れを踏まえると、横浜は「これからどうするか」を、考えた方がいい。

黄金町のことで、私はもう一つ、とても印象に残っていることがあるんですね。それは創造都市の国際会議を横浜で何回かやっていますけど、ピーター・ホールを招待した創造都市の国際シンポジウムの時のことです。二〇〇九年に開催した国際会議ですね。その時は、中田市長が開港一五〇周年の責任を取って辞めて、林さんに変わった直後でした。林新市長が国際会議のホストとして、もちろん会場でも挨拶しているんですけど、確か国際会議の何日目かに、海外から来た人をいろんな場所に案内した時、最後が黄金町だったんですよ。その時に撮った写真があるんですが、黄金町バザールオープニングレセプションの垂れ幕のかかった、日ノ出スタジオの屋上デッキで林市長が挨拶したんですよ。横浜市は創造都市政策をこれからも続けていきます、みたいなね。創造都市事業本部長の川口さんをはじめ、みんな市長が変わって創造都市政策が続くかどうか心配していた時に国際会議が運良くあって。林市長も世界のトップレベルの方々の集まる国際会議で創造都市の考え方を知って、そういう挨拶をされているんですね。もう一つ、実はその時に川口さんが歩道に座って「最近腰が痛いんだよね」と言ってたんですよ。あとから振り返ると、あの時から ご病気だったんだなって。それもあってとても印象に残っているんです。その時は林市長は中田前市長が立ち上げた創造都市政策を踏襲して継続するとおっしゃって、国際会議でも横浜宣言を採択しているんですよね。でも実際にはそのあと変わっていきましたよね。一番大きいのは文化観光局が出来たことだと思うんですけど。文化と観光はカルチャーツーリズムって言ってみたり、あるいは国の文化政策も文化庁と観光庁が連携していわゆるインバウンドに文化をどう使えるかみたいなことにすごいシフトしていて、文化が観光に使われるようになっている。でも、突き詰めて考えると文化と観光の最終的な目標は相容れない、と私は思っているんですね。だけどそこにコロナが起こったじゃないですか。だから私はもうアートでインバウンドはいい加減止めた方がいいと思うんです。コロナが発生したことによって、いろんなことに対する価値観の転換がこれから明らかになってくると思うんです。その中で黄金町だったりBankARTだったり横浜市の創造都市政策をどういう風に見ていくのか。アーティスト・イン・レジデンスもまさしく海外からアーティストを呼べないとなると、もうどうやったらいいのかってことになりますよね。なおかつ最近は芸術のエコシステムって言いますけど、芸術の生態系の中でアーティスト・イン・レジデンスは一番原点のところじゃないですか。でもそれがちゃんと運営できないと将来トリエンナーレに出せるような素晴らしい作品も生まれてこないし、美術館で展示する作品もできない。そうなった時に黄金町のようなところが重要だよね、と。そこを行政として支援しなきゃいけないよねっていう。このコロナのことで横浜市にはその辺りに気がついて欲しいなと思います。ヨコハマトリエンナーレだって従来は目標何十万人とかやっていましたけど、今それは絶対出来ないないわけだから。そうすると、ソーシャルディスタンスを保ってでもトリエンナーレをやることの意味はどういうことなのかとか。その根源的な問いかけっていうのが、コロナを機に起きていると思うんです。その辺も踏まえて創造都市政策を考え直す良いきっかけだと思う。今まで何度も逆風があったと思うんだけど、今回のコロナは創造都市政策を大きく転換するある意味チャンスではないかと思うんです。市役所も新しくできたし。

ＩＲだって、カジノだって、今コロナの中で期待するほど人が来ないんじゃないですかね？　カジノは三密の極限状態で、しかも人々の欲望が渦巻いていて、危ないことこの上ないですよね。そういうところで、全ての政策に方向転換が求められているっていうのかな。横浜市の創造都市政策に関していうと、ここでもう一回原点に立ち返って、方向性を見直し、その中で黄金町の役割や、特にこれからの持続性について真剣に考えて欲しいと思います。

山野　ほぼおっしゃる通りですね。黄金町は今相当難しいところに差し掛かっていると思います。レジデンスはなんとか継続できるかな。アーティストが経済的にかなり困窮している人が多いのも確かなんですけど。アートの仕事が出来なくなっているんじゃなくて、生活を支える仕事がかなり大幅に奪われている人たちがいて。それでレジデンスを中断して帰ってしまった人たちもいるんですよ。そういう人たちのサポートを今緊急的にいろいろやっている最中で、寄付とかいただいています。大口の寄付をしていただいた方とかいて、そういう人たちに何とか支えられている状況です。さっき企業の話をしましたが、いないわけじゃないんですね。活動の地味なところや若いアーティストが大変なんだっていうとこをちゃんと見てくださる方もいる。だからそういう全く真っ暗の状況にいるわけじゃない。それとうちはやっぱり世代交代です。どう考えてもね。私が仕事をできなくなったときにどうするのか、今スタッフに投げかけています。うちのスタッフにしろ、アーティストにしろ、地域の人に対してもそうなんですが、すごく道徳くさい話をついついしてしまうんです。黄金町ってそれくらい傷ついている場所ですから。この場所を守っていかなきゃ、やっとここまできたのにそれさえあっという間に崩壊する恐れがあるんだということを厳しく言ってます。私的にお互い教育し合う関係みたいな共同体、コミュニティですかね、そういうイメージなんです。お互いに、例えばアーティストにしろ地域の人と積極的に出会う場面を作って、それが地域の人にとってもアーティストにとっても教育的な環境になる。それからもちろん企業の人たちや、行政の人たちともできるだけそういう関係でいようと。これは私が何十年もそういう環境の中で仕事してきたところもあるんですけど、続けようと思ったら全く違う立ち位置の人たちとずっとやらなきゃいけない仕事ですよね。だから我慢しているといえば我慢しているんですけど、いかにテーブルひっくり返さないでやり続けるかってことなんです。それをお互いにそれが出来るようになっていけばなんとかなる。だから最近はアートを通り越して、そういうことをやれるようになろうと伝えている最中ですね。

吉本　新型コロナが発生して、それでフリーランスのアーティストが困っているのが割とテレビなんかに出て共有されましたよね。国の政策でも珍しく文化芸術が置き去りにされてない。だけどそこは矛盾もあって、安倍政権が発表しているのは経済対策なんですよ、芸術支援じゃなくて。なのでＧＯ ＴＯキャンペーンみたいなことになって、今いろいろもめていますけど。それとコロナが発生した後にクラウドファンディングがすごく活発になりましたよね。この鼎談の前にエリアマネジメントセンターのホームページ見たら認定ＮＰＯになっている。個人で寄付すると税金戻ってくるじゃないですか。僕もそういうので頼まれて寄付するところあるんですけど、公益法人か、認定ＮＰＯになっているか、あるいは役所経由にする方法があるんですけど、やっぱり税金が返ってくることは大きい。例えば一万円寄付すると四〇〇〇円近く戻ってきますよね。でも山野さんのところにはその四〇〇〇円も確実に行くわけだから、四〇〇〇円の税金の使い道を自分で決めていることになるんですね。

山野　うちに寄付してくださる方はそれを理解されている方なんですよ。

吉本　僕も認定ＮＰＯ法人に寄付しなきゃいけない気持ちになっています。そういうことをとおして、黄金町のやっていることを理解してもらうことに繋がるし、地域の人たちと一緒になって黄金町の今の動きを大切にしたいと思うようになっていったら、企業に対しても、市に対しても大きな説得力になりますよね。そのファン作りを行うこと、なおかつそこに寄付を絡めてもらう。その辺も重要になると思います。

山野　おっしゃる通りですね。先日、久しぶりに町内会に行ったんです。（黄金町に）来た当初は町内会によく顔を出して挨拶していたんですけど。最近うちの若い連中からたまには来ませんかって、連れていかれて。やっぱり日常的なところでお互い顔合わせて、どうでもいい会話でもしていうことがいかに重要なことかと思いました。お互い顔が見えなくなると、知らないところで疑心暗鬼になる。だからやっぱり日常的に会うべきだな、と。面倒くさいなと思っても避けて通らないこと。それが仕事なんだっていうのを改めて感じました。だんだん歳を重ねてくると、いつの間にか若い人に任せてしまっていたんですけど、やっぱりそれはよくない。町内のみなさんはほとんど私と同じ位の年代かそれより上ですからね、八〇とか九〇歳くらいの人もいます。その中に入っていくことがいかに大切なことかと分かりました。

吉本　それを聞くと山野さんますますやめられないですよね。同世代の地域の人とつながるために山野さんにいてもらう必要があるんじゃないですか（笑）。

山野　でも疲れますよ、この仕事。

吉本　そうかもしれないけど、もう少し、誰かにバトンタッチするまでぜひ頑張ってください。

吉本光宏
ニッセイ基礎研究所 研究理事・芸術文化プロジェクト室長。一九五八年徳島県生まれ。文化政策や創造都市のリサーチに取り組むとともに、文化施設開発やアート計画のコンサルタントとして活躍。横浜市の創造都市政策への関わりは、事業本部アドバイザー（2004-07）、創造都市横浜推進委員会等の委員・委員長（2004-15）など。

3章 黄金町

コミュニティへのアプローチ

3-1 黄金町の挑戦

——鈴木伸治

横浜で黄金町と言えば、かつては売春のまちであり、決して近づいてはならない場所であった。二〇〇五年に行政と住民の協力のもと神奈川県警によるバイバイ作戦が実施され、売春行為に関係していた小規模店舗は閉鎖に追い込まれ、以降、地区再生の取り組みが行われてきた。アートによる再生が一つのテーマではあるが、大岡川の水辺や空き家活用など多様な取り組みがなされている。

筆者は二〇〇六年のバイバイ作戦後、一時はゴーストタウン化したこの地区のまちづくりに関わっており、これまでの経験をふまえて、その経緯をまとめておきたい。

黄金町とはどんなまちか?

黄金町とは正確に言えば初黄（はっこう）・日ノ出町地区という初音町、黄金町、日ノ出町の三町にまたがる地区であり、京浜急行電鉄黄金町駅から日ノ出町駅に至る高架沿線のエリアである。横浜は一八五九年に開港場として整備され、その歴史が始まったが、この地区にはそれを遡る近世より太田村と呼ばれる集落があり、現在の市街地の骨格を形成した吉田新田開発とも縁の深い村であった。横浜開港以降は開港場警護のための太田陣屋が設置されるなど、横浜開港を支えた地区でもある。その後徐々に市街化が進み、横浜の都心周辺部として発展し、関東大震災後の区画整理によって現在の骨格が形成された。一九三〇年代には現在の京浜急行電鉄の敷設によって、黄金町、日ノ出町駅が開設された。『中区わがまち』は一九八六年に出版された地域の高齢者への聞き書きをもとにしたものであるが、戦前のこの地区には売春のまちといったイメージはない。戦前の記憶について地区の住民にインタビューを行っても、日ノ出町には病院が多く、今では住宅地のイメージの強い初音町や東福寺前の赤門通りには多くの店が立ち並んでいたと回想する人たちも多い。隣接する英町では、大佛次郎の生家であった病院があり、落ち着いた横浜のまちの郊外といった感じである。

また、変電施設があったため、太平洋戦争末期には建物疎開が行われて、通りが広がった。そして横浜大空襲から戦後期にかけ、この地区の様相は一変する。

終戦の年の五月二九日、横浜は空襲により焦土と化した。黄金町も例外ではなく、大きな被害を受けた。東小学校の防空壕に逃げ込んだ人たちは助かったが、校舎や体育館に逃げ込んだ人は命を落とした。また、多くの人が猛烈な火災を避け、桜木町、浦舟町、久保山方面から逃げてきた。そうした人たちの中には黄金町駅のガード下部分に集まり、米軍の機銃掃射と燃え盛る火災によって命を落とした人もいた。燃え盛る炎と熱から逃れるため、死体の下に潜り込もうとしたため死体が山のように積み上がったと言われている。

転換点となった第二次世界大戦

戦後の復興期、横浜都心部の大部分は接収を受けた。首都東京への米軍の進駐を減ずるため、横浜の港を中心とする都心部の大部分が接収されることとなったのである。黄金町地区は接収を免れるが、伊勢佐木町を含む大岡川の対岸側の地区はその大部分が接収された。そのため、多くの人たちが他の地区から流入してきた。大戦末期に行われた建物疎開地に移転を指示された人たちもいたようである。聞き取りによると、焼け出されたあと地域に戻らなかった人たちも多くいたという。後述する売春問題の一因となった土地の権利関係の複雑さや不在地主の多さの背景にはこのような事情もあったのではないかと思われる。

また、桜木町には横浜公共職業安定所、柳橋寄せ場があり、職を求める労働者たちも流入してきた。当時の横浜港は軍用貨物、穀物などの受け入れ港であり、職を求める人たちでごった返した。バラックが建ち並び、野毛には闇市が形成され、大岡川には水上ホテルと呼ばれる簡易宿泊所、黄金町地区にも簡易宿泊所が建ち並び、地区のイメージは大きく変わった。

そういった状況の中で、米兵や労働者を相手に売春を始めるものが現れた。日ノ出町駅周辺の表通りの取り締まりが厳しくなり、川沿いの京急高架下へと移るようになったと記憶している地域の人もいる。高架下に飲食店が増えるにしたがって、売春を行う店舗も増えていったようである。昭和三三年の売春防止法制定までは、比較的大っぴらに商売が行われていたようではあるが、むしろ当時は麻薬問題のほうが深刻であった。この麻薬問題については、その後、住民や警察の努力によって徐々に沈静化するが、昭和四〇年代からは、小規模な特殊飲食店が高架下に集積し、首都圏でも有数の売買春の地域となった。間口一間（約一・八メートル）、奥行き二間程度、二階建てのこの特殊飲食店は、一階で形ばかりの飲食店が営まれ、二階には通常二つの小部屋が設けられ、そこで売春が行われていた。

当初は日本人によって売春が行われていたが、一九七〇年代頃から徐々に外国人による売春行為が行われるようになり、風俗産業化が進んでいった。

しかし、この頃は高架下の店舗も飲食店組合に参加し、暗黙のルールとして夜間しか営業を行わないことや、街灯整備などで地域に協力するといった一面もあり、決して地区の住民と対立的な構造があったわけではなかった。

昔の黄金町　撮影：山田秀樹

高架下から周辺へ

この地区に再び変化がもたらされたきっかけは一九九五年の阪神淡路大震災であった。この震災で鉄道高架橋が被害をうけ国土交通省が高架橋の耐震化を鉄道事業者に命じたのだ。京浜急行は高架の耐震改修を計画し、高架下の小規模飲食店は立ち退きを求められた。かつては一〇〇店舗程度であった小規模飲食店が、立ち退きによって周辺地区へと拡散し、やがて店舗数が二六〇店舗まで増加し、周辺環境の悪化が引き起こされた。

地域のまちづくりのリーダーの言葉を借りれば、「まちが音を立てて壊れていく」という状況であり、周辺住民も拡散した小規模店舗が集中する地区には足を踏み入れられない状況が続いた。高架下において営業が行われていた時代には、町内会とのコミュニケーションもあったが、周辺地区に拡散してからは、そうした町内会等の地域組織との関係もほとんどなく、小規模店舗の拡散にも歯止めがかからない状況となっていた。

立ち上がった住民

この違法風俗の拡散によって、地域住民の中にはこの地区を去った人たちもいた。売春のための小規模店舗建設のためいわゆる地上げが行われていた［★1］。このままではどん

★1　この間の経緯については『横浜黄金町パフィー通り』（阿川大樹、二〇一四）に詳しい。阿川はレジデンスアーティストとして地域住民に聞きとりを行い、当時の状況を描写している。

どん風俗街が拡大していく。このような危機的な状況に対して、地域の住民が立ち上がり、二〇〇三年一一月、町内会役員、近隣の東小学校PTA役員を中心に初黄・日ノ出町風俗拡大防止委員会（後の初黄・日ノ出町環境浄化推進協議会）が設置された。会設置の目的としては初音町、黄金町、日ノ出町地区の京浜急行沿線約五〇〇メートルにわたって存在する特殊飲食店の拡大を防止し、安全で安心なまちを実現するということであった。

協議会では、二〇〇四年七月に売春防止法の罰則強化、不法滞在者の取り締まり強化について法務大臣に要望書を提出した。これに続いて二〇〇五年一月一一日に県警は「歓楽街総合対策推進本部」を設置し、行政・地元が一体となって「バイバイ作戦」が開始された。作戦の内容は、違法特殊飲食店に立ち入り、売買春をしている人を一斉に逮捕し、所有者、使用者に対して売買春の禁止を明確に示すもので、同年四月には京浜急行高架下に「歓楽街総合対策現地指揮本部」が設置され、二四時間警備が開始された。

このような繁華街対策は全国的な都市再生の動きとも連動している。二〇〇五年六月には都市再生本部による、犯罪対策閣僚会議合同会議が開催され、都市再生プロジェクト「防犯対策等まちづくりの連携協働による都市の安全・安心の再構築」のモデル地区として、全国で一一地区が選定され、横浜では関内・関外地区が指定された。これを契機として初黄・黄金町地区の取組が都市再生プロジェクトとして位置づけられるに至った。この「防犯対策等まちづくりの連携協働による都市の安全・安心の再構築」では、「①客引き、広告、駐車等に係る迷惑・違法行為の排除、未然防止の徹底及び死角の除去、街の美化、外国人観光客を含む来街者への地域安全情報の提供、②地域特有の資源や文化を活かし、それぞれの特性に応じた街の魅力づくりと情報発信、都市再生事業等による新たな賑わいと人の流れの巻き起こし、まちづくりビジョンと調和したテナントや商業・文化施設の整備等の誘導」が、その目的として掲げられている。

こうした国の動きや県警のバックアップもあり、初黄・日ノ出町環境浄化推進協議会では、二〇〇五年七月には「まちづくり推進部会」が発足し、二〇〇六年三月には「初黄・日ノ出町まちづくり宣言」が策定された。ここでは「子どもたちが夢や希望を持てるような、明るく、暮らしやすく、活力のあるまちづくり」を基本目標として、以下の五つのビジョンが打ち出された。

①まちの個性「地域資源と人材ネットワークを活かし、チャレンジできるまち」
②にぎわい「アーティストやマイスターが集い、横浜を訪れる人々が回遊してくるまち」
③水とみどり「大岡川や野毛山の花やみどりや水を楽しめるまち」
④コミュニティ「多様な世代が住み、子どももおとなも、日本人も外国人もみんなが顔みしりのまち」
⑤安心・安全「犯罪や売買春のない、安心して暮らせるまち」

このコンセプトに基づいて、地域では朝市の開催や桜まつりの実施・参加、地元小学校とアーティストのコラボレーションによる京急高架下の工事塀ペイントワークショップなどが行われた。

一方、横浜市でも、国や県、地元の動きと連動し、地区再生へ向けた取り組み支援が行われている。二〇〇六年三月には、かつての違法飲食店を借り上げた地域防犯拠点「ステップワン」を開設し、続いて実験的に芸術文化拠点として「BankART 桜荘」が開設された。

この桜荘はアーティストのレジデンスとして活用する滞在型の文化芸術拠点として活動が行われ、その後の文化芸術による地区再生という方向性に大きな影響を与えたと言える。

インタビュー 小林光政

初黄・日ノ出町地区環境浄化推進協議会の発足

黄金町は黒澤明の映画『天国と地獄』のモデルにもなったまちですが、実際は映画のようにひどい状況ではなかったです。終戦後は問屋街でしたが麻薬で有名だったので、バスで通るときは「このあたりが麻薬で有名な日ノ出町、黄金町です」という説明が流れていたようです。当時はまだ売春という言葉は目立ってなく、どちらかと言うと真金町とか曙町とか川向かいの方が主体でした。私がこのまちへ来たのがちょうど昭和三〇年ですが、その頃はまだ本当に静かで日本人の売春婦が多く、ほとんど外国人はいなかったです。

京浜急行が阪神淡路大震災を受けて補強工事をすることになったとき、私は町内会の役員をやっていました。当時、高架下には違法行為をしている人と真面目に生活をしている人は半々くらいだったと思います。真面目に生活をしていた人たちが高架下から引越すときは、転居地を探してアパートを借りて入れるようにお手伝いをしたことがあります。ちょうど初黄の隣にある赤英にアパートがあり、そういうところに移られました。ただ、売春をやっていた人たちについては手出しをしませんでした。

その後お店が一気に増え、まちの状況が一変します。町内会への直接的な影響は、町内会員の不安の高まり、ごみ、美観、風紀などのルールが次第に守られなくなったことです。財政上の危機もありました。それから行政への不満として、なぜあんな建築や飲食店を許可したのか、外国人女性の横行について入管はどう対応しているのか、警察はどうして取り締まることができないのか、といった声がまちの中であがっていました。

初黄・日ノ出町地区風俗業拡大防止協議会を立ち上げた直接的な動機は、ある日地域の方から家の売却と転居の相談があったことです。まずは思いとどまっていただき、私は直ちに対応策を考えました。そして全町民の協力で行政の力を借りることに決定しました。ただ売春の問題一つだけでは町内会の動く理由としては弱いし、町民も動かないだろうと思い、複数の問題に同時並行で対策を打つことが町民の理解を得やすいと考えました。売春、オウム真理教の神奈川道場、暴力団事務所が二ヶ所、それから中国人のための日本語学校があり、ゴミ捨てや駐輪マナーの問題が起こっていました。この四つの問題を同時に解決しようと、町内会の総会の議題の一つとして提案し、町内会員の総意を確認しました。そして当時の大浜悦子中区長にお願いし、大浜区長が国に直接連絡してくれました。

風俗業拡大防止協議会を発足させた当初は暴力団の反撃も大きくなることを予想し、既にあるもの以上は拡大させないということで手始めに拡大防止にしたんです。次の段階ではやはり全部なしにしようということを考えていて、一一ヶ所の町内会長が集まる連合町内会で初黄町内会長の谷口安利さんに協力のお願いをして「初黄・日ノ出町環境浄化推進協議会」の名前に変更しました。

まちのイメージの変化

変わったというよりも一安心したという感じです。以前黄金町で「ぬくもりトーク」を開催した時に、林文子市長から「小林さん、いったいこの事業はどこまで第一段階でやるの」と質問がありました。私としては第一段階はこのまちのマンションの名前に「日ノ出町」とか「黄金町」という文字がつくこと。それからコンビニやナショナルチェーンがこの地域に出店をしたいという申し出があること。そこまでが第一段階で早くやりたいと思っていました。そういう話をしてから三年半くらいたって黄金町の角に「黄金町」がつくマンションができてすぐに秘書課に連絡しました。

第二段階のイメージは、川沿いにパラソルが並んで自由に歩けてパブや飲食店が並んでちょっとしたブティックもあるという街並みです。大通りの方は物販店。問屋という商売はもう成り立ちませんので小売店が軒を連ねることになるといいなと考えています。

それから、野毛の大道芸と黄金町のアーティストがどう関わり合いを持てるか。同時にアーティストという人材を労働契約によってＮＰＯが派遣できないかというような案も頭の中には浮かんでいます。あまり言葉には出さないんですが何しろアートでは金儲けできないというのが私の頭の奥にはいつもこびりついています。けれどアートは大事ですよね。我々の常識を打ち破って非常識を常識に転化できるのはアートです。そういう意味ではアートは未知の世界を開拓するのに必要ですよね。

二〇一七年九月二九日実施

インタビュー：寸田青葉（当時 鈴木ゼミ所属）、鈴木伸治

小林光政

二〇〇三年〜二〇一五年　初黄日ノ出町環境浄化推進協議会副会長

二〇〇九年〜二〇一四年　ＮＰＯ法人黄金町エリアマネジメントセンター理事長

二〇一五年〜二〇一七年　初黄日ノ出町環境浄化推進協議会会長

二〇一七年〜　初黄日ノ出町環境浄化推進協議会顧問

3-2 負の歴史とどう向き合うか――鈴木伸治

大学としてのまちづくりへの参加

二〇〇五年の一月にバイバイ作戦が行われた直後、関内で行われた講演会に、日ノ出町町内会長として環境浄化推進協議会のメンバーでもあった小林光政さんが参加され、筆者の講演終了後お話をさせていただいた。バイバイ作戦のこと、当時の黄金町の状況をお聞きし、とにかく一度現地を見てほしいと要望され、その日のうちに足を踏み入れた。

遠くで怒鳴りあう大声が聞こえたものの、真っ暗なゴーストタウンという印象であった。すれ違うのは警察官ばかりで何度か職務質問を受けた。黄金町については、対岸の道路を何度か通ったことがあるものの、歩いて回ったこともなく、実質的に初めての訪問であったが、ひっそりとしたなか、ものものしい雰囲気が漂っていた。

その後、当時横浜市中区役所で黄金町の歓楽街対策を担当していた大堀さんが当時の筆者の勤務先の関東学院大学を訪問され、何人かの教員と意見交換をさせていただいた。

筆者自身は翌年四月から、横浜市立大学に赴任することとなり、大学の授業で関外地区の活性化について提案を作成することとなった。そのうちの一チームが黄金町を対象地として取り上げ、空き家と化した小規模店舗を活用する提案を行った。そこには大学のサテライト拠点を設置し、地域住民の交流の場とする提案が含まれていた。

この提案がもとになり、二〇〇七年六月には協議会と横浜市立大学の研究室が協働して管理運営す

上｜Kogane-X Lab. オープンの様子（2007年）写真提供：仲原正治
下｜東小学校でのワークショップ　ガリバーマップ制作の様子

る「コガネックス・ラボ（Kogane-X Lab.）」が開設された。コガネックスは協議会の愛称であり、大学との協働という意味でラボと名付けられた。年度末の予算をかき集め、かつて売春で使われていた建物をリノベーションした。図面を取ろうにも、火災の焼け残りの廃材を再利用した建物であったため、微妙に変形しており、図面が取れない。すべて現場合わせの施工となった。小規模店舗のシンボルであるカウンターは撤去し、三つの店舗を一つにまとめた。それでも二階建で延べ床六〇平米の建物であった。いかに売春店舗が小規模であるかがわかる。予算不足はＤＩＹでなんとか補った。塗料やパテは協議会のメンバーである竹内化成さんから寄付をいただき、学生たちと施工した。

　この拠点を開設した当初は、正直なところ、通行する人もほとんどおらず、何もすることがないかと思われた。そこで、地区内の東小学校の総合学習の時間と連携し、安全安心のまちづくりについてのワークショップを開催することとなった。ガリバーマップを使用したまち歩きワークショップを開催し、地域の資源を見直し、安全で安心なまちのあり方を考えるための冊子「あんあんマップ」を作成した。安全面への懸念から、ＰＴＡと伊勢佐木署の暴力団対策課の方たちもまちあるきに参加してくださった。

　自分たちの住んでいるまちにネガティブなイメージを持っている大人たちに対して、子どもたちは素直に自分たちのまちを自慢してくれた。大岡川が好き、京急の赤い電車が好きな子どももいた。一方、一緒にまち歩きをすると、ゴミの散乱が嫌い、変な人に追い回されて怖かったなどといった、大人たちのまちに対する批判の声も出てきた。まちを変える可能性を感じ、冊子にまとめて地域に配布した。

この頃には、大岡川沿いの道路プロムナード整備事業や県による桟橋整備などハード面での整備事業が相次いだ。

プロムナード整備では、わざと歩車道の段差を大きくし、違法駐車ができないようにするとともに、これまで視線を遮っていた植え込みを整理して、見通しが確保された。環境防犯設計（ＣＰＴＥＤ、Crime Prevention through Environmental Design）の考え方である。

桟橋整備は大岡川の活用を希望していた地域住民が河川管理者である神奈川県知事に直接働きかけて実現した。実はこの地域は年に一度のさくら祭りを介して、地域の人たちが繋がっており、その人たちを中心に、大岡川を活用しようという動きが以前から起こっていた。県知事との対話を機会に管理者である神奈川県にアピールしたのである。桟橋の設置場所を探していた県にとっては渡に船であり、急ピッチで計画が進められた。住民の要望を聞き入れる形で桟橋が整備されたため、その管理についても地域側で行うこととなった。通常、都市河川の船着場は防災目的で設置されることが多く、行政が管理する場合がほとんどである。そのため、土日や早朝の利用などは鍵の貸借など手続きが煩雑になる。しかしこの船着場については水辺の利用に積極的で外部に対してもオープンな住民が管理したことから、徐々に水面や水辺を利用したい人たちにとっても貴重な船着場であるとの理解が広まっていった。出来上がった「さくら桟橋」は現在ＳＵＰ（Stand Up Paddle）など、大岡川の水面利用のメッカとなりつつあり、運河チャレンジ（旧運河パレード）などの大岡川下流部全体をつかったイベントでも拠点となっている。

負の歴史とどう向き合うか

当初この地区のまちづくりに関わってほしいと依頼を受けた時、正直なところ、売春の問題をどのように考えるべきか躊躇する部分もあった。

大きな都市には悪所があるのが当然であり、こうした都市の中の猥雑な部分を漂白したとしても都市は多様性を失うだけで、決して良くなるわけではないといった意見や、この地区で働いていた女性たちを追い払ったとしても、その女性たちはどこに行くのだろうか、根本的な問題の解決にならないのではないかという意見も聞こえてきた。

しかし、地域の方々と話をさせていただくうちに、わかってきたこともあった。このバイバイ作戦による小規模店舗の撲滅作戦は、全国的に行われた繁華街対策のプロジェクトの一つではあるが、実際には地区の住民が声をあげ、売春のまちから生まれ変わろうと始めた運動であることだ。

この地区の歴史を振り返る中で重要な点は、戦前は横浜の発展を支えたまちの一つであり、長谷川伸や大佛次郎といった文化人が生まれ育った普通のまちでもあった。ところが、戦後の復興の過程で生じた横浜の負の部分を、はからずも引き受けざるを得なかったのである。近世からの遊郭の歴史を引き継いできた色まちではなく、黄金町は普通のまちであったし、以前から住んでいる方たちは、麻薬や売春というイメージによって、色眼鏡で見られることを不満に思っていた人も多かった。また売春を行ってきた小規模店舗を相手にした商売や、歓楽街を訪れた客を相手にした飲食店なども多かったこの地区で、負の経済循環を断ち切ろうと覚悟を決めたのも地域の住民の人たちである。

日本では、風営法に基づき、各都道府県が条例を制定し、風俗営業の店舗の立地を規制している。横浜でも福富町や曙町など、風俗店の立地が許可されている場所がある。黄金町の場合は、そうした店舗の立地が認められる地区ではない。ここでの小規模店舗とは、あくまでバーであり、飲みに来た客に違法なサービスを提供する状況が戦後の混乱という歴史的経緯から看過されてきたのであろう。この点は多くの人が誤解している。

また、当時の女性を排除したことは根本的な問題解決にならないのではないかという指摘についてはどうだろう。バイバイ作戦後、すなわち女性たちが地区を去ってから筆者は地区のまちづくりに参加したため、当時の女性たちとの直接のコンタクトがあったわけではなく、わからない部分も多い。しかしながら、県警などの話では、女性たちはまた別の場所へと移っていった可能性が高いとのことであった。特に外国人女性の場合は来日するにあたってエージェントに借金をしている場合が多く、暴力団の関与する仕組みの中で動いているようだ。人身売買の温床となっているとの指摘もなされていた。

そのような場合、女性や、それによって利益を得ていた個人や暴力団などの団体を黄金町という場所から排除することは根本的な問題解決につながらないとの指摘も一理ある。事実、売買春にかつて関わっていた暴力団に黄金町バザールの告知を行う必要があり、第一回の実行委員長を引き受けたことから、伊勢佐木署の方々をともなって組事務所を訪問する機会があった。強がりかどうかわからないが、違法な営業がなくなっても痛くもかゆくもない、女性たちも国内のどこかに移ったのではないかといった、あくまで第三者的なもの言いで威圧的に話してきたことを記憶している。

こうした複雑な背景を理解すれば理解するほど、この地区のまちづくりに参加するかどうか悩ましく思えた。

しかし、それを理由に売春に関与する小規模店舗が無秩序に拡散しつつあった状況を看過すべきではない。そして、本来は取り締まられるべき店舗が、歴史的経緯から黙認されてきたこと、そのことによって不利益を長年被って来た地域住民が暴力団からの報復に怯えながらも声をあげた運動を否定することはできない。悪所必要論や私小説に描かれる青線地帯の女性の悲しい物語のようなノスタルジーに共感しないではないが、そのことを社会が看過し続けることの理由にはならない。搾取される海外からの女性が居続ける状況を認めてしまってはいけない。当然、本人の意に反して売春を強要されていた女性たちがいれば、手を差し伸べるべきであったろう。それについては今でも考えに変わりはない。

当時、まちづくりの関係者から、アドバイスを欲しいとのことで土地建物の権利者調査の結果を見せられたことがあった。日本人の名前と同時に外国人と思われる名前もたくさん並んでいた。そして権利者のほとんどが地区外の人たちであった。つまり、黄金町は投資の対象であり、そこに違法な資金が流入している可能性もあった。

二〇〇六年に、何軒かの小規模店舗の中を見せてもらった。その中にはタイ語のメモなども見られたが、丸っこいビルマ文字のメモも見つけた。たまたま、一九九〇年代にミャンマー（かつてのビルマ）で縁あって仕事をした経験があり、目を引いたのである。当時、軍事政権下ミャンマーから日本へと出稼ぎに来ることは不可能であったと思う。おそらく、身分を偽って流れてきた女性がいたのであろう。黄金町とはそんな無数の物語が交錯する場であったのだろう。

悩ましく複雑な思いを持ちながら黄金町のまちづくりに関わることとなった。この地区に関わることはとても難しいことであることも承知していたので、協議会では「一〇年間は関わり続けます」と宣言してみた。自分で外堀を埋めるような話でもあったが、むしろ外堀を埋めないと決断がゆらぐのではとの気持ちもあった。ネットで批判されたり、拠点の窓が割られたり、いたずら電話がかかってきたこともある。黄金町の外側に住む人から、そんなことをして何の意味があるのかと揶揄されたこともある。おそらく、住民のみなさんや、NPOの職員のみなさんも何かしら似たような経験をしていると思う。

3-3 文化芸術のまちづくりへ――鈴木伸治

BankART 桜荘
写真提供：仲原正治

プロムナードや桟橋の整備などの取り組みが進む一方、大量の空き店舗を抱え、これまでの地区形成の経緯からネガティブなイメージを払拭できないことが地区としての大きな課題でもあった。

この課題に対処するため、当時都心臨海部で進められていた文化芸術創造都市のコンセプトをこの地区にも応用できないかという意見がでてきた。

二〇〇六年六月に協議会の活動のサポートするまちづくりのプロポーザルが実施された。この際に選ばれたのが櫻井淳計画工房の提案であった。横浜でも活躍していたプランナーの櫻井淳氏は、二〇〇四年にスタートした横浜市の文化芸術創造都市の仕事も手がけたことがあり、そのソフトパワーに注目し、黄金町でも、高架下でのアートイベントなどを含めた「アートビレッジ構想」を提案したのである。むろん全く何もない状態でアートの話がでてきたわけではなかった。すでに高架下の鋼板にアーティストと子どもたちが絵を描くワークショップも行われていたし、二〇〇六年三月の協議会による「初黄・日ノ出町まちづくり宣言」には、「アーティストやマイスターが集い、横浜を訪れる人々が回遊してくるまち」という一文もあった。隣接する野毛地区では大道芸などの文化的なイベントを開催していたことも影響していたのではないだろうか。

これをきっかけに、協議会においても文化芸術による地区の再生が議論されるようになった。

その第一弾として、BankART桜荘がオープンした。これは所有者が横浜市に寄贈した、かつて売春に使われていた小規模店舗を活用したもので、地域住民の防犯活動拠点とセットとなったアーティストインレジデンス（アーティストが滞在し、創作活動や展示を行う）施設であった（現在は取り壊され、交番に建て替えられた）。運営者は、当時、旧第一銀行（現在のBankART Temporary）と馬車道の旧富士銀行（現在の東京藝術大学馬車道校舎）の運営をまかされていたNPO法人BankART1929が担当し、リノベーションは神奈川大学曽我部研究室が担当した。黄金町での文化芸術によるまちづくりの嚆矢となったプロジェクトである。当初、現代アートに接する機会も多くない住民にとっては奇異な感じもあったかもしれないが、コミュニティのリーダーの方を招いたトークイベントなどが企画され、住民との距離も少しずつ縮まっていったように思う。これをきっかけにして、横浜市は本格的に黄金町地区での文化芸術による地区再生を目指す方針を固めていった。その中心的な人物が、仲原正治さん（当時、開港一五〇周年・創造都市事業本部）であった。仲原さんは、一九八七年に取り壊しが予定されていた三菱倉庫を活用した期間限定のアートイベント「横浜フラッシュ」などの企画運営にも携った経験があり、アート関係者との人脈もあった。そして横浜市がすすめる文化芸術創造都市構想を実現する中心人物の一人でもあった。

こうした動きの中で、二〇〇八年九月から開催される現代美術の国際展である横浜トリエンナーレと同時期にこの地区でアートイベントを実施する計画がスタートした。このアートイベントはトリエンナーレが国際的なイベントであるの対して、地域との協働、地区の再生を目的としたものである点

行政と民間活力によるアートビレッジ構想～

㈱桜井淳計画工房

3 民による小規模店舗転用事業の計画策定（コンバージョン事業）

■コンバージョン事業のシステムの構築の流れ

・コンバージョンのためのビジネスモデルのシステムを構築します。
・システムのコアとして受け皿となる組織をつくり法人化を目指します。
・コア組織を中心にコーディネート事業をビジネス事業として確立する。

コーディネート事業の例
・新しい商店を増やす仕掛け作り
・不動産屋と店舗を借りたい人のコーディネート
etc

第Ⅰ期 06'～07'
民による小規模店舗転用モデル事業
・ステップ・ワンの支援
・空き店舗等の物件情報の収集をする。
・部会が中心となりステップ・ツー、スリーの事業開発を目指す
・新しい業態開発の実験を行う。

第Ⅱ期 08'～09'【横浜150周年】
コア組織の形成
・コーディネート事業をはじめる。
・応援団等を含めた店舗転用組織が法人化を行う。
・開港150周年事業として『安全安心なまち宣言』を行う。

第Ⅲ期 10'～
まちづくりネットワークの形成
・コア組織を中心にコーディネート事業をビジネス事業として確立する。
・まちづくりファンドをつくる。
・多様なまちづくり。
・まちづくりネットワークづくり。

まちづくり推進部会

小規模店舗転用のシステム検討 → 小規模店舗転用推進組織

運営・管理を行っていく組織の検討
民間主導の小規模店舗転用モデル事業
小規模店舗転用ビジネスモデルの検討
利用可能な具体的な空間の抽出
活動のための補助金等の検討

法人格を取得（NPO法人等） → まちづくりNPO法人 まちづくり会社等

開港150周年事業

まちづくりファンド

福祉のNPO
環境NPO
アートNPO
まちづくりNPO

不動産コーディネートビジネス
メディア活用 ヨコハマ経済新聞etc
不動産 ⟷ 住みたい人 商売したい人

新しいテナント開発
縁日に合わせた定時的フリーマーケットの開催
この中から新しいテナントを育てる。

新しい業態開発
飲食店や問屋等とアーティストがマッチングし新しい業態を開発する

■街並みの変遷イメージ

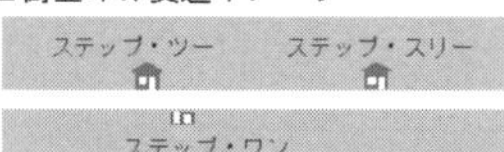

マイスター・クラフトSHOP ケーキ、食器etc
エスニックSHOP タイ、ベトナム
アトリエ&SHOP BankART
レッスンSTUDIO 剣道、ピアノetc

・ステップ・ワンを中心として先導的実験プロジェクトが展開される。
・ステップ・ツーやスリーでアート以外の実験事業を試みる。
・第Ⅱ期に向けてシンボル拠点と連動し、地区再生のための橋頭堡を築く。
・オシャレな小さな店舗を誘致する。

・オシャレな小さな店舗がパラ立ちしはじめる。（中目黒の川沿い地区の変貌）
・小規模な店舗やスタジオ が集積しはじめ、街に賑わいが生まれる。（コレクターズモール）
・家賃が安く、若者が新たな商売をはじめるメッカとなる。

・まちづいりファンドによって融資を受けた若者が企業を立ち上げる。
・4つのシンボル拠点と連動しゾーン毎に同じ業種の店舗が集積し、地区の特性が生れる。
・アートビレッジの街として全国的になる。

・元気付けを図る。

ョップ

ットとして企画する。
プラチナ）と若い
この交流拠点の
おかず料理教室
行なう。

初黄・日ノ出ブランド開発

初黄・日ノ出町ならではのブランドを創出し、それをアピールするためのイベント（例ラベルコンテスト等）を企画する。
・黄金町の湧水を使った「黄金ビール」
・周辺問屋街（食肉、紙等）とアーティストが連携したブランド開発等

船着場の活用

旭橋の船着場の整備に合わせ、大岡川水系を活かしたイベントを企画する。例えば、BankARTによるG30アートのイベントや、2008年トリエンナーレに併せて、会場と初黄・日ノ出町地区を結ぶアートクルーズ等。

桜まつり

桜まつりに呼応して、様々な仕掛を初黄・日ノ出町地区で催す。
・オープンカフェ、フリーマーケット
・ストリートファニチャアプロジェクト
・オープンファクトリー
・関東学院の学生によるマーチングバンド

初黄・日ノ出町地区まちづくり調査　提案書　～生れ変る初黄・日ノ出町地区

1 初黄・日ノ出町環境浄化推進協議会の機能強化策の検討

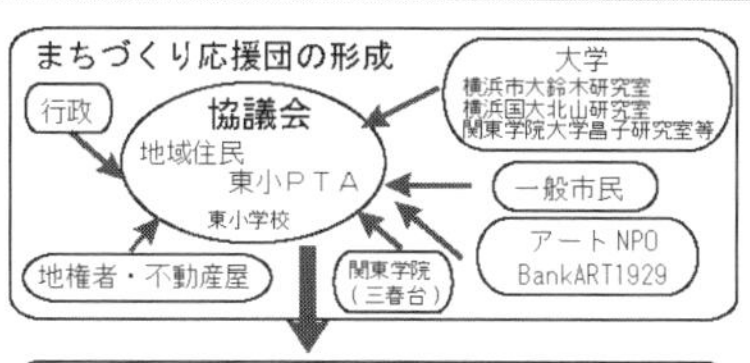

① 協議会を支えるまちづくり応援団を形成をする

・組織体制を確立するためにも協議会を支える応援団が必要になります。
・応援団は一般市民、大学、NPO法人等から構成します。
・Web(HP、メーリングリスト、ブログ、携帯サイト等)を活用した情報発信をし、応援団拡大を図ります。
・コアとなる応援団の学生に、Web管理の協力をしてらいます。

② 協議会員の拡充を図る

・横浜市地域まちづくり推進条例に基づき『地域まちづくりグループ』の登録を行い、さらに、地域まちづくりプラン・ルールを策定するため『地域まちづくり組織』として認定を目指します。

③ 地域住民の協議会参加を促し拡大する

・まちづくりイベント、まちづくりニュース、拠点利用の仕掛けから協議会参加へのきっかけをつくります。（4を参照）

2 まちづくりルール・プランの策定支援

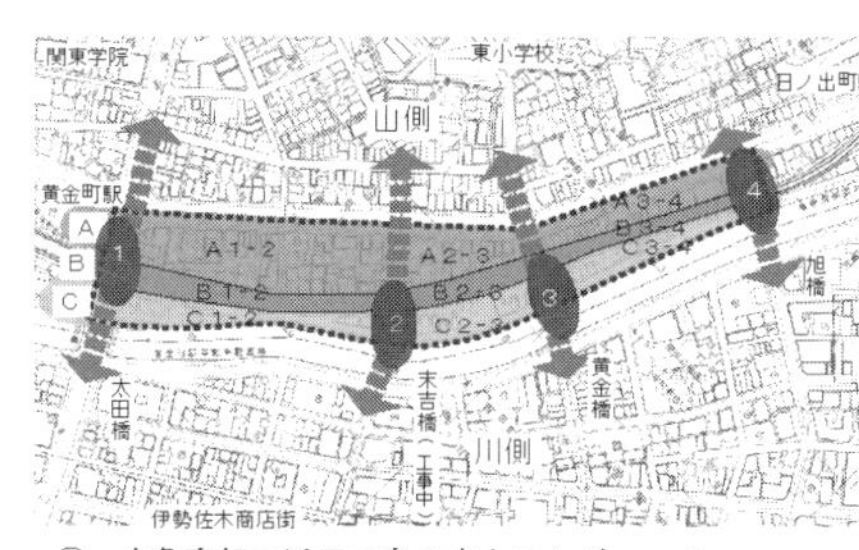

① まちづくりプランの考え方

【４つのシンボル拠点】　黄金町駅と日ノ出町駅を繋ぐ帯状の地区に変化をつける節をつくります。この節が山側と川側を結ぶストーリーを生む拠点となります。以下に例を示します。

1）黄金町駅を中心としたゲート性の高い拠点
2）ステップ・ワンや広場を中心とした地域のまちづくり活動を支える実験拠点（アート等の活動）
3）東小学校と川を繋ぐシンボルとして湧き水の活用と歴史を感じさせる環境づくりの拠点（東小学校と協働）
4）ボート乗り場・日ノ出町駅の連絡拠点として広く地域外と交流が持てるアメニティ空間拠点

【３つのゾーン】　線路や道路、丘や川の地形等によって帯状の地区に分けられることを活かし、３つのまちづくり目標に分けることができます。下記に例を示します。

A）平戸桜木線沿い：問屋街を活かした賑わいの再生と定住の促進を目指します。
B）京急高架下・中通り：地域のイメージを新たに変えることができるゾーンであり、拠点と同時に新しい魅力を創り出します。
C）大岡川沿い：地域の元気を生み出す新しい文化と地域に愛される水辺のアメニティ豊かなまちづくりを目指します。

これらの拠点とゾーンを基に、例えば拠点１～２のAゾーン(A1-2)という小さいゾーンに分割することができます。拠点とゾーンを毎に、地区計画・まちづくり協定等を検討していきます。

② 京急高架下活用の考え方とスケジュール

借地権の受け皿づくりやテナントのコーディネートする組織づくりをします。
3の民による小規模店舗転用事業と連携しながら具体的な活用を行います。

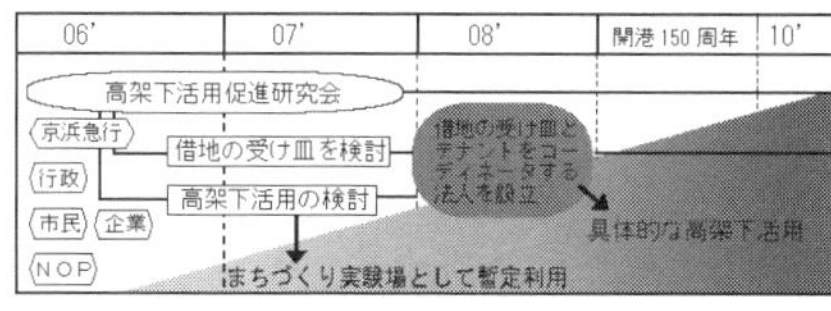

4 まちづくりイベント　様々なイベントを通じて初黄・日ノ出町地区のまちづくりの情報発信と、地域住民の巻き

高架下鋼板イベントボード

高架下鋼板を利用して、まちに彩りを与えるアートスペースとし、更にまちづくり検討プロセスの展示やまちの歴史写真展覧会等、まちづくりに関連した様々な情報発信のイベントボードとして整備する

高架下まちづくりカード

イベントボードのコンテンツとして、まちづくりのプロジェクト手法一つを1枚の「提案カード」の形にデザインして提示し、住民・利用者に問題提起する。また、それに対する意見を引き出すことを目指す。

高架下アートイベント

高架下の暫定利用として、東小学校生、関東学院三春台の中高生の参加を見込んだアートイベントを催す。例：磯崎道佳氏・BankARTが東小学校の生徒と行なったかくれんぼイベント等

プラ

ステップ・ワンの
輝いている高齢
世代、子育て
設立を、夜話
等のイベントを追

黄金町プロポーザルコンペ　提供：（株）櫻井計画工房

黄金スタジオ
設計：神奈川大学曽我部昌史研究室＋マチデザイン

が大きく異なっていた。

高架下スタジオ

アートイベントの開催と地区の再生への起爆剤として、高架下に二つの文化芸術スタジオ（黄金スタジオ／日ノ出スタジオ）を建設するアイディアが浮上した。このプランの実現に中心的役割を果たしたのは先述の仲原さんで、京急電鉄と粘り強く交渉を行い、京急電鉄が文化芸術スタジオを建設し、横浜市が借り上げるというスキームが実行に移された。通常、自治体が文化施設を新たに設置するためには、さまざまな行政計画への位置付けや議会の承認など、長期的なビジョンと丹念な合意形成が必要となるが、驚くようなスピードで、スタジオ設置への準備が進められた。

設計については、日ノ出スタジオが横浜国立大学の飯田善彦先生の研究室（当時）と神奈川大学の曽我部昌史先生の研究室にお願いすることとなった。飯田さんも曽我部さんも一流の建築家であり、それぞれ事務所も持ってはいるが、あえて大学の研究室にお願いすることになった。BankART 桜荘のリノベーションが曽我部研究室によって行われたが、施工中そして完成後も学生たちが地域の住民と交流することで、地域にも活気がもたらされたからである。そのため、設計にあたっては地域住民とのワークショップが開催された。筆者自身もコーディネイト役で参加したが、高架の補強工事で鋼板によって囲われて壁のようになっていた高架下の空間を見通せるようにすることや、高架下を歩いて行き来できるような空間が欲しいといった意見が住民の方から出されたことを記憶している。防犯環境設計の考え方の一つに地域住民による監

日ノ出スタジオ
設計：横浜国立大学大学院／建築都市スクール Y-GSA 飯田善彦スタジオ＋SALHAUS

視によって犯罪を抑止するという考え方があるが、まさに住民側の要望は地域の防犯性能を高めるアイディアであった。ガラスとスチールのモダンな印象の日ノ出スタジオは、住民の意見を取り入れ、通り抜けのできる小さなオープンスペースと二階レベルに通路が設けられ桜並木と大岡川を見下ろせるような設計となっている。黄金スタジオは川側のプロムナードに対してはアーティストの活動が見えるようなウィンドウが並び、一方まち側については、それぞれのスタジオユニットが縁側のような空間でつながれ、イベント時には全面的に外部に開放できるような設計となっている。これも住民の要望を丹念に取り入れた設計コンセプトである。

黄金町バザールの開催へ

ディレクターとしては前回の横浜トリエンナーレのキュレーターであり、福岡で地域に根ざしたアートプロジェクトであるミュージアム・シティ・プロジェクトを展開していた実績のある山野真悟氏を招聘することが決まった。筆者自身も実行委員長をおおせつかることとなった。話し合っていくなかで、コンセプトとしては、単なる現代美術のイベントではなく、同時にまちの活動が生まれることを意識した企画となった。そのため、イベント名称から「アート」を外し、種々雑多なものが集まる場というイメージから「黄金町バザール」と命名された。

例えば高架下に設置されたスタジオ内には田宮奈呂＋me issey miyake によるショップや、期間限定のカフェなど、これまでこの地区には立地することのなかった情報発信力のある実験店舗が組み込まれた。アート作品を見せるだけでなく、アー

「黄金町バザール 2008」クロージングパーティー

トイベントを通じて、今後のまちの可能性を見せるという狙いがあった。また、作品の中には気軽に参加できるコミュニケーション型のアート作品もあり、鑑賞するというより、参加するイベントでもあった。

周辺店舗との連携については、問屋の多い地域であるという特性を生かして、周辺店舗からセレクトされた小規模な地域ブランドショップの実験的な運営も横浜市大の学生を中心にKogane-X Lab. で行われた。

文化芸術スタジオ以外にも、かつては売春が行われていた空き家となった小規模店舗を借り上げて、展示スペースとして活用がなされた。小規模店舗の転換が進まず硬直化している状況に対して、新たな活用モデルを提示するという狙いもあった。また、トリエンナーレ会場と黄金町バザール会場を水上交通で結び、トリエンナーレ来場者を初黄・日ノ出町地区へ誘導することによって、地域外からの来街者を増やすことも目論まれた。

このような黄金町バザールの試みは、まちづくりの観点からみれば、「売春のまち」から「文化のまち」へという地域イメージの変革を狙ったものである。横浜都心部の都市デザインにおいては歴史や港の景観を意識してまちづくりが行われ、結果として港町横浜という地域イメージを形成しているが、歴史的建造物などもなく、地域イメージの希薄なエリアで地域ブランディングを行うという実験的な試みであった。

しかし、最も重要な点は、アートを介して地域コミュニティの再生を目指している点である。当時の初黄・日ノ出町地区では小規模店舗の拡散によって旧住民が地域外に移転し、店舗の閉鎖によって事業者も姿を消すという状況にあり、地域コミュニティの活力が低下している点は否めなかった。黄金町バザールの開催を通して、地域住民とアーティストとの交流や地域コミュニティ内での交流が進んでいくことへの期待があった。

小規模店舗の借り上げと活用

黄金町バザールの開催が決まり、本格的に始まったのが小規模店舗の借り上げである。この取り組みが始まって以来、何度となく売春が行われていた店舗をなぜ行政が借り上げるのかという質問を受けた。この問題についても記しておきたい。

売春が行われていた店舗についてはいくつかのパターンがあるが、反社会的勢力の絡んだ企業によって地上げが行われ、売春を前提に新たに建物が建てられたり、以前からあった建物が小規模店舗へと転用されるケースなどがある。

特に後者の場合は、土地建物のオーナーが知らない間に違法な使われ方がしているケースが多い。オーナーが知らない間に転貸が繰り返され、家賃が高騰していく。オーナーが得られる賃料と実際の賃料の間には大きな開きがあり、その差額が反社会的勢力に流れて行くのである。

違法な営業を行っていた人たちは、それなりの金額で建物を借り、場合によっては多額の投資をしていたため、違法な営業が警察によって止められたとしても、簡単に手を引くわけにはいかない。そこでじっと警察が撤退するのを待っているのである。

このまちが売春のまちに戻らないようにするためには、この負の連鎖を断ち切る必要がある。そこで、警察と行政が土地建物のオーナーに働きかけ、これまでの契約を解除して、それを行政が借り上げるというスキームが採用された。行政は当然のことながら、高い金額で借り上げることはできない。概して市場の賃料相場よりも低い賃料でしか借りることができないのである。それでもオーナーは権利関係を清算した上で、行政への借り上げを希望した。そして、その小規模店舗をアートイベントやアーティストのアトリエとして活用するというのが基本的なスキームである。

店舗にしてはどうかという意見もあるが、行政が安値で借り上げたものを、安い賃料でレストランや店舗の事業者に貸し出すことは公平性の観点から難しい。周辺の飲食店の中には売春目当てに来た客を対象に商売をしていたものも多く、バイバイ作戦によって売り上げが減少した店も多くあった。そこに賃料の安い競合店ができたらどうだろう。

では、すぐに小規模店舗を行政が借り上げず、物販の店舗や飲食店を誘致してはという意見もあった。しかし、バイバイ作戦から三年がたっても地区を歩く人は少なく、出店するリスクの大きな地区であった。

まちづくりの組織化

このような社会的課題を抱える地区を文化芸術の力で再生しようとするチャレンジについては、先述した文化芸術創造都市構想を背景としてスタートし、その構想にも位置付けられていった。当初、

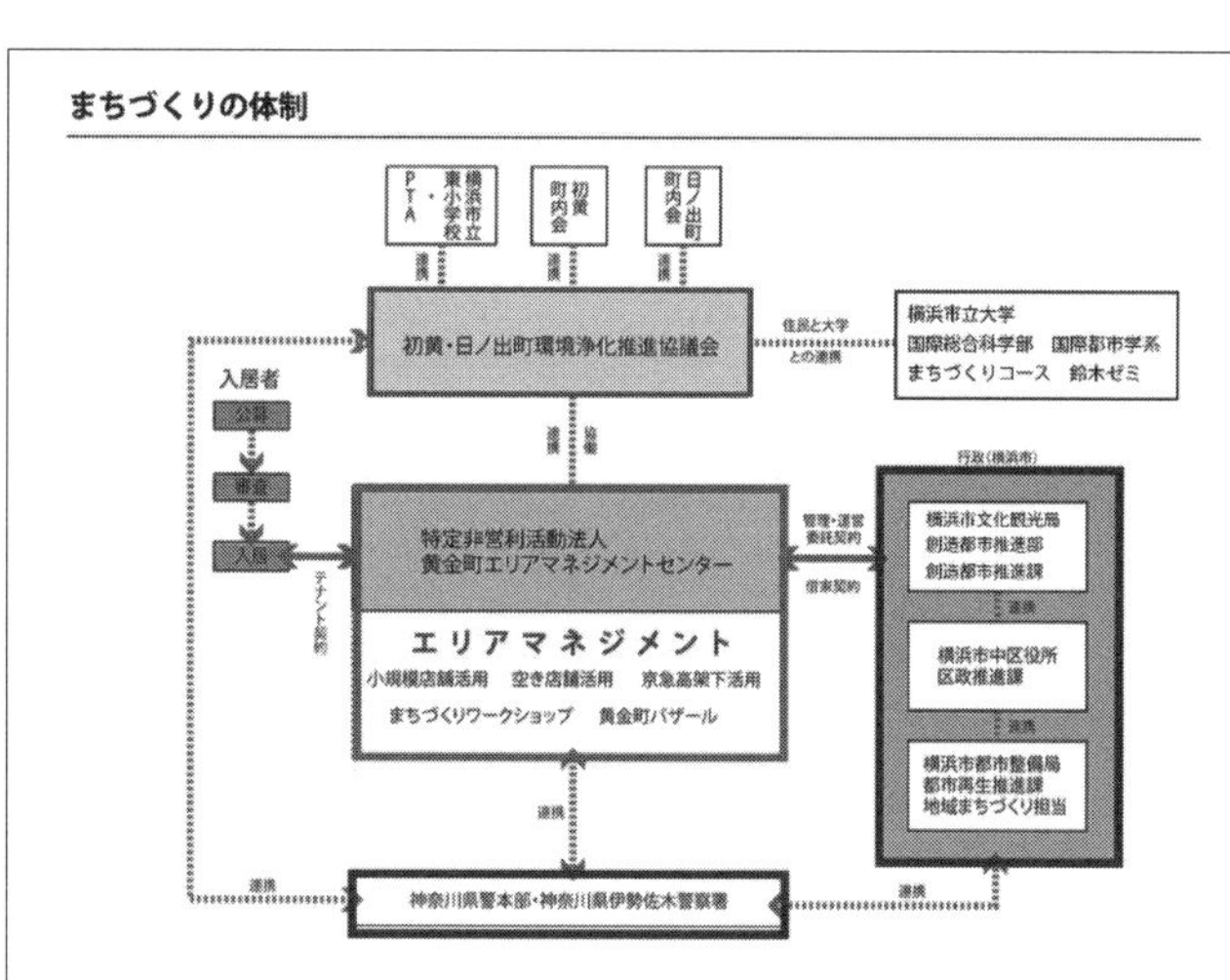

組織体制図

この地区の再生については、まちづくりの面から都市整備局や中区役所が関わっていたが、開港一五〇周年創造都市事業本部（後に文化観光局）も関与することとなった。

また、二〇〇八年の黄金町バザールは実行委員会形式で開催されたが、イベント開催中から、会期終了後どうするのかという意見が住民から多数寄せられるようになった。そこで、実行委員会と協議会のメンバーを中心にNPO法人を立ち上げることとなった。バザールのディレクターであった山野さんに事務局長に就任してもらい、理事長には地域のまとめ役として協議会の会長なども歴任された小林光政さんが全員一致で選ばれた。

NPO法人が設立されてからは、横浜市の創造都市政策の推進エンジンとも言える創造界隈拠点の一つとして位置付けられることとなった。

NPO法人黄金町エリアマネジメントセンターの活動はアートマネジメントに関わる部分、そしてまちづくりに関わる部分をカバーすることが当初より考えられていた。アートマネジメントに関わる部分としては、翌年度以降のバザールの開催や、文化芸術スタジオ、借り上げた店舗のアトリエとしての活用、公募によるアーティスト、クリエイターの受け入れ（アーティスト・イン・レジデンス事業）などである。まちづくり分野については、協議会の活動のサポートや、地域への定期的な瓦版（まちづくりニュース）の発行、借り上げた小規模店舗のハード面での維持管理、街づくり協議地区制度による開発の事前協議などである。

アートイベントである毎年の黄金町バザールなどの活動は外部にも比

較的知られていると思うが、実はこのＮＰＯ法人の活動領域は多岐にわたる。例えば、街づくり協議地区制度というのは横浜市の制度で、マンション開発などが行われる場合は建築確認申請などの手続きの前に地域の団体と事業者が協議を行うという仕組みである。バイバイ作戦以降、黄金町ではいくつかのマンション開発が行われたが、投資用のワンルームマンションができてしまっては、ワンルームマンションが無店舗型風俗営業の場として使われてしまう可能性がある。実際そのような事案が周辺地区では起こっており、黄金町の違法営業が継続されてしまう可能性がある。そのため、開発にあたっては事業者に協力を求めてファミリータイプ以上の面積の広いものに変えてもらうよう協議を行っている。実際のところ、いわゆる要綱（行政の内部指針を外部に公表したものであり、議会の議決などを経ていないため法的拘束力は弱い）にもとづく協議であるため、事業者の協力を得られないことも多々ある。そのため、地区のまちづくりの方針をワークショップで話し合い、合意形成することも、まちづくり分野の重要な活動である。そのほかにもゴミの不法投棄の問題や、イベント時の道路占用の申請など、まちの縁の下の力持ちのような地道な活動も行われている。こうした地域の日常を担う活動があるからこそ、アートイベントが開催できているのである。

　アートイベントをやっている団体がなぜ「エリアマネジメント」を名乗るのかという意見があるが、まちづくりの地道な活動についてもしっかりと広報していかなければならないと感じている。

インタビュー　仲原正治

アートでまちを変える

黄金町でバイバイ作戦が始まった二〇〇五年一月は、横浜市の創造都市政策が始まった時期でした。二〇〇四年の四月に文化芸術都市創造事業本部ができ、二〇〇五年には横浜トリエンナーレがあり、北仲 BRICK & WHITE（以下、北仲）には五〇組くらいのクリエイターたちが集まり、トリエンナーレステーションのＺＡＩＭも動き始めていました。北仲が一年半という約束でなくなる頃に芸術不動産事業も始まり、段々といろんな人たちが集まってくるようになってきた状況の時、バイバイ作戦が始まりました。

　中区から事業本部に「防犯拠点を作るので一戸建てを借りるがスペースの四分の三は空いてしまうから何かやってください」という連絡があったのは二〇〇五年の秋でした。中区が借りた現在の黄金町交番がある隣接の建物（現在は取り壊して存在しない）をアートの拠点にしていいか、中区に聞くと「自分のところはノーアイデアです、好きにしてください」という返答でした。本当にやるのかなというのが最初の気持ちでしたが、公募で運営を募り BankART 桜荘ができました。次を考えたときにまず拠点を作ろうと思い、京浜急行電鉄の賛同を得て高架下の耐震補強工事が終わった場所で拠点づくりの検討を始めました。その時に地元の皆さんが一貫して主張されたのは「普通のまちにしたい」ということでした。BankART 桜荘ができたとき、地元の方にアートのまちで進めたいということを提案しました。実際に二五〇室の空き店舗がある所に物販や飲食をやっても、近隣には飲食は野毛があり、物販は伊勢佐木町があり人が来る可能性がほとんどなく、このまちを変えるには特徴を持たせ、まちに根付いて何かをできる人がいないと動かないということを話しましたが、最初は「売買春の後はアートかい」という反応で、あまり賛同を得ることはできていなかったです。

　そこでまずは高架下の拠点作りは地元の人を巻き込んでやるしかないと考えました。北仲スクールで関わっていた横浜国立大学の飯田先生に授業の一環として高架下に一棟設計してくださいと頼みました。そしてもう一棟は BankART 桜荘の改装を担当した神奈川大学の曽我部さんに大学院生と一緒に設計してくださいと依頼し、大学院生を中心とした設計チームを二つ作りました。ワークショップというのは僕自身が地元の人と仲良くなる機会でもあって、最初のステップだったと思います。

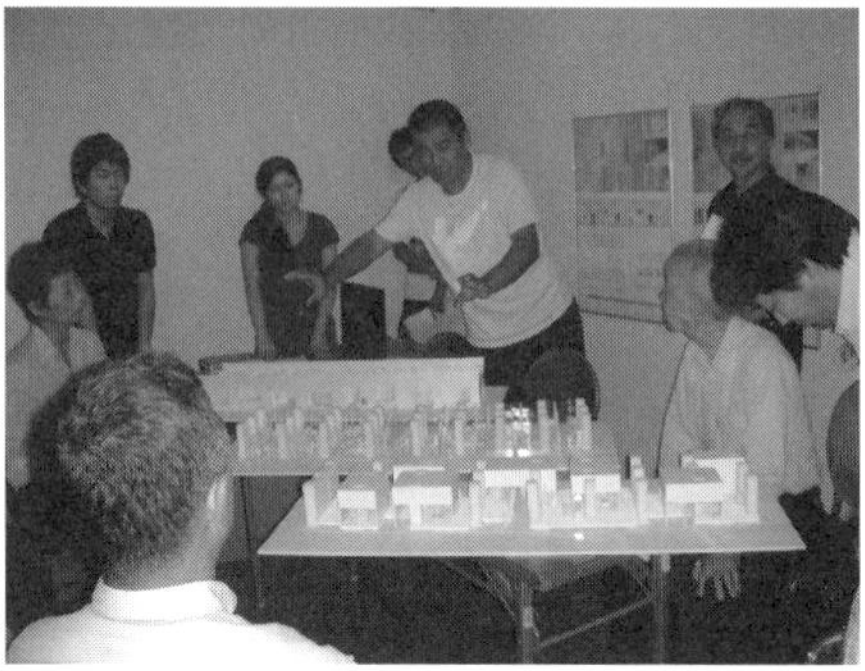

高架下ワークショップ（2007年）
写真提供：仲原正治

まちとアートとの関係づくり

誰が中心になって黄金町のまちづくりを担っていくかを考えたとき、公募では無理だと思っていました。私は最初から山野真悟さんに決め打ちでした。山野さんは福岡のまち中で「ミュージアム・シティ・プロジェクト」を長年仕掛けてきた人だし、「横浜トリエンナーレ2005」のキュレーターとして横浜で一年半くらいお付き合いしていく中で、この人なら地元と話ができるし良いなと感じていました。そして当時の事業本部長の川口良一さんと相談し、すぐに福岡にいた山野さんに電話をして来ていただくことになります。

ウィット・ピムカンチャナポン《フルーツ》2008年
撮影：安斎重男

最初に山野さんが黄金町に来て感じたのは「アートはハードルが高すぎる」ということでしたが、一回目の「黄金町バザール」ではすごくわかりやすいアートを提案してくれました。例えば、ドラァグクイーンのきむらとしろうじんじんの作品は、お茶を点てる場所を地元の人と一緒に歩いて探し、茶器もその場で素焼きしたものにみんなで色付けして磨き、みんなでお茶を飲むということをやりました。また、タイのウィット・ピムカンチャナポンの作品では、地元の高齢者が店番をして、そこに来た若い人たちとよもやま話をしながら作業をしたり。更に小学生のボランティアも来て一緒に作業することを通して、これまで顔を知っていても挨拶すらしなかった子どもたちが地元の高齢者とおはようと言い始めるといったことがありました。ほかにも親の帰りが遅くなるという小学生に、うちに来てご飯を食べればというような交流があり、今までは考えられなかった場面が「黄金町バザール」を通して少し動き始めました。

二〇〇七年ころから私たちがまちに入り始め、「黄金町バザール」をやるときにはまだまちの人たちは何をするのかということが分かっていませんでした。それは中区も同じでした。事業本部は実験しながら実践していくため、まずはアートをやってみようということで始めていったわけです。しかし、ここでの実験は失敗の許されないものと覚悟していました。第一回の「黄金町バザール」は実行委員会形式でやりましたが、これを続けていくには組織を作らないと動かない。それで「黄金町バザール２００８」が終わる一一月三〇日にＮＰＯの設立総会を地元と合意して作りました。当時の事業本部の職員たちに情熱があり、毎日黄金町に顔を出して地元の人たちと仲良くなることによって、お互いに勉強することがすごく重要だったと思います。

二〇一七年七月二六日実施
インタビュー：寸田青葉、鈴木伸治

仲原正治（なかはら　まさはる）
一九四九年生まれ。横浜市職員として二〇〇五年から黄金町地区の事業に関わり、退職後、黄金町にMZarts（ギャラリー）を開設し、文化芸術、まちづくりの仕事を進めている。現職：ＮＰＯ法人黄金町エリアマネジメントセンター理事

インタビュー　大堀剛

まちの複雑な状況と向き合う

都市が成熟・爛熟し中区のまちづくりで負の課題として出てきたのが、高齢化が進む日雇い労働者のまち寿町と売春の黄金町、いわゆる風俗産業の暴走でした。私が黄金町地区を担当した二〇〇五年は、警察が風俗街を根絶するという大規模な浄化作戦を実行した直後だったので、違法風俗営業を行っていた二〇〇を超える店舗がすべて閉鎖され警察が二四時間警備している異常な状態のまちになっていました。この時は中区の予算も全くついていない状況で、細々とまちづくりの広報とかで関わっていたくらいでした。その後、閉鎖された店舗を区で借りて地域防犯拠点にしようと地権者をあたりました。地権者には二通りあって、前々から建物を所有していてなんとなく貸したら売春に使われてしまったというタイプの人と、違法営業の店舗を持って儲けるという投資目的の人がいました。現在の黄金町交番がある建物と、その裏のKogane-X Lab.のある建物を所有する地主さんは前者のタイプでした。親から相続されている場所が売春で使われていたということは全く知らなかったようでしたが、地域防犯や活動のために中区が借り上げて活用していくことに協力していただけました。

当時の状況ではここに建物を持っていても借り手がいなかったので、中区が借り上げたものをなんとか地域の活性化につながる使い方をしてもらえる団体を探していました。ただそれがしっかりとした後ろ盾があって運営してくれるものとなると、当時は創造都市のやっている事業の中の参加者が一番手堅いところかと思いました。本音ではアート団体でも社会福祉関係の団体でもあまり気にはしていなかったです。でも結局、創造都市の芸術部門の人じゃなければ入れない状況だったんですよ。あの場所で物販や飲食をやってペイするような場所ではなかった。そこで借り上げたスペースの募集要項ではアート活動を軸に進めたと記憶しています。

中区の段階で土地を買うことは最初から頭にはなかったですが、改修を条件に建物を借り上げてまちを変えていくという意識はありました。こういうまちの再生は、一つ二つの不動産の取得では無理で、多くの建物を借り上げてその用途を転用していく方がまちの変化を伝える効果は大きいと信じていました。それから、黄金町地区の建物のクリアランスに関しては権利関係で滞ってしまう。黄金町の権利関係を見てやはり並みの手法ではいかないという気はしていたので、何か新制度も必要ではないかと考えていました（実現はしていませんが）。

前出の投機目的タイプの地権者と接触するために違法風俗店の象徴であったテント看板撤去を口実にして、かなりの地権者とお話をしました。そしてその次に貸してくれませんかという話を進めていきました。テント看板については撤去ではなく白く塗るのがいいという話が出ましたけれど、地元の人たちは「あれは負の象徴だから」と看板をみんなで一斉に取り除くのをルーティン化していきました。撤去作業には報道陣を入れて新聞・ニュースで伝えてもらっていたのでだんだん他の地権者の人も「次はうちだな」と覚悟を決めていたみたいですね。

黄金町バザールの実施にあたっては、借り上げた店舗を積極的にアーティストやクリエイターのスタジオやアトリエに転用してまちの環境を大きく変化させたと思います。

アートとまちづくりの関係とその評価

黄金町バザールの話が出た時、最初は不安でした。一方で私の立場からすれば借りてそのままにするよりは良いかとも思いました。アートイベントをやるだけではどうしようもなくて、それでまちの再生をしていかなきゃいけない。風俗街だった特殊なところをアーティストたちが変にデフォルメした作品やパフォーマンスで地域の人の反感を買ってしまうのではないかとの心配もありました。

アートにしても借り上げにしても税金を使っている以上それに対してどのくらいリターンがあったのか必ず求められるんです。けれどなかなかその説明が難しい。まずはここが普通に人が歩ける安全なまちになった。例えばこれをお金に換算したらどれくらいになるのかとか、その評価軸が定まっていないのでこういう事業は難しいと思うことはあります。例えば不動産開発だったら資本を投下してそれを売っていくらになった、という指標がある。でも黄金町の活動は何かの拍子にアーティストと接点ができて、例えばアーティストと何かした小学生が将来有名になったとか、あるいはここで朝から晩まで作品を作っていた人がある日突然ニューヨークで売れてすごい人になっちゃったとか、あるいはそういう人たちと茶飲み話していたんだよというおじいさんおばあさんが幸せな気分になれたとか、それも投資した効果だと思うんです。でも金額的な数値化はできない。

唯一数字という指標でいうと、バイバイ作戦後から日がたちアートによるまちの再生効果によって駅前の再開発を含め地域内・周辺にマンションの建設が進んできました。これらの変化による横浜市の固定資産税収入の増分を都市整備局あたりがカウントして比較してみたらどうでしょう。興味ある数字が期待できそうです。

二〇一七年一〇月一〇日実施
インタビュー：寸田青葉、鈴木伸治

大堀剛
一九五六年　千葉県生まれ
一九七九年　横浜国立大学建築学科卒業
一九八一年　同大学院修了
　　　　　横浜市役所（建築職）入庁
道路局　港湾局　都市整備局　建築局で都市開発、建築指導行政に従事
（二〇〇五年一月一一日　黄金町で違法飲食店一斉摘発「バイバイ作戦」開始）
二〇〇五年四月から二〇一三年三月
中区役所区政推進課（二年）、都市整備局地域再生担当（四年）、文化観光局創造まちづくり課（二年）で、黄金町の地域再生・アートによるまちづくりを担当
二〇一三年三月　退職

3-4 黄金町と「黄金町バザール」——山野真悟

黄金町の仕事は突然始まった。

二〇〇七年一〇月頃、当時の横浜市創造都市事業本部の仲原正治から電話がかかってきた。二〇〇八年の横浜トリエンナーレの開催に合わせて、黄金町でアートフェスティバルを開催したい、私にもその一部を手伝ってくれないか、ということだった。

およそ一年間という期限付きの話で、私は横浜行きを考えた。たまたま私に東京行きの予定があったので、その機会に横浜にも寄り、仲原正治に会うことにした。

黄金町についての予備知識はまったくなかった。『天国と地獄』の映画の一場面としては知っているが、それだけだった。二〇〇五年の横浜トリエンナーレのときに、タイのアーティストやスタッフたちと若葉町あたりのタイレストランに時々来ていたが、大岡川を挟んだその対岸についてはまったく気が付いていなかった。私は一冊のファイルを渡され、それをもとにレクチャーを受けた。

要約すれば、以下のようなことだった。

通称、黄金町と呼ばれるエリア（実際の黄金町はごく狭い範囲だが、ここでは初音町と日ノ出町の一部を含む）では戦後から長く、主に京浜急行の高架下の建物で、一部の人たちが売買春のための違法飲食店舗を営んでいた。阪神淡路大震災の後、高架下の立ち退きが始まり、それをきっかけに一九九〇年代後半から、二〇〇〇年代にかけて、高架下周辺に新しい違法飲食店舗が立ち始め、その範囲が急速に広がっていった。二〇〇三年、売買春エリアの拡大をくいとめようと地域の人たちが立ち上がり、行政、警察への働きかけが始まった。

二〇〇五年一月に地域、行政、警察が一体となって進めてきた対策が功を奏して、違法飲食店舗の営業はひとまず終息したが、原形をとどめた建物は多数残ったままになった。横浜市は空き店舗となった違法飲食店舗の借り上げを始めていた。ファイルには借り上げた店舗の現状の写真や、すでに活動していたBankART桜荘のオープン時の写真などがあった。それに将来構想を示す地図が入っていたが、後から思えば、構想はその後実現していったように見える。

黄金町バザール2008

仮称「コガネックス・アートフェスティバル」は実行委員会と企画委員会があり、私は企画委員のメンバーになった。実行委員長は横浜市立大学の鈴木伸治で、委員として地域の人たちや行政の人たちが参加していた。企画委員会の方はフェスティバルの中身を作る役割で、パフォーミングアーツ担当の熊倉敬聡、多分、大物アーティスト担当の天野太郎、そしてアジアと街中展開担当の私というメンバーで構成されていた。しかしその後、熊倉は海外留学が決定し、一度会議に出席しただけで委員を辞退した。結局、天野太郎と私の二人が企画を考えることになった。

当時横浜市は売買春に使われていた違法飲食店舗跡の借り上げと並行して高架下に新しい文化施設を作る計画を進めていた。また、横浜市立大学と地域の人たちの活動拠点Kogane-X Lab.やBankART桜荘の運営が先行していた。私は最初横浜美術館の片隅に机をひとつ借りて仕事を始めたが、まもなく日ノ出町の大岡川沿いの建物に事務所を構えることになり、少人数ながら最初のスタッフを集めた（一人目の齊藤一樹は仲原の紹介で、二人目の平野真弓は横浜トリエンナーレで天野太郎のチームで仕事をしていた）。仮称「コガネックス・アートフェスティバル」を当初『黄金町アートバザール』に変更

田中千智《100人のポートレイト》、2008年

しようとしたが、最終的にアートをはずして「黄金町バザール」とした。「黄金町バザール」のオープンに合わせて、高架下の文化施設が二箇所完成した。それぞれ「日ノ出スタジオ」と「黄金スタジオ」と名前をつけた。当時はまだ横浜市による借り上げ物件数が少なかったので、京浜急行の高架と並行して走る平戸桜木道路沿いの空き店舗を何軒か借りて、そこも会場にした。

私は期間限定で、街の将来イメージをつくるというアイデアで全体を組み立てることにした。アーティストの招聘だけではなく、期間限定の店舗誘致もした。イッセイミヤケにかなり無理なお願いをして仮設の店舗「me ISSEY MIYAKE」を作ってもらい、そのほかカフェをふたつ誘致した。また、写真家の安斎重男と新井卓による写真館をつくった。ここは展示会場であるとともに、地域の人たちの肖像写真の撮影を受け付けた。そして自前のアートグッズと本のショップもオープンした。私は福岡に戻り、画家の田中千智にしばらく横浜に滞在して、地域の人たちの肖像画を描いてほしいと依頼した。彼女はもともと人物を描いていたが、いわゆるポートレートではなく、それまでの彼女の仕事とはまったく方向性の違う依頼だった。また私たちは大岡川の作品を考えた。オーストラリアのアーティスト、クレイグ・ウォルシュが湖面に映像を投映するパブリックアートを作っているという天野太郎の情報から、彼に川の作品を依頼することにした。また横浜トリエンナーレに続いて、安部泰輔の力を借りた。

本間純は橋の下の空間を使うという画期的なアイデアを考え、実現し

「黄金町バザール 2008」のサポーターの皆さん（2008 年）

た。

そのほか参加型のものや、一見店舗風のスタイルの展示を増やして、全体に関わりやすく入りやすい内容を心がけた。田中千智の作品の多くは地域の店舗に展示された。一回目の黄金町バザールは、天野太郎と当時のスタッフの手を借りながら、全体を私自身でまとめたと言えるおそらく唯一の例かもしれない。私らしいところは、会期中参加アーティストの数がいつのまにか増えてしまったり、運営がなんとなくゆるい感じになっているところに現れている。後年のように受付や会場監視のアルバイトもなく、全会場無料でオープンしていた。会期中は、しばらくの間、ゴミだらけで廃墟のようになっていた黄金町エリアに多くの人が訪れた。ときどき昔の黄金町が顔を出すようなむずかしい場面もあったが、なんとか乗り切ったということだろう。

この機会にバザールサポーターの活動も始まった。子どもから大人までイベントに参加し、運営のサポートを行った。

オープニングは黄金スタジオ前の道路上とスタジオ内を使って、市長や県知事、警察署長、地域の人たちの挨拶から始まり、盛大に開催された。

この日の早朝に大岡川に死体が浮いていたことを私は後年知らされる。私が怖がって逃げ帰ってしまうとまずいということで、当時は秘密にしていたそうだ。

3-5 黄金町エリアマネジメントセンターの発足（二〇〇九年）

――山野真悟

黄金町バザールの開催中、私の知らないところで、この街の将来についての議論が進んでいた。アートイベントとまちづくりを継続的に行なうためのNPOを設立しようという話になっていた。会期が終了する前に、私はこのまま残らないかと相談を受けた。そして翌二〇〇九年の四月にNPO法人黄金町エリアマネジメントセンターが発足する［★1］。このNPOの母体は二〇〇三年から活動を開始した地域の団体「初黄・日ノ出町環境浄化推進協議会」で、この団体のメンバーと「黄金町バザール」の実行委員会のメンバーがほとんど重なっていたこともあって、この二つの活動をひとつに結びつけるためのNPOを作ることになった。当初、NPOには「環境浄化推進協議会」の事務局的な役割はなかったが、役所内でもNPOが協議会の事務局だという混同が生じるようになり、結局NPOで事務局の業務を引き受けることになった。

NPOの日常的業務は、横浜市が借り上げた違法飲食店舗跡やその他の物件をリノベーションし、それらの施設をアーティストに貸し出すことだ。

最初は長期的なレジデンスアーティストの数は限られていたが、「黄金町バザール」の規模を小さくし、日常的に数多くの事業を行うことで、結果的に多くのアーティストと地域の人たちが関わる機

★1　NPOの理事会は初代理事長小林光政でスタートした。二〇二一年現在は竹内一夫理事長。

志村信裕《赤い靴》、2009

会を作ることができた。また、地域の将来像について考えるワークショップもこの年からスタートした。実験的で多面的な取り組みが一斉にスタートした［★2］。

この年に制作された、暗い路地を映像作品で照らす、志村信裕の《赤い靴》はアートとまちの再生のテーマが見事に一致した作品だった。アートが街の機能と接点を持つとき、作品のクォリティは重要な意味を持つ。

また日ノ出町の再開発エリアにあった戦後すぐに建てられた古い旅館の跡にアーティストたち（L PACK.、敷浪一哉、関本幸治）が関心を示し、取り壊しまでの期間限定で貸してもらうことになった。彼らはそこを「竜宮美術旅館」と名付け、一部改修を行い、キッチンを再整備してカフェ兼展示スペースとしてオープンした。アーティストだけでなく、地域の人たちも立ち寄る交流の場所として利用された。

その対面には元オウム真理教の施設があった。ここも借りることができて、レジデンス、集会、展示等に活用された。

マレーシアの映像作家クリス・チョンチャンフィの《HEAVEN HELL》は当時まだ色濃く残っていた小規模店舗時代の雰囲気を利用して制作された映像作品である。東京芸術大学の協力のもと、プロのスタッフを動員して大掛かりな撮影が行われた。

活動当初は治安の問題が大きな課題だった。そして不法投棄の問題もあった。

何かきっかけがあれば、売買春がいつ復活してもおかしくないという状況はずっと続いていた。NPOの主要な事業は「黄金町バザール」の開催とアーティスト・イン・レジデンスだったが、治安が悪いこともあり、施設も狭小で、レジデンスのアーティストにとってはそれほどメリットのある環境ではなかった。昔のこのエリアを肯定する人たちからの反発も多く、施設のガラスが割られるということが何度も起きた。また組事務所の人たちがNPOの事務所のトイレを勝手に使うというようなこともあった。「こいつが一番悪い」といいながら包丁で私を刺そうと男が迫ってきたこともあった。新しい試みの積み重ねと嫌がらせの中をくぐり抜ける時期を経て、ようやくアーティストが定着するようになって、状況は少しずつ改善していった。

これらはほんとうに少しずつの変化で、すべてがいい方向に向かっているという楽観的な見通しはできないが、常に注意深く、小さな努力を積み重ねることで、なんとか後退しないで前に進むことができるというような時期だった。

二〇一一年以降の活動

二〇一一年あたりから長期のレジデンスアーティストの数が増え始めるが、フルタイムでスタジオ

★2　「アートによるまちづくり」というスローガンで活動がスタートしたが、これはアートとまちづくりが都合よく、あらかじめ繋がっているということではない。スタッフの構成もあきらかにアート系とまちづくり系で分裂していた。私にとって「アートによるまちづくり」とはこれから互いに意識を変えて努力していく目標でしかなかったが、それがなかなか理解されなかった。私はその後も、周囲からアートかまちづくりかという選択をくりかえし迫られることになる。私はそのどちらかにしてしまうことの無意味さについて説明を続けているが、おそらくいまだに理解されないままで来ている。

遠藤一郎《未来へ号》、2011

にいるアーティストは少なく、日常的にアーティストがまちにいるという雰囲気はあまりなかった。一方で建築事務所が多かったのが、この時期の傾向だった(小説家の阿川大樹は二〇一〇年から、場所を移動しながら、黄金町で活動を継続していた)。

二〇一一年は震災の年で、黄金町バザールの展示の一部もそれを意識したものになっていた。加藤翼は高架下の空地で制作したものをそのままいわき市の被災地へ持っていった。遠藤一郎は新しい《未来へ号》の出発式を黄金町で行い、その後ほとんど戻ってこなかった。小沢剛は日本昔ばなしの体裁で震災と原発について語る映像作品をつくり、そのモニターがゴットンと動く仕掛けを作っていた。高架下の空間を利用して、加藤翼のほかに、ウシジマヒトシの遊具の作品、さとうりさの作品《メダムK》という巨大なぬいぐるみが展示された。

また谷口商店店主であり、協議会の取り組みが始まった時代の初黄町内会長だった谷口安利の黄金町の風景を描いた油彩画を展示した。

筑豊スカブラ市場という異色の展示は、山本作兵衛の炭鉱画が「世界記憶遺産」に登録されたことを記念して開催された。母里聖徳が展示やイベントの全体を計画し、山本作兵衛の原画や國守麻衣佳の作品を展示し、物産の販売やユキンコアキラ、レインボー岡山らのパフォーマンスを実施した。

取り組みの成果が少しずつ現れ始めた時期でもあった[★3]。

日和アートセンター(二〇一一—二〇一四)

二〇一一年三月一一日、突然事務所が揺れだしてみんなで外に避難した。その後大岡川の水が一気に引いて、川底が見えそうになった。パトカーが川に近づかないように、と言いながら川沿いを回り始めた。

自宅に帰ったら本棚がすべて倒壊していた。その後の数日はいろいろあって、判断のしようのない場面もあった。

しばらくしてアーティストの遠藤一郎から「被災地を見に来ませんか。」と電話がかかってきた。彼は早い時期から被災地を回っていたらしい。震災から二ヶ月後、私たちは仙台で落ち合った。そして五月一一日に彼の黄色いワゴン車《未来へ号》で被害が大きかった場所をいくつか見て回った。遠藤一郎は私に《未来へ号》をもう少し大きなバスタイプにして、もっと多くの人が被災地へと行き来できるようにしたいと、相談してきた。私もできるだけ協力すると答え、その後中古のバス探しを始めた。一方で、ほとんどすべてのシャッターが降りた石巻の町並みを見たとき、ここでアーティストが何かできることがあるだろうかと考えた。私は石巻市役所の人に相談した。何の役にも立たないかもしれないが、石巻にアーティストの活動拠点、つまりアーティスト・イン・レジデンスの施設をつくることをどう思いますか、と。市役所の人から、シャッターがひとつ開くだけでも街にとってはいいことです、と言われ、やってみることにした。神奈川県の被災地支援の補助金（平成二三・二四年度神奈川県新しい公共の場づくりのためのモデル事業）を取ることができたので、それを資金に津波の被害を

★3　二〇〇九年から二〇一一年の間、NPOから『アニュアルレポート』を発行しており、それによって各年の活動の詳細を知ることができる。二〇二一年現在でも入手可能。

受けた場所を借りて、修繕工事を行い、その通りの名前にちなんで、「日和アートセンター」という名称でオープンした。遠藤一郎のバスはリースのものを使えるようになり、最終的にはそのバスをリースの会社から寄贈していただくことになった。「日和アートセンター」は二〇一四年まで活動を続けた。

黄金町芸術学校

当初から私はNPOの活動の中で教育的な取り組みを根付かせたいという願望があった。二〇一二年、複数の講座をつくり、事業をスタートさせた。私はスタッフの佐脇三乃里とともに複数の講師陣に依頼する形のアートマネジメントのクラスを組み立てた。このクラスにはモデルがある。さかのぼれば私の美学校でやっていた授業スタイルであり、また福岡の「天神芸術学校」という一ヶ月間の集中講座があった。今回も、街の中心にアートを勉強する場所がある、というイメージが重要だと思っていた。二〇一三年五月、私は第二期の開講にあたって、最初の授業で使う読み原稿を書いた。このまま話したのではないが、ひとまず、ですます調を残したまま、一部修正し、少し短くして再録する[★4]。

今日から二年目の芸術学校のアートマネジメントコースを開講します。
昨年、このクラスはキュレーターコースと呼んでいましたが、実際にはアートに関わる仕事は多岐に渡っており、キュレーターの範疇には収まりきれない内容を持っています。今年はそれもカヴァー出来るようにプログラムを構成してみました。ですから今回は必ずしもキュレーターという視点からの学習にはなりません。アートを取り巻くさまざまな仕事についてもあわせて考えて行きたいと思います。

私がこのようなスタイルの講座を始めたのはもう一〇年以上前のことでした、美学校というところでアートプロジェクトコースというシリーズの講座を持ったことが始まりです。それは今回と同じように週一回のペースの講座でしたが、当時私は福岡に住んでいたので、月に一回上京して、その一回分は自分で授業を行い、その他の週は東京方面の方にお願いして授業をやっていただきました。ですからこれも今回のやり方と少し似ておりますが、今回は私と ongoing の小川希君のどちらかが必ず授業に出席して、一年間の流れをつくる役割を果たそうと考えています。

今日は美術の歴史についてお話することになっていますが、それはアートを取り巻く環境という大きな視野に立ち返ってみようということで、何か出来合いの美術史のお話ではありません。今年度の授業のイントロダクションとして、お話しようと思います。

昨年度のアートプロジェクトコースの最後の授業でも私は歴史の話をしました。最近作られた年表を例にとってアートの歴史がいかに恣意的に作られているかということをお話しました。

その年表には私が過去に関わった仕事の一部は出ていましたが、出ていないものもありました。私から見ると重要な仕事が洩れており、比較的重要でない仕事が取り上げられていました。これはどちらがまちがっているかという問題ではなくて、誰が歴史を作るのかという問題です。

今回は歴史を書く人が歴史を作るというお話をします。だから歴史とは作ることが出来るもの

★4　ここに書いたようなスタイルの芸術学校は費用が嵩むことで、結局その後継続することができなかった。その後は黄金町のアーティストによる実技の教室と村田真の座学が継続している。

であり、その結果歴史は何通りもの内容のものが出来てしまうという話です。アートの歴史を動かす原動力はアーティスト、あるいはアーティストが作った作品でしょうか（先回りして答えておきますが必ずしもそれだけではない、と思います）。

まずここではアートの歴史は作るものであり、その意味でそれはとてもプラスティックな状態にあるということを押さえておきます。現在アジアの各地で自らの国、あるいは自らが属すると考えられる文化圏におけるアートの歴史が書き始められています。いずれも若い人たちが取り組んでいるようですが、中には自分が歴史を書いているという意識ではなく、現在について書いているという意識の書き手もいるでしょう。おそらく次回ですが、福住君がアートの歴史の現在ということについて語るはずですが、その中で彼はアートの歴史を動かす原動力のひとつとして、言説の空間の必要性についてお話されると思います。

生きて私たちに働きかける歴史とは、必ず現在から過去を方法的に見て捉えたものです。そして現在とは将来に対する予感によって決定されています。

日本人が最初にこのような作業に取りかかったのは明治時代でした。それはまず美術という言葉を作るところから始まりました。岡倉天心の『日本美術史』という本が平凡社から出ていますが、これはむしろ日本美術史というのは可能なのか、と問いかけているような本です。日本の美術史は中国の美術史を考慮せずには説明出来ない。ですから中国の美術の流れをたどることによって日本の美術を説明することが出来るという考え方が出て来ます。

ここで問題なのは、岡倉天心は日本の美術の流れを何らかの連続性として捉えていたか、ということです。過去を連続性で捉えるということは過去に対して近代的な見方を適用するということです。それは方法的な意識です。

彼は日本の美術史は中国美術という補助線を導入することによって初めてその連続性を説明出来ると考えていたようです。これは二つの物語を組み合わせて一つの物語を作ることに似ています。私は、普通の言い方をすれば、岡倉天心は近代主義者と反近代主義者の二つの顔を持っていたと思います。

しかしこれは別の名前を与えるべきもうひとつの態度ではないかと思います。これがアジアにおける近代という課題であり、これは今でもアジアのアーティストや、キュレーター、研究者の課題として生き続けていると私は考えています。

なぜ私がこのような考え方を持つようになったのか。私は五五歳まで地方都市に住んでいました。地方都市でアートの仕事をしていましたが、わずかな例外を除いて私たちの仕事が東京まで伝わるということはありませんでした。たまに伝わることがあったとしても、そのほとんどが東京の仕事と較べてレベルが低く、重要性がないものと見なされていました。そして当初は私たち自身もそういう外部からの評価を信じていたのです。しかし私たちは徐々にその考え方がおかしいと思うようになりました。その大きな要因となったのはアジアの若いアーティストたちの仕事でした。当初私たちはそれらの仕事をレベルが低いと感じていました。それらの作品を様式や技法だけで見た時、それらは欧米の美術のずいぶん時代遅れな模倣のように見えたのです。

しかしここで試みられていたことはまったく別のことでした。アジアの若いアーティストは彼らに与えられた課題に取り組むために元の文脈から切り離された断片を引用し、組み合わせることによって、新しい美術の言語を作ろうとしていたのです。

今では、彼らの仕事をまったく違う視点から見ることができます。彼らの目の前にはそれぞれ独自のニュアンスを持った近代という克服すべき課題が横たわっていました。そして有り合わせの材料を使って彼らはそれに立ち向かいました。

私たちは長い間欧米の美術をその連続性において振り返ることが美術史だと思い込んでいました。私たちもその一部に属していると勝手に思い込んで、多くの先人たちがその連続性の中になんとか自分自身を位置づけたいと努力して来ました。今もそう思っている人がいるかもしれません。

しかし、私たちはまったく違う美術史を作ることが出来るのではないかと考えています。言わばローカルな美術史の作り手になることについてお話したいと思います。

このアートマネジメントコースではこれから一年間多くの先生にお願いして講義をやっていただきます。それは受講されるみなさんにとって、自分自身のための美術史を構成するヒントになるでしょう。ですから、出来るだけ継続的に受講されることをお勧めします。

マラルメは「茫々たる近代」と表現しました。彼は全体が見渡せないことが近代の特徴だと考えていました。私もまたそう思います。全体が見えないのです。ですからここでは多角的に物事を見て行くことが必要なのですが、その結果が整合性を持つかもしれないという保証はまったくありません。多分整合していない可能性の方が大きいのです。

しかしその作業の過程で、私たちは自分自身の美術史を作り出すためのデッサンを繰り返していることになります。作っては壊して、の連続かもしれませんが、それは同時に将来に対する作業仮説を組み立てる予備的な作業であり、これからの自分の仕事の進め方を考える大切な機会になると思います。

黄金町芸術学校というフレームは具体的な現場としてみなさんに作業のための手がかりを提供

出来るのではないかと考えています。

まず、黄金町という小さなコミュニティに即して、その中のアートの在り様ということを考えてみたいと思います。

私たちはすでに五年以上にわたってこの街とアートの関係をテーマにしてきましたが、しかしこれはまだ途上であり、先の長い話であると思っています。この学校の目的のひとつに将来この黄金町における取り組みを継承する人たちを育成したいという気持ちがあります。そのためには二つのことが継承されなくてはなりません。ひとつは考え方、思想であり、もうひとつは経験をふまえた実践的な知識です。考え方、思想についてはこの学校を通じて出来るだけお伝えしたいと思います。ただし先ほど言いましたように、これは複数の対象を多角的な視点から捉えるということなので、最初から答が見えているというようなものではありません。それぞれが自分で歴史を再構築するつもりで取り組むという過程が必要です。

実践的な知識についてはこのアートマネジメントコースを修了されてからの話になりますが、来年度の黄金町バザールに小川君と一緒にインターンとして取り組んでいただくという計画を持っています。この仕事は実際にやってみて身につけるしかない部分があります。卒業後にそれを体験していただく機会を持っていただければ知識はより確実になり、将来何かの役に立つかもしれません。

先ほど私はこんなことを言いました。

「生きて私たちに働きかける歴史とは、必ず現在から過去を方法的に見て捉えたものです。そして現在とは将来に対する予感によって決定されています。」

将来についての予感を構築するということは実はユートピアについて考えるということではな

いかと思います。ですから歴史とはユートピアという仮説との関係の中で構築されるものだという考えを私は持っています。

このコースではなにか具体的な事例に沿って考えたいという時にはとりあえず黄金町という現場に立ち返って考えてみるということが出来ると思います。

以上です。

3-6 地域コミュニティの中のアーティスト——山野真悟

その後、管理施設の数は少しずつ増えていた。当面の課題はレジデンスアーティスト数の拡大で、数年の間に五〇組、二〇二〇年までに一〇〇組を目標にした。五〇組は達成したが、コロナ禍もあって、二〇二〇年現在、一〇〇組にはまだ届いていない。

以下の文章は「地域コミュニティの中のアーティスト」というタイトルで二〇一八年ごろ書いた文章をもとにしている。黄金町で仕事をしていると、時期ごとに課題が少しずつ変化していることを感じるが、ここでは当時懸案になっていた課題をそのまま残しながら、将来について語ろうとしている部分を少し省いて整理してみた。本来はこのような形で各年度の文章を再録、整理することで、私たちNPOの取り組みと地域の変化の両方を経年的にたどることができるはずだが、今回は参考までに二〇一七年から二〇一八年にかけての分だけを取り上げる。

アーティスト・イン・レジデンス

近年は狭小なワンルームマンションの建設が相次いでおり、これらの建物が再び売買春の温床となりうることや、あるいはいわゆる「貧困ビジネス」と呼ばれる低所得者層からの搾取を目的とする施設への転用が懸念されている。過去の問題が形を変えて復活する徴候に対し、地域では警戒感を強めるとともに、従来の「まちづくり協議」に代わる、より法的拘束力の強い「地区計画」への移行を目指している。

黄金町エリアマネジメントセンターはアートによる街の再生を目標に設立されたが、現実にはアートとまちづくりという必ずしもひとつの仕事になるとは限らない二重の業務を担っている。アーティスト・イン・レジデンス（ＡＩＲ）が私たちのもっとも日常的な仕事で、そのための施設の維持管理、運営をやりながら、それにともなうアーティストの支援プログラムの充実と、地域との交流の促進、主にアジア圏に特化した国際交流事業、そしてＮＰＯ管理施設から卒業したアーティストの地域への定着を当面の目標としている。レジデンスアーティストは書類審査と面接で選考される。レジデンスの期間は短期のアーティストは三ヶ月、長期は一年を原則としているが、短期のアーティストが長期に切り替えることもあり、また長期も問題がない限り、五年間は更新していいことにしており、次の行き先の手配に協力する場合もある。若いアーティストは、アルバイトや他の仕事をしながら、というケースが多いので、アーティストがいつもスタジオで制作している、という一般的なＡＩＲのイメージとは少し異なっている。地方から来たアーティストはまずアルバイトを探すことから始める。

黄金町BASE

黄金町のＡＩＲの特徴は、アーティストという同業者が身近にたくさんいることと、また街の中に施設が散らばっているので、地域コミュニティとの距離が近いこと、がある。地域コミュニティの人たちはアーティストにとって、あらかじめ観客というわけではない。彼らは観客であったり、なかったりする。それが日常的な関係としてある。

アーティストが利用している建物のほとんどは「違法飲食店舗」をリノベーションしたもので、あまり広いとは言えないスペースをそれぞれが工夫しながら使っている。その他、二〇〇八年から二〇一二年にかけて新しく高架下に建設された複数の施設が、発表や、制作、イベント等に活用されている。

わたしたちのもうひとつの仕事はまちづくりの活動で、こちらは地域の協議会や商店会の事務局的役割を担いながら、防犯、ゴミ問題、経済的再生などの課題に地域、行政、警察、大学、企業との協力関係のもと、取り組んでいる。

この一〇年の間に、街の様子は徐々に変化して来た。日常的なことで言えば、治安は改善され、不法投棄が減少し、そして、少しずつだが人の流れも回復してきた。これまで子どもたちは立ち入ってはいけないとされていたエリアがいつのまにか放課後の遊び場のようになりはじめた。そのような環境の中で、レジデンスアーティストと子どもたちの接点は自然発生的に生まれ、それが毎週二回の廃材を使った工作教室「黄金町ＢＡＳＥ」[★5]につながった。この地域の子どもたちは多国籍化が進んでおり、「ＢＡＳＥ」はそのような子どもたち同士の関係作りの場としても機能している。

また、京浜急行の高架下は新しい事業者の誘致が進んでおり、近年は大岡川の活用にも注目が集まっている。このような街の変化は、アーティストがこの街で日常的に活動してきたことが大きな誘引になったと考えられる。

これから増えていくことが予想される新住民や外国籍の人、またこれまで地域のまちづくりに無関心だった人たちや、むしろ反対の立場をとっていた人たちとも公平な関係をつくることが出来るアーティストのスタンスは、今後も多様性を受け入れる新しい地域コミュニティを形成するためのつなぎ手として、大きな役割を担うことが予想される。そのためにも、より多くのアーティストがこの地域に定住し、コミュニティのメンバーとして持続的に活動していくことが重要であると考えている。都市においてコミュニティを形成する力としてのアーティストの役割にも注目したい。

★５　地域の子どもたちが放課後に集まって作りたいものを作る創作の場。レジデンスアーティストの山田裕介とＮＰＯスタッフの李智希（当時）、水谷朋代（当時）、杉山孝貴（当時）が運営。

インタビュー L PACK.

黄金町との出会い

小田桐　黄金町で活動することになった最初のきっかけは哲矢だよね。

中嶋　建築を勉強していた大学三年か四年の時に路地のリサーチをしていて、いわゆる花街みたいな路地の作り方を見ようと横浜に来たんだよね。黄金町のアートの活動が始まる前。路地を実測したりして、夕方頃になったらピンクの明かりがつき始めて「この街やべえぞ」って思った。今のかいだん広場の前のところに年配の女性がいて「お兄さん、お兄さん、いい子いるよ」って声かけられた。その後まさか自分がそんなところで活動するとは思わなかった。

　大学を卒業してL PACK.を始めて、最初に横浜に来たときは横浜トリエンナーレが始まりBankARTもできてたかな。横浜自体がアーティストとかクリエイターを支援する動きがあるっていうのと、そのとき芸術不動産が立ち上がって、アーティストは安く場所を借りれるという情報だけはあったんだよね。それでとりあえず横浜に行こうとなった。その次の年に、黄金町バザール（以下、バザール）が最初に始まって、バザールを見に行ったときに入居者募集のチラシを見つけて。お、いいじゃん黄金町だしって、っていうのがL PACK.が最初に黄金町に来たきっかけ。それまでは二人で家を借りて、家がアトリエみたいな感じだった。

小田桐　ここまで時間が経っちゃうと、当時のまちの印象はあまり覚えてないけど、バザールの参加アーティストだった狩野哲郎くんや安部泰輔さんの作品とか、本人たちが会場にいたのは今もすごい記憶に残ってる。だから最初の印象付けとしては成功していたのかもね、アートで変えていこうっていうのは。

中嶋　結構新しかったよね。

小田桐　それまでの大学生活ではアート自体にも出会ってなかったから。応募する前はアーティストの人とかに相談したよね。

中嶋　相談した先輩たちからは、まちづくりとか不純な動機が入っていて、そこにいくと活動が色付けされて良くないから止めた方がいいとか言われた。

小田桐　利用される、とかね。そういう意見もあるけど、スタンス的には僕らは僕らでやればいいよねみたいな感じだった。当時も今もそんなに（まちづくりのことを）意識してないというか、常に中立的でどこにも属さないように活動していつもり。美術教育を受けてないから、そういう意味で（アートとかまちづくりとかいう言葉に）隔たりもなかった。

中嶋　安く場所を借りれるんだったらいいじゃん、みたいな感じだった。最初にスタジオを見に行ったときは、本当は空間的にヤグチレジデンスが良かったんだけど、もう初音スタジオしか残ってなかったんだよね。

小田桐　（ヤグチレジデンスは）手頃でちょうど良かった。でも面接で、もう初音スタジオしか空いてないけどどうする？って言われて。当時は自分たちがやれることはヤグチレジデンスぐらいだと思っていたから、初音スタジオはデカイなと思った。機能としてちゃんとお店の設え（しつら）だし、心の準備はできてなかった。でも、何かの出会いだと思って。やるかやらないかって言われたから、やりますって。

アーティストがまちにいること

中嶋　最初に初音スタジオで計画していたことは、カフェみたいな何かだった。初年度のバザール後の一二月に「大感謝祭」という企画があって、北川貴好さんが初音スタジオでイベントをやったんだよね。入居（レジデンス）したのが二〇〇九年の一月か二月くらいで、最初は長期的に借りるつもりもなくて一ヶ月か二ヶ月くらいのプランだった。いろんなアーティストと展覧会方式で空間を作っていきます、みたいな内容だったと思う。最初にアーティストの中崎透さんに看板を作ってもらって、展覧会をやって。北川さんは照明を作ってくれるっていうからそれも展示して、アーティストの作品が場所の機能になってくるみたいなことを一ヶ月くらいやった。

小田桐　一ヶ月やりきって、一旦燃え尽きた。その後に山野さんから「もっとやってよ」って逆にオファーもらったんだよね。それで「一日店長［★1］」を作ったんだったかな。

中嶋　山野さんから「まちの人も呼んでよ」って言われたけど、まちの人やったんだっけ？

小田桐　まちの人は地元の小学生じゃない。あと、レジデンスしていたアーティストとか結構やったね。

中嶋　周りのアーティストは声をかければ集まってくれたけど、ヨモママみたいな人が来てくれたのはすごく面白かった。まちづくりのことをやっているけど、ヨモママとかってまちづくりに関われないような人たちじゃない。何ていうか、利権もない、何も持ってない。逆に（まちづくりの

★1　「黄金町バザール2009」から開催したイベント。黄金町エリアに入居したアーティストや建築家と地域住民との交流の場として日替わりでスタジオ内のカウンターに立ち料理やイベントを振る舞う企画。

活動に）反対の立場の人で。でもそういう人たちも普通に来られる空間ができることがすごく面白いと思った。

小田桐　本来取り残される側の人たちね。

中嶋　山野さんとヨモママがいる状況ってないでしょ。そういうのを見れたのは結構面白くて。L PACK. が場所を作るときには意識している。〝間（あいだ）の場所〟っていうのかな。

小田桐　「一日店長」をやっていたのも、アーティストは作品をギャラリーとかで見せているけど、そこじゃない部分を見せることで、アート全体だったり作家本人に興味を持ってもらえると盛り上がるんじゃないかなという意識がすごくあった。作品のことは全く知らないけど、「一日店長」でアーティストと出会って、後からそのアーティストの作品を知るみたいな順番が面白いと思ってた。

中嶋　「竜宮美術旅館［★2］（以下、竜宮）」の建物は同じ時期に入居していた何人かのアーティストと見つけていて、「あそこで何かやりたいよね」みたいな話を飲みながらしてた。そのときはまだ事務局（NPO法人黄金町エリアマネジメントセンター）が管理している物件じゃなかったけど、山野さんに相談して大家さんを見つけてもらった。それで、再開発までの期間だったら使っていいよとなって、入居者で建築家の敷浪一哉さんや関本幸治さんと一緒に最初のプランを立てた。

小田桐　入居者の第一期メンバーで、仲良くなってコミュニティが出来たって感じだよね。まちにいい素材があって、飲みながらまちにどんな機能があったらいいかみたいな話をして。最初は何をやるかなんて全然決めてなかったね。でも、黄金町のエントランスとして機能させようっていう意識はあった。当時はまちの中心となる場所もなかったし、入口もなかったから。それを竜宮が担えるだろうって話はしていた。空間的にというより、黄金町のシンボルとしてという感じかな。竜宮が良かったのは、アートの人、単純にカフェの利用で来る人、建築が好きで来る人とか、いろんな人が混ざっていた。大学の卒業制作で本を作ったんだけど、いろんな目的をもった人が集まる場を目指して、まちの中にそういう機能を作っていくのが二人の卒業制作だった。（竜宮は）その最初の一個の形だったかもしれない。それから割とまちづくり目線では見ていて、アーティストはみんな制作拠点としているけど、収入を得ることは外でやっていたりするから、バイトとかでもいいんだけど、もっとまちの中でアーティストがお金を稼ぐようなことまでも一貫して出来たらよりアートのまちになるのに、みたいなことを思ってた。

中嶋　なんか変わったまちだよね、アーティストがいっぱいいるっていうのは。

小田桐　黄金町で〝アーティスト〟っていう人たちの面白さに気付いて、いろんな人の制作も日常も、単純に見ているのが楽しかった。山野さんの優しさで集まってきてた人もいっぱいいたよね（笑）。

中嶋　だいたいそうだよね、ずっとみんな。僕らも入れたのは山野さんの優しさだよね。

小田桐　山野さんじゃない全部きちっとした人がディレクターだったら全然違っただろうしね。竜宮もなかったかもしれないし、全部自分でやるって言ったかもしれないし。

竜宮美術旅館の経験

小田桐　竜宮をやっている時に一番意識していたのは、日常的な挨拶とか、まちの人たちとの世間話とか、地元に住んでいる人との何気ないコミュニケーションだね。だから黄金町から卒業してこのまちから離れるは離れるけど、そこで関係性が切れるとかは全然意識してなかったかな。

中嶋　トリエンナーレとかに参加したりすると、竜宮のことは今でも言われるよ。初めて会う人なのに、学生の時に竜宮見てました、とか。それでその人がキュレーターになっていたりすると嬉しいなって思う。

小田桐　竜宮はなくなったからよかったというか、伝説になったというか。儚（はかな）さみたいなのがすごい大事。建物はなくなっても記憶の中では残り続けるし、その記憶が竜宮で出会った人たちとの関係をいつまでも繋いでくれる。日本の桜もそうだよね。

中嶋　そっちの方がいいよね、美化されるし。良いとこだけしか思い出さないし。

小田桐　だんだんコーヒーで建築やるみたいなのが体現されていったのかな。建物はなくなるけど、黄金町で出会った佐脇さんがこの場所に来てくれるみたいにL PACK.が別の場所に行ってもそっちに来てくれたり。竜宮は一個の節目として、何かL PACK.の本質を理解したというきっかけになったと思う。

中嶋　結構全部そうだよ。ずっと続いてんだよねL PACK.は。竜宮は最初の大きいポイントで、場所作ってみたいなのがあって、展示とかもしたりして。竜宮が終わる前に埼玉の北本の話がきて、じゃあ次は北本で場所作ろうかと。

★2　一九四五年〜四八年に建設された建物。かつては旅館や住宅、倉庫として使用されていた。二〇一〇年にNPO法人黄金町エリアマネジメントセンターが日ノ出町駅前の再開発までの期間、暫定的に管理。同年七月にNPO法人黄金町エリアマネジメントセンターと、入居者の建築家、アーティストとともに「竜宮プロジェクト」として改修工事を始め、二〇一〇年に「竜宮美術旅館」と命名。二〇一二年三月末、日ノ出町駅前A地区再開発事業により取り壊し。

竜宮の経験を基にアトリエハウス作ってるし。

小田桐　あと竜宮をやっているとき同時に、豊島区の雑司が谷で「LAND PARK」（二〇一一〜二〇一二年）もやったよね。あれも竜宮とのギャップを作ってた。L PACK.が常にいるところは竜宮でやっているから、いなくても成立する場を作ろうと、公園にしようって提案したりとか。L PACK.らしさっていうのでキオスクを作って、その場にいるためのきっかけをいくつも作っておいて。そこでモーニングも定番化していったし。竜宮や黄金町にいた時の大事な経験としては、ヨモママみたいな人が大事っていうのもある。

今、大田区の池上でやっているWEMON PROJECTS［★3］も、ヨモママ的な人はこのまちだとあの人だな、みたいな人はまちの中に必ずいるね。その人が情報発信源だったりするから、その人とどのように接していけばいいのかっていうのは黄金町時代の経験を生かしてる。

「池上エリアリノベーションプロジェクト」は大田区と東急株式会社という図体の大きいところが主体となってやっているんだけど、僕たちは池上のまちの人と日常的にコミュニケーションが取れる距離で関わっているから、やっていることは竜宮と変わんないけど、竜宮の時よりもうちょっとまちづくりのことを意識してるかな。

〝一〇〇年後〟が出てきたのは、いくつかのキーワードがあって。まず、今のまちが困ってない。黄金町みたいに何か大きな問題があるかというと、全然ないまちなの。歴史も長いし、寺町として地盤もあるし。住んでいる人たちも文化的な理解がある。もちろん空き家はあるけど、それで困っている人たちではないし。今の問題解決っていうよりも未来に問題が起きないように今から準備できるんじゃないかと考えたのが一つ。もう一つはドラえもん。ドラえもんとのび太と道具の関係というか。ドラえもん自体は一〇〇年後の二二世紀に誕生しているんだけど、ドラえもんの道具のようなものを今から作っていけるんじゃないかっと考えてる。誰か困っている人がいたら、こういう道具があるよってサポートしてあげられるような。ドラえもんって、「きちんとした使い方をしないとダメだよ」って言ってのび太くんの側で見守ってくれる。間違った使い方をしても「ほらみたことか」と言って失敗の経験もさせてるのがいいよね。

道具とか物じゃなくてもいいんだけど、そういう関係性をまちに作ったら一〇〇年後も面白い街になってるんじゃないかなって。すごく抽象的な話だけど、そういうまちづくりをしよう、というのが一番最初に提案した内容。でもドラえもんと言うとイメージに引っ張られすぎるから、

「ゑもん」って言ってる。たくさん道具を持っているゑもんさんだってことにして。一〇〇年スパンで考えているから、今は最初のきっかけを作っている段階。

中嶋　まちとして自分たちで解決できるのがいいからさ。「ゑもん」って言ってるのは、もう一個の名刺部分。人って大体本業があって、それともう一個の趣味で何かがすごい上手いとか、そういうのも「ゑもん」と呼んでる。そのまちに二個とか三個とか「ゑもん」を持ってる人がいっぱいいると、プロじゃなくても何か問題が起きてもすぐにそこで解決する。そういうのが池上のまちで見える状況になってきたら自然に上手くいくようだな。田舎とかだと結構そんな気がするんだけどね、距離が近いから。得意な人がなんかやったりとかさ。

小田桐　お店としてまずはまちの人たちに使ってもらうというのを最初に意識してて、より「ゑもん」感を出していくのはこれからって感じ。一年目は割と順調で。SANDOを営業しつつ、空き家を持っているオーナーを発掘して、そこに入る人をマッチングさせるようなことをした。そういうのは一年目に二〜三件くらいあって割と順調だった。

中嶋　僕らはそのきっかけを与えるような役割として、空き家見つけたり、まちのプレイヤーを見つけたりしている。外から人が来るような場所を作って、その情報を共有するところはある。

新しいプロジェクトだから、関係者もみんな手探りでやってる。最近は僕らが一個アクション起こすと、それがいかに空き家とのマッチングに繋がってどう素早く成立するか、みたいな感じになっているかな。一〇〇年とか言ってるから、もう少し山野さんみたいに大らかに考えて欲しいんだけどさ。でもそれだけ期待されているんだろうけどね。

これからのこと

小田桐　人が集まるということで言うと、最近グラフィックデザイナーのフクナガコウジくんと毎日のインスタライブを始めた。インスタライブ上にも場ができていて、毎日見てくれてる人もいるし、勝手に見てくれている人同士で会話したりもしてる。リアルじゃなくても場はできることをすごく実感している。その発見を今後どう展開していこうかとも考えている。まだ会ったことないけどインスタライブ上ではすごいコミュニケーションとったりして、これから実際に会いに行くのが楽しみだなっていう人が今いた

★3　大田区と東急株式会社が共同で運営する「池上エリアリノベーションプロジェクト」の一貫で二〇一九年五月より始まったプロジェクト。

竜宮美術旅館

りして。その流れで、リアルな場はより重要になってくると思う。そんなことも忘れて日常に戻ってしまうんだろうけど、有り難みはこれまでとはちょっと変わってくるのかな。同じ空間に居合わせて会話したり、コーヒー飲んだりっていうのが大切な時間になるから。SANDOはこのまま続けていくけど、今後新しい場所を作ろうとする時、今回のコロナウイルスの経験はすごい影響しそうな気がする。もっと贅沢というか、よりじっくり体感してもらえるような場は作りたい気がしていて。そのネタとしては、二〇一八年のフェスティバル／トーキョーでお茶会のパフォーマンス作品「定吉と金兵衛」を作ったりしていて、そことも繋がりそうな気がする。

SSS［★4］を作った時も買い物が楽しいって何だろう？って考えてて。大人も子どもも楽しく買うっていう場所、それには一つ量り売りもあるだろうし。子どもがふらっと取って、これ欲しいみたいな、そういうものも増やしたいよね、と言いつつ増やせてないんだけど（笑）。複雑じゃなくて、よりフィジカルでシンプルに感じられる。そんなお店がもっといっぱいあったらいいよね。

中嶋　いろんな人に来てくださいっていう場所は作りつつも、いろんな人に来て欲しくないというか。コロナ禍の話だと、それに対して意識している人としていない人の差が激しい。SANDOも早く開けて欲しいっていう人がいる。僕らも注意もしているけど、安心するにはどちらかというと注意してる人だけ来て欲しいとも思う。

小田桐　そこで僕らは分けないからさ。中立的な立場でいたいから、そのための空間づくりは必要なんだと思う。どっちの人が来ても、準備できてる人が来ても、そうでない人が来ても大丈夫な空間作りだし、かつ、対策はしてるけど露骨じゃないほうがいいし。せっかくだったら、今までやってきたような、ちょっとした発想の転換というか。

今回のコロナのことですごい感じたのは、事業をやってる人と会社勤めしてる人とかの間で、すごい意識の違いはあるんだろうなって。お店も企業のトップの人も、めちゃくちゃ考えないといけないことがあったけど、それについていく側の人はそれに従うだけだから。池上もそうだけど、普段よりめちゃくちゃ人が溢れていて。その差を感じたかな。考えなければいけないことの量の違いというか、決断しないといけないこと。考えて決めることは大事だし、それで引っ張っていかないといけないんだろうし。

中嶋　田根剛も言ってたよ、建築家は決めるのが仕事だ、それだけしかないって。

小田桐　状況を追いかけていたら出来ることも出来なくなっちゃうから、ＳＡＮＤＯは「リニューアル」するっていう自分ごとに置き換えて、今は再オープンのための準備をしてる。自分たち側の予定に合わせてやっていくしかないかな。もちろんコロナの状況は見てはいるけど、意識しすぎなくなっているかな。

中嶋　今のこの状況でできることと、五年後にできることは違うしね。

小田桐　あとお金の作り方の意識も変わったかな。カフェならカフェの営業時間中にできることは限られているから。それも気付いていたけど、コロナの影響を受けて明らかに売り上げはめちゃくちゃ落ちてるから、営業時間外で収入を作り出さないと家賃も払えないし。今まではアーティストとして活動してきたけど、ＳＡＮＤＯが始まってからは経営者としての頭にならないとダメというか。全然慣れないから、そこが難しいね。一〇〇年ビジョンもアーティスト的な側面での提案だし。そうかといって求められるのはリアルな数字だったり。全てのことを一人でやるのは無理だから、いかに、それが好きな人とかできる人とチームを組んでやってくかだよね。変な話、作品を作るとかアートプロジェクトだったら気軽に友達として頼めたりするけど、今は内容的にはちゃんと仕事として頼まなきゃいけないし。そうするときちんとしたお金も必要になってくるから、なるほど世界はこうなっているのかっていうのを今すごい感じてます。

二〇二〇年六月二〇日実施
インタビュー　佐脇三乃里

L PACK.
小田桐奨と中嶋哲矢によるユニット。共に一九八四年生まれ、アート、デザイン、建築、民藝などの思考や技術を横断しながら、最小限の道具と現地の素材を臨機応変に組み合わせ新しい風景をつくるプロジェクトを行う。

★4　シキナミカズヤ建築研究所とL PACK.によるプロジェクト『ＤＡＩＬＹ ＳＵＰＰＬＹ ＳＳＳ』。二〇一八年一月にオープンした「日用品店」。

3-7 アジアとの交流――山野真悟

黄金町エリアマネジメントセンターはアジアとの交流を事業の柱の一つとしてきた。

韓国

二〇一四年、文化庁が主導する、日、中、韓をつなぐ東アジア文化都市という事業が始まった。最初は横浜市、泉州市、光州市という組み合わせだった。私たちのNPOもこれに参加することになり、まず調査に向かった。韓国とはこれまでもいくつかの団体やアーティストとの交流があり、アートとまちづくりをテーマとしたトークやシンポジウムに呼ばれることも何度かあった。東アジア文化都市では、光州市の市場の中に拠点を構えるミテ・ウグロという団体の推薦によるアーティストを受け入れた。ミテ・ウグロの方向転換もあり、また光州でAIR施設とギャラリーを運営する民間の団体Space Pongが日本との交流先を探していて、私たちとつなぎたいという人が現れ、二〇一六年から交流が始まった。お互いにAIRによる交換プログラムを行った。Space Pongはこの数年の間にAIR施設も新たに増設され、周辺の環境も飲食店が増えて、しばらく前とは街の雰囲気も変わって、街の整備が進むとともに少しずつ活気のある場所になっていた。また以前は清州(チョンジュ)を拠点に地域活動やAIRを行ない、最近拠点を世宗(セジョン)に移して活動している653 Art Firm Social Spaceとの連携は二〇一二年から現在まで続いている。

中国

中国はこれまで、北京や上海を訪れたことはあったが、福建省泉州市はまったく初めての訪問で、東アジア文化都市をきっかけに、交流が始まった。また泉州市は蔡國強の出身地だった。

泉州市は宋から元の時代、世界最大の国際港として栄えていた歴史を持つ。

この街は今でも歴史的遺産を多く残し、また古くから多国籍多文化が共存する都市として知られていた。そのような多文化的な街の雰囲気は、一方で開発が進む現在もまだ色濃く残っている。私たちは交流の最初から海外交通史博物館のみなさんのお世話になった。博物館の外に出て、多くの歴史的建造物や古い町並みを見学し、新しく開発が進んでいるところ、古物商街、とにかくありとあらゆるところを案内していただいた。また、まちづくりに携わる人たち、美術家協会の人たち、アートに関心がある実業家に会わせていただいたこともあった。

最初の訪問の目的のひとつは黄金町バザール２０１４に招待するアーティスト探しだったが、その時は見つからず、結局帰国してから、泉州市出身のアーティストを探し、二〇一四年に侯嘉文（ホウ・ジアウェン）Hou Jiawen を招待した。

泉州市は私のもっとも好きな都市のひとつになり、その後繰り返し訪れるようになった。それは泉州市で出会った人たちによるところが大きい。その間、プレゼンテーションの機会もあり、また博物館で黄金町の活動を紹介するパネルや映像の展示を行なった。例として二〇一四年再訪の直後に書いたブログの記事を再録する。

一〇月二七日から三〇日戻りで泉州市へ行った。

今回は短い映像と提案書なるものを作って準備をしておいた。これは多分何か打ち合わせでもあるのだろうと予測してのことだったが、実際にはまず座談会に出席するようにというような話から、それがいつのまにか講演会をやるということになり、あわててパワポの編集をし直して間に合わせた。

泉州海外交通史博物館の丁毓玲（ディン・ユーリン）Ding Yuling 館長の呼びかけで会場にはたくさんのひとが集まっていた。

まず黄金町の取り組みについて紹介し、横浜市全体の創造都市事業、特に横浜トリエンナーレと黄金町の関係とその将来的な見通しについて話してから、それを泉州市のケースに敷き写して説明、提案を行なうという方法を取った。

違う国の、社会的な背景も異なる場所の事例について説明することに当然限界はあるが、それでも動画はコミュニティの空気やアーティストの動きをよく捉えているので、おそらく誤解はありながらも、私たちの取り組みについて、何か伝わったことはあるだろうという印象だった。

そのあとの、横浜市をモデルにし、その図式を泉州市に当てはめてみようとした提案書はどの程度その意図を伝えることができただろうか。

質問がたくさん出たが、時間切れで終了せざるを得なくなった。

その日の夜は広大な再開発が行なわれているエリアに案内された。その一部の工場跡をアーティスト・イン・レジデンス等の施設として改修するということだ。

その後「源和１９１６」（北京の「７９８」的な位置付けの場所になる予定）と呼ばれている場所に移

動して夕食。

それ以来、私は訪問のたびに泉州市の歴史的背景や地理的条件を生かした、アートによる国際交流拠点、東アジアと東南アジアをつなぐアートセンターの設立を提案してきた。

黄金町エリアマネジメントセンターは、東アジア、東南アジアのアートコレクティブおよびその他の文化的機関との交流をベースに、アーティストの招聘と派遣を行いながら、そのネットワークの拡大と更新を進めていた。

私は泉州市においてもその手法とネットワークを応用できると考えた。また泉州市の歴史的、地理的位置は東アジア、東南アジアを結びつける上で、大きな必然性をもっていると思えた。そしてこの事業に中国が主体的なメンバーとして参加することが重要だった。

泉州市では古い街区を解体しながら、再開発を進めているエリアと、また昔の街区を保存しながら活用しようというふたつの動きがあった。

私の提案は、古い街区に残る建物を再利用し、そこに生活する地域の人たちと隣接しながら、多国籍のアーティストが活動することによって新しい状況が生まれることを想定していた。そのころ私は短い提案書をまとめた。わずかな字句の訂正をして、ここに再録する。

泉州市における国際交流拠点としてのアートセンターの提案

●企画提案の趣旨

中国福建省泉州市はその地理的条件もあって古くから東アジア、東南アジアと経済的、文化的に深い関係を持ち、長い間、国際交流拠点としての役割を果たしてきた。現在でも街はその多文化、多宗教が共存する姿を残しているが、近年、過去の歴史的景観を残す古い街区に新しい事業者が進出する例が急速に拡大しており、そこでは開発に伴う古い建物の解体と保存の問題や、旧住民との文化的、経済的共存の課題が発生している。これは大きな変化の中にあるアジアの多くの都市が直面している共通の課題であると考えられる。二〇一四年以来、私は黄金町の経験を踏まえ、アートに関わる事業を軸とした国際交流拠点の設立を泉州市の各関係機関に提案してきた。東アジア、東南アジアを包括する新たな文化芸術交流拠点を中国と日本、および参加各国が協力し、運営することでアートによる新しい事業モデルを「共有」することは、「共存」という課題解決へ向かうための大きなヒントになる、と考える。

●実験モデルの提案

東アジア、東南アジアの各協力団体の代表とアーティストが泉州市に集まり、約二週〜一ヶ月間滞在しながら泉州市側の協力者とともに仮設的なアートセンターの運営実験と街中の展示、および「国際文化交流都市泉州市の未来的可能性」についてシンポジウムを開催する。拠点となるアートセンターは古い街区に残る複数の建物を想定、地域に開かれた場所として運営する。レジデンスと展示は若い人たちが運営するホステル、ギャラリー、ショップ、カフェなどのネットワークを活用、シンポジウムは海外交通史博物館に協力を依頼し、すべての活動が歴史的遺産から新しい動向までを含む泉州市の街の様相を合わせて紹介できるような仕組みとする。この取り組みを契機にアートセンター機能の常設と国際的なネットワークの継続を泉州市の関係者と協議し、実現を図る。

さとうりさ《誰かの水》2016年、LUXELAKES・A4美術館

このプロジェクトは多言語、多文化の共存というメッセージを含んでいる。そのためネット配信等については自国語と翻訳の往復作業を互いに行い、それらを各自が同時に発信し、そしてそれらをまとめて見られるようにすることが今回の取り組みの意義を伝えるのにふさわしい。また、泉州市自体が様々なルーツを持つ多様な言語とアイコンを集積してきた都市であり、そのような歴史的背景と現在の取り組みを包括したドキュメンタリー映像としてまとめることが適切であると考える。

そして以上の経緯をもとに最後はすべてのデータを集めて再構成し、映像と書籍の二つの方法で記録を残す。今後は参加国、団体数の拡大を図るとともに、さらにアートに限定されない、多分野の事業者や投資家とのネットワークの形成のための情報発信と協力依頼を進め、次の展開へと繋いでいく。

四川省成都市との交流事業

成都市のLUXELAKES・A4美術館（旧A4当代美術中心）はもともとアーツコミッション・ヨコハマ（公益財団法人横浜市芸術文化振興財団）と二〇一〇年から交流事業を行っていたが、アーティストの滞在場所が黄金町だったことから、私たちが引き継ぐ形で交流が継続することになった。A4の推薦アーティストは「黄金町バザール」に参加する前提で滞在し、黄金町の推薦アーティストは夏から秋にかけて成都に滞在して、展覧会、あるいはパブリックアートの制作を行った。成都市は都市規模も大きく、多くのアーティストが活動しているが、A4は若手のアーティストを支えるという意味でも大きな役割を果たしている。

台湾

福岡では一九九八年から民間のギャラリーが台湾の現代アートをシリーズで紹介するようになって彼らの存在が身近なものとなり、一九九九年には福岡アジアトリエンナーレに初めて台湾のアーティストが招待された。また、「黄金町バザール」では二〇一〇年から台湾のアーティストが参加している。二〇一三年、台北の竹圍工作室（バンブーカーテンスタジオ）と継続的な交換プログラムを行うことを取り決めた。

以前から、私は台湾で福岡の事例や黄金町の取り組みについて話をする機会を何度か設けていただいたこともあり、距離の近い交流が続いている。

東南アジアのリサーチとアジアにおけるアートとコミュニティと都市の関係について

私は東アジア圏の交流と並行して、東南アジアのリサーチを行ってきた。ネットワークづくりとともに、それぞれの地域ごとの取り組みや、アートの位置付けの違いに関心があり、そこに共通の課題があるかもしれないと考えていた。最近はそれほど動けているわけではないので、数年前から現在に至る状況の変化を十分に理解している自信はない。以下の文章は東南アジアを訪れる中で考えついたもので、コミュニティとの関わりが深いアーティストと、例外なく都市化が進んでいく状況に置かれているアーティストという必ずしも一致しない方向性の中でこれからどうなっていくのか、という問いかけを試みている。

私はアーティストを支えている複数のフレームを想定し、それがひとりのアーティストの中で働いている場面を想像してみる。例えばこのフレームのひとつが近代で、別のひとつがコミュニティであるとして、その中でアートはどのようなバランスをとるのか。それが都市とアートの関係を形成する時に起きる出来事だと思う。これは共有可能な課題であり、今でもアジアのアートにとってテーマのひとつでありうる。私は都市においてアートが常にアートであることは出来ないと考えている。しかし日本を含むアジアの多くの都市がアートの自己同一性を都市の現代化（再開発）の中で救済しようと試みているように見えることがある。アートがアートであることを制度によって保証し、流通させようとしているかのようだ。

私はアートセンターをアートの境界線上をなぞるように機能するものだと、いつもイメージしてきた。私たちは例えばある都市においてなぜアートが拒絶されるのか、という設問を立てることが出来る。そしてそれが必ずしも啓蒙的な活動によって解決されるわけではない、ということも体験している。都市とアートはどのようにして接点を見出すのか、私はアジアの多くの都市でそれが問われているかもしれないと想像する。ある都市では近代化の徹底により都市とアートはやがて地続きになると考えているかもしれない。アジア各地でビエンナーレやトリエンナーレの開催が増え、新しい美術館の建設や、再開発にアートが組込まれることなど、すべてをそのまま受け止めるなら、アートに対して更なる近代化の徹底を要求している。それらは果たしてすべてが同じただひとつの方向に向かっているのだろうか。私たちはすでに近代以前にいるわけではないが、すべての近代化が同じ道をたどるのか。あるいは小さな違いの中の可能性を見つけることが重要なのかもしれない。東南アジアのアーティスト・コレクティブや様々な団体は、国や地域を超えて、相互に強いネットワークを形成しながら活動している。そのことが次の展開を作り出していく上で大きな役割を果たすかもしれない。

「黄金町バザール2017」シンポジウム記録
まちに出たアートはどこへ向かうのか

北川フラム（アートディレクター）×山野真悟　進行：佐脇三乃里　二〇一七年九月一八日実施

佐脇　本日は、一九八〇年、九〇年代に始まったアートがまちに出た取り組みについて、当時の活動や思想について振り返るとともに、今後どのような可能性があるのかについて、話を伺っていきたいと思います。

まず北川フラムさんに、「美術による地域づくり」というタイトルで、これまでの取り組みについてお話して頂きます。よろしくお願いします。

北川　北川です。横浜に来て、黄金町でお話しさせていただくのは、本当にありがたいことで楽しみにしていました。横浜は山野さんが黄金町をやられていて、池田修さんがBankARTをやってて、ある意味で僕なんかが動いているところと共通面もありますが、とにかく新しいまちですね。一五〇年の間に、ものすごい都市化している、そのような中で頑張ってやっているというのが一つの緊張感がありますす。だからこういうテーマで話させていただくのは本当に楽しみにして来ました。

本題に入ります。今、能登で起きていることを、まず一言で申し上げます。珠洲（すず）市というのは、日本海に面した能登半島の凸先にある。台風すら外れる最果てですが、人口約一万四千。何が起きているかと言うと、一ヶ月前は、地域の人たちも何をやるのかよく分からなかった。それからアーティストが少し入って、いろんな人たちが来た。そしてオープニングをするという中で、何が起きたかと言うと、人口一万四千の、おそらく半分の人がパスポートを買ったと思います。信じられないことが起きてます。そして、作品の周りにおじいちゃんおばあちゃんが集まって、来る人たちに色々お話をしてくれるということが起きている。同じ地域の隣の町も全然知らないというのが、現代の場所ですね。同じアパートに住んでる人も知らない、ということもある。昔では考えられないですが、地域のコミュニティの中で、「おはようございます」とか「こんにちは」とか言うことができない。そういう中で、かなり密となる地域にいろんな人たちが来られている。これは、ある意味では美術の持っている力です。それはいわゆる現代美術が、例えば、東京で絵を描きたいと思って画廊を周りデッサンをし、美術の本を読んだりする時のことを一言で言えば、皆さんの評論は、「ウィトゲンシュタインによれば」という言い方がほとんどである、と。これは現代でも変わっていません。フランスの市民革命以来始まってきた現代美術というのは、もちろん多くの人たちが関わる中で、いろんなことを乗り越えてやってきたんだから、ものすごい決定的な必然ではあるけれども、唯一の必然ではないだろうと思います。現代もアフリカで難民の問題などありながら、人は生きているわけだし、どこにも美術はあるわけですね。美術はある意味では、生活の一つの表れです。あるいは、その地域に住んでいる人たちの、生理の表れである。それは世界中で見え方が違うかもしれない。同じ人間という切り方には一つ問題ありますが、それぞれに意味があるのに、なにか〝現代美術〟と言われているものの、一つの流れから見てどうだということを、みんな、今やっている。少なくとも、日本の美術界は、ほぼそうですね。「欧米のいろんな流れで、どうだ」、あるいは、「アートマーケットの中で、どうだ」ということが、一つの判断の軸になってものが言われている。そういうこととはおおよそ全然違う。ちょっと大げさに言えば、そこに、おそらく市民の、珠洲の人の、もしかしたら、赤ちゃん小学校低学年、あるいは、あるお年寄り以上以外は、もしかしたら、ほとんどの人が来れるかもしれない。それについて、面白がったり、反対している人もいる。こういうことをきっかけにして起きていることを、真面目に考える必要があるんじゃないか。これが、僕の大きな問題提起です。

もうちょっと違う言い方をすると、去年（二〇一六年）、外国に行った人は世界で約一〇億人いると言われています。その内、何人かの人たちは何度も動いているから正確にはよく分かりませんが、一、二億の人は、外国に行ったりしているいうことが起きている。アートフェア、トリエンナーレ、ビエンナーレという芸術祭を含めたもので、世界で動いている人は一〇〇万人ちょっとだと言われています。日本にはそのデータは入っていませんが、瀬戸内の国際芸術祭や、いくつかの芸術祭を足してみると、二〇〇万人くらいの内の一〇〇万人は日本でやっている芸術祭で人が動いているということになる。これはとんでもないことが起きていると思います。都市というのは住む場所ではなくなってきた。二〇世紀の支配的な思想は均質空間です。ミース・ファン・デル・ローエが、「どんな場所でも、鉄筋でガラスのカーテンウォールを作っていけば高層ビルは永遠に作れる。それはレジデンスにもなるし、レストランにもなるし、あるいはオフィスにもなる。これが世界のいろいろな空間を作っていく一番いいやり方じゃないか」というようなことを言って、今はこの方法が世界を覆っていますね。

だから、あらゆる都市は同じことをやっている。この意味合いで出てきたのが、ホワイトキューブと言われる高いタッパの白い空間です。そこにあるアートは横浜でも東京でもヨハネスブルグでも同じように見えるということが最高の理念とされていた。これは置き換え可能であるし、あらゆるものは同じように見えると言っていたのが、均質空間の考えです。僕の理解では、ウィトゲンシュタインが戦前に書いたいろんな論理学が世界の基本的な考え方だとすれば、ウィトゲンシュタインが戦後に書いた文章は、戦前に書いた文章の全否定だと言われています。つまりその間、ウィトゲンシュタインに何があったかというと、戦争があって、美術の講師として子どもたちに絵を描くことを教えていたのです。均質な中でものを考えていく実験室上のいろんなことに対して、ウィトゲンシュタインは「そういうことはなんの意味もない」、「いろんなことの凸凹があり、経済的な格差があり、いろいろな現実が起きている中で、均質的なものの考え方は、おそらく意味がないのではないか」ということを思ったのかもしれません。

先程の話に戻りますが、いろいろな人たちがいろいろな芸術祭に行っている。大地の芸術祭を始めた約一七年前の二〇〇〇年、美術手帖は大地の芸術祭は無視でした。その頃、現代美術ファンは一万人いるかなと言われていました。

それが現在、美術手帖がいろんな芸術祭を取り上げているし、五〇万、一〇〇万という人たちが、芸術祭なりいろんなものを見ているという現実を、やはりちゃんと考えないといけない。これに対して最近話題になっているのが、東浩紀さんの『観光客の哲学』です。ある程度僕が考えていることが腑に落ちたんですが、このネット社会において、いろんな人たちがいろんなことを思い、自由な発言ができるといってやっているんだけど、基本的にネット社会は、現実のそれぞれの階層から現実に人を出していない。ます固定させているだけだ。あるいは、ネット社会でみんながいろんなことを喋れるように思うけれども、最も支配的な言葉によって、みんな整理されていくようになっていく。私たちは自由に話しているけれども、ネットというのは、最もうまいやり方で、支配的なものを押し付けてくる。そういう中で、今、地球環境は、ほとんど手を打てない奈落に行っているわけです。資本主義そのものは倫理性を全く失ってしまったし、労働の価値をなくした。もうちょっと言うと、日本という国にいる私たちは、アメリカという大国の防波堤になって心中しなければならない道を選んでいて、これに対して竿を立てるわけにはいかないところまで、もう来ている。Ｊアラートの政府の考えは、皆さんお分かりですね。どこに落ちるか分からないわけがない。分かっていて、いろいろなことをやっている。そういう中に、私たちがいるわけですね。もうちょっと違う言い方をすれば、都市には刺激と興奮があり、大量の消費がある。それなりに自由であるかのように、若い数年間は思えるけれども、実はそんなものは何にもなくて、私たちはほとんど決められた生き方をしなければならない。無間地獄のような受験、就活の競争の中に入っているし、自分が属しているところが突然変わるかもしれない。そんな中で生きているときに、美術という得体の知れないものの周りで、よく分からない人たちが、面白がってものすごい移動をしているということです。

先ほどの移動の話をもうちょっとすると、世界の大きな流れで言えば、まず外国人労働者ですね。世界を相当動かしている。もう一つ、難民が世界をものすごく動かしていますね。もう一つあるとすれば、観光客です。芸術祭、あるいはアートフェアとかそういう地域づくりの中で動いている人たちの動きは、結構重要です。珠洲の場合、ちょっと絶望していたんですが、始まる前に一〇カ国を超える若者たちがサポーターに入って、制作を手伝っています。瀬戸内の場合、一五〇人を超える人たちが一ヶ月近くいた。そういうことが、こういう中で起きているということは、何だろう、と。一つは、まあ単純に今いる現実の中で、ほとんど何もできないということ。喋ってはいるけど、何もできないという、ほとんど絶望の中にいるだろう。都市が何も展開できないことも、みんな感じ取っている。その時に、美術だけが持っている、つまり生理。七〇億人なら七〇億人の生理、というものの表れということ。例えば黄金町でやっているときに、「大変だ」とか「面倒だ」とか「守ってあげなきゃならない」というようなことに参加することによって、それがちょっと生きてくるとか。いわば赤ちゃんに対してのケアと同じようなことが美術の周りで起きている。瀬戸内で言いますと、ある省庁が、大島のハンセン病の病棟に対して、決定的に前のめりになって動くことになり始めたり、あるいは、小中学校が再開したり、小豆島の人口の一％が、この芸術祭の七年間で増えている。そういう化学変化みたいなことが、起こり始めています。これが、美術の周りで起きている。美術評論家、アーティストは、地域でやっている試みに対して、かなり否定的です。だけれども、これまでの人たちが来ている、あるいは動いているということを、何か「こうでなければいけない」と言って切れるだろうか。すごい数が動いているわけですね。僕は、日本に美術史上初めて、これだけ人が動いていることはないと思っています。僕は、もっと人は動いていくと思いますね。つまり、なんの役にも立たないかも知れない。

でも、いろんな問題があるならば、行政は、こんないろいろなものやりません。やっぱり何か、何らかの形で需要が、それが美術かどうかは分かりませんが、だけども、人間の需要があるから、物が動いているということを、もしかしたら明治以来初めて日本美術に、日本の美術関係者に出て来たいろんなチャンスを、美術界は無視し、あるいは、「何か違うぞ」と言っていいんだろうか。本当に、とんでもないチャンスを失っていると僕は思いますね。

BankARTとか黄金町とかは、都市部でやっている。特に地域でやっているにかかわらず、アジアを含め外国に対して、極めて門戸を開いている。これはすごい重要なことだと思いますね。他者をいろんな意味で呼び込むことがなければ、私たちは変われるわけがない。そういう多様さを入れながら、まちは変わらなければならない。それはある意味で、僕が行政と仕事をすることによって、美術のいろんな活動を正義の戦いとしないと、もう公共のお金を使っているからコテンパンに言われるわけですね。他者が文句を言うようなことに美術が入っていくことによって、美術はそれなりの普遍性というか、つながりを他者と持てる。それに対して、日本の美術関係者は極めて高度な美術意識の中で閉じこもり、今起きていることを見ようとしないという決定的な問題があると思っています。

この間、どのようにやってきたかというお話をしますね。一九九二年に、米軍基地跡を再開発するのに何かいい手はないかということで、ファーレ立川のコンペティションが行われました。美術という意識は住宅都市整備公団の中にはあったと思いますが、国、東京都、立川市、住宅都市整備公団の、共同のプロジェクトでした。この頃は、都市の機能を分散しなければならないという状況でした。つくばは学園都市、千葉は幕張メッセに現れていて、大宮、浦和は、その流れが続いていて、ロジスティックな都市である。川崎、横浜は、商業ということで、手がない立川、八王子は学園都市という文化だという計画の中で始まったものです。

個人的なことを言いますと、一九四六年の生まれで、突然美術をやりたいと思って、美術大学に入って、働きながら毎日絵を描いて、画廊を周り、勉強してきました。日本の美術の構造はもうどうしようもなくて、小出楢重ですら失敗したんなら、僕ごときが頑張っても仕方ない。失敗した理由は一体何かと言ったら、自分の寄るべきフランチャイズをちゃんと持っていないということ。今と似ていますね。昔は画商さん、評論家、アートの村構造の中で、非常に閉鎖的に評価し合っていました。こんな中で、ものがうまくいくわけないと思いました。そういうことに対して、基底になる層をできるだけ広げなければいけないということを、二二歳くらいの時に思いました。それ以来ずっと美術の底辺を広げることだけを仲間たちと考えてきて、あれやこれやとやってきました。アパルトヘイト反対の国際美術展とか、子どものための版画展などいろんなことをやりながら、一九九二年に、このファーレのコンペティションが行われて、私たちのチームが当選しました。

ここでの考え方を申し上げますと、約六ヘクタールの土地に均質な街を作っても面白くない。それが、最初の出発です。ファーレで考えたのは、「この街は、世界を映す街であってほしい」ということです。これまでの再開発では、そこに、シンボリックなアートを一つ入れるというのが、パブリックアートの基本的な考え方です。それに対して、ファーレは、そんなものはもうないんだ、と。とにかく世界は多様でいろんな人がいっぱいいて、めちゃめちゃなんだ、と。だけど、いろんな人たちがいることは事実であり、それが尊い。そこで何かをやっていくのは大変だけど、意味があることだということで、「世界を映す街」というのを一つの考えにしました。もう一つ、建築というのは、現在でもおそらく支配的な文化表現ですね。今では考えられないけど、一八世紀は、庭園が欧米の支配的な文化であり、日本でいえば、戦後は文学が支配的な文化でした。開高健とか大江健三郎とか、石原慎太郎もその中に入りますが。そのあと出てきたのが、美術、あるいはお芝居が支配的な文化になりました。唐十郎さんとか寺山修司さんが出てきた。そのあと、美術は一瞬支配的なことになりましたが、今は商業的なデザインが文化に見えるかどうか。まあ文化は文化ですが、そういうものに対して、ファーレ立川では、「世界を映す街」で、世界の多様さを表そうとしました。はっきり言って僕は、建築は全然面白いと思わないですね。みんなプレゼンがめちゃめちゃうまいし、すごいこと言うけど、作ってみて、面白いのが一つあればましな方です。特に美術の中の彫刻家の提案は、何を言いたいのかよく分からない。だけど、やってて面白く化けるのは、ほぼ彫刻家の仕事です。なぜかと言うと、ものとの対話があるからです。建築は、発注したデザインについてどれだけ近づいて施工してくれるかということしか残っていない。

話を戻しますね。そういう約六ヘクタールの場所に対して、なんとか面白くしようとすると、排気口や車止めは建築家が「いいよ」って言ってくれるんで、それを徹底的にアーティストに使ってもらう。これが、機能からフィクションに、ということです。それで、三番目としては、「これはアートとしておそれ奉らなくていいよ」と。名前もいらないし、触っていいし座っていいしというふうに、ある意味、現代の世界を埋め込もうとした。そこまでに至ることを、今日の話の流れで言うと、やはりかなり大きいのは、私たちは一九七〇年に、広場を全部失ったんですね。そういう中で、ニッチな車止めみたいなことしか、僕は狙えないと思った。その頃に、お互い全く知らないわけだけど、山野さんは福岡の天神で、お互いそういうことをやり始めた。都市の中で、もう広場を狙うんじゃなくて、いわゆる暗部というか、ニッチを狙っていきながら何かをやっていこうとする動きが出た。ものすごい健康というか、正当ですね。ところが僕の方がそうでなくて、再開発の中のコンペで仕事をいただいたものですから、美術が持っている多様さを埋め込むことをやったというのがあります。この土地全部で八億円くらい、一〇〇点くらいの作品を作りました。もう初期の段階で一〇〇億って値段がつくだろうと言われていたものを、みんな頑張ってやってくれていたわけですね。不思議だったんですが、僕は初めて海外のアーティストにオファーをしていったわけですが、よくこういうアーティストたちが手伝ってくれたなと思いますね。いわゆるシンボリックなアートとしてだけではなく、アートが持っている多様さに対して、みなさんが共感してくれたんだろうと思います。

このファーレ立川は二〇年経ちましたが、未だにものすごい元気で守られていて、まちづくり、パブリックアートのスタンダードにはなっています。ファーレクラブという人たちを中心に、ツアーをし、掃除をし、勉強会をしました。あるいは、海外の作家が日本で展覧会をやるとみんなで見に行くとか、そういうことを含めた、地域の人たちとの関わりの中で、なんとか分かっていったということですね。僕なりに、広場が私たちの手元から取られていく中で、やれる場所としての考え方ですね。

そんな中で私たちがやってきたのは、地域の人たちが誇りを持って、やってきた生活というものを、日本や外国のアーティストがそれぞれの視点で発見する。それを自分の作品として出すわけですが、これがもし作品だとすれば、これを作るプロセスも変わってきた。だけどこれがただ作品が輝くだけでなくて、明らかに作品が置かれている場所、あるいは作品の奥に広がる風景、あるいはこの作品を成立させている歴史。そういったものに光を当てている。つまり、作品自身が、場所の力を、自分の作品の中に取り込んでいると言えるかもしれない。これが新しい美術の特徴ですね。もう一つ重要なのは、アーティストは発見はしても、この場所に設置するというわけではない。アーティストは、よく分からない人ですよね、一応芸術祭で選ばれたと言ったって、この土地を持ってる人にとっては、なんの関係もないことです。アーティストの妄想を、この場所に植え育てるために起きてくる学習、交流、いろんな意味でのキャッチボール。この中で、土地の人が開かれてくる。まさにこれは、私有制を超えた一歩の始まりです。アーティストがここでものを作るときに、そこで起きてくることが、土地のことを知らなければならない。そこで起きてくることが、地元の人が提供してくれる。あるいは、本当に作業がうまい。そういうことを含め、そこで成立したアートは、アーティストたちだけのものではなくて、地域によって作られたものであるということ。美術の決定的な力は、写真では絶対に分からないということです。空間全体で繋がっているのが、美術ですね。その時に、いろんな人たちが、行かざるを得ない。能登の話を先程しましたが、一気に口コミで広がって行って、「行かないとちょっと分かんないみたい」とか「行くと面白いよ」と変わり始めたということがありますね。その中で、この地域の、非常に特徴ある風景を出している。一番低いところで、年間三メートル雪が積もる。追われ追われてきた、一向宗の、浄土真宗の門徒たちが、雪深い山の上でみんな自分たちを隠しながら生きてきた、そういう棚田であると。山、山、山なので、昔の川の流れをショートカットして、こういうふうな田んぼに変えるとか。あるいはこの辺、また山、山、山なので、東京の方につながるためには、トンネルを掘るしかない。いくら道を作ったって、雪が落ちてくる。雁木を作る。そんな中で、頑張ってやってきた。そういう地域の力がある。これを、どうにか生かそうということですね。芸術祭でやろうとしたことは、それぞれのあらゆる場所が、人が住んでいた限り、そこは何か頑張って、その地域の自然やいろいろな中で生きてきたという大きな価値がある。明らかになんらかの形で、文化として見えているはずだという信念です。現代美術のいろいろな蓄積の中でやってきた、華麗なアーティストたちが、来て、いろいろな人たちがいろいろな見方で、土地と関係したものを、あるいは見えてくるものを作ること。これは、おそらく今後一次産業がなくなっていく中でできていく美術の方向だと、僕はほぼ確信しています。サイトスペシフィックなアートというのは、いろいろな意味で、地域であり、都市であり、できるわけだし、いろいろな意味で、開かれている。そうでないと、身も蓋もないとすれば、私たちはヨーロッパ文明の伝統の中で生活していない限り、永遠に、美術に関われないということになってしまう。そんなの、あり得ないですね。仏像はやっぱりすごいし、大和絵もすごいし。私たちは、この土地の中での、いろいろな生活文化の中でできてきた中で生きてきた。そのようなことが、世界中のいろいろな場所で起きてくる。そこに、いわゆる赤ちゃんのような存在であるアートを手伝う人たちが、いらっしゃいますよということで、次の段階として、学校とかを中心に、都市の人たちの交換をやろうとしています。

アジアとのつながりは、ものすごい深く、意識的にやっています。面白いのは、世代的に言うと、IT企業の社長たちが越後妻有を手伝いだしたということです。世代論は不毛というけど、やっぱりある傾向がある。いろんな意味での敗北の後、政治的にアパシーになっていく。これが五〇代。四〇代は、優秀な人たちは、ちゃんとしたコンサルをやる。そのような形で、金融関係の仕事に就きました。その連中とかが、今や、そこに社会貢献がどのような形であり得るかということでないと金を儲ける気分がしないみたい。その連中たちが越後妻有に入り出してる。この世代感覚は非常に面白いですね。いろいろなことを含めて、瀬戸内は複雑な問題がありますが、地域ということに力を入れているのは同じです。海外の人たちがものすごく増えています。それは、海外では、芸術祭的なことをかなり本気になってやろうとしているということです。ちょっと信じられないことが起きていますね。中国も、政策の中で、都市と地域のあまりの格差の中で、美しい農村という政策テーマを出して、大地の芸術祭をモデルにしています。これは別の話ですが、何もないところにこういう作品が入ると、言葉が、あるいは光りと影が与えられる。そういう働きを今アートが持っている。それで、瀬戸内ではハンセン病の患者さんが隔離されてきた島が、かなり元気になってきている。患者さんも高齢化が進んでいるけれど、あと一〇年くらいで、みなさんがいなくなる。現在の、生活面、医療面をちゃんと抑えながら、あるいは、ここで暮らさざるを得なかった、頑張ってやってきた記憶をちゃんと残す。将来、子どもたちが来る、誰でも受け入れるような島を作るための準備に入っています。こういうことに、私たちが参加できるのは今まであり得なかったことですね。越後妻有でも瀬戸内でも、どこでもそうなんですが、その地域の最もちゃんとした文化は、やっぱり食です。そこに全てが表れるということで、これをできるだけちゃんとやる。あとは、島のおじいちゃんおばあちゃんたちの誕生会をついにするようになって、コミュニティのつながりを意識的にやり始めたことが起きてくるということです。アジアで国は違っても、台湾、香港、中国も含めて、いろいろな関わりができてきたということですね。いろんな地域と活動しないと、地域は変わらないということです。

外に出て行った美術がどんな役割をし、そんな可能性を持っているか、です。

佐脇　ありがとうございました。日本が成長していく間に、

都市は住む場所ではなくなり、均質空間になっていった。その中で、都市の空間や、機能が持つ隙間のようなところに、美術の多様性が入り込むことによって、その地域の生活文化に新しい活力につながっていく。そういうことが、現在、芸術祭に訪れる方たちが一〇〇万人にも至るというところにつながっているのではないかと思いました。

シンポジウムの様子

　北川さんは、越後妻有をはじめ、瀬戸内、奥能登と、いろんな地域でアートプロジェクトを展開されていますが、どの土地においても、行政、それから地域の方たちとの関わりがあるかと思います。九四年にファーレ立川をスタートさせてから、今の活動に至るまで、その関係に変化みたいなものはありましたか？

北川　いくつかあります。

　まず、学生の時に、非常に単純なんですが、政治的というか、そんな風に動くんですね。これは別に否定するわけでもないし、友達もそう動いているわけですが、学校とかいろいろある中で、事情が全然違って。芸大の場合は、近代合理主義に対する疑問っていうもの。あるいは、美術のカリキュラム、音楽の歌唱法、その他について、いろいろ「どう？　ちょっとまずいんじゃないか？」と言っていくんですが、それはそれで。学校なり学部なり、違うんだけど、当時、全国全共闘なり、全共闘運動がダメになっていく時に、みんな文化革命支持になっていくのに対して、僕といっしょに動いてた人たちは、そこに入らなかったんですね。今いろんなことがあってデリケートに動いてるんですが、抽象的に言うと、国がやることに、基本的に「正しいことはない」と僕は思っていたんですね。ソ連の社会主義と言われているものがまさにそう。そう思ってたので、当時の中国政府が「いい」というものを無条件に「いい」と言えないことがあって、芸大全共闘は全国全共闘から外れ、「文化革命に関しては、ちょっと疑問だ」と言ったので、コテンパンに殴られて、という中で、一〇〇人や五〇人は孤立しながら、でもデモには常に出ていく。でも、みんなと違う。国が「いい」ということには、疑問に思った方がいい。これは、非常に美術的な考え方です。

　でも同時に、当時、みんなたまたま先輩だどうだということで、党派やグループに入る。たまたまの偶然でしかない。でも、それぞれが「正義だ」と言う。自分が正しいということで、他の学生を折伏する。それに対して、僕は最初から疑問です。つまり、人を運動に参加させることは絶対にやめようと、芸大の時から思ってました。自らやることに、一緒に人が関わってくれればいい。同じようにやろうということは、基本的にやらない。それは、今も同じです。人も当てにしないけれど、人がいなくてもいいという感じで、自分がやっていくと思っていて。その時に、みんな正義の戦いをしているんですね。自分は正しいから、それを説得する。自分は正しいと思っていることに加わらない人は敵だ、となる。立場は違うだけだし、考え方も違うから当たり前なんだから、みんな違うと思っている時に、そういう正義の戦いをやらないと決めた。何をやっているかというと、行政と仕事をすれば、税金を使ってるから全員反対側に回るんですね。要するに、こういう活動する時に、行政にお金を出してもらってるからには全員反対に回る可能性がある。それがチャンスだと思ってるんですね。つまり、「意見が違うのは当たり前だ」と。意見違う人が文句を言い、同じ土俵にどう乗るかということしか、何かが変わっていく方法はないんじゃないか、と。意見、立場、生まれ、育ちが違う人を折伏するなんて恐れ多いし、それは不遜だと思う中で、行政にお金を出してもらっていっしょにやりながら、みんなが文句を言うチャンスとして活動して、成立していけば、現実的になっていくだろうと思います。「いい」と言うのは勝手だけど、同時代の人たちに「なんでこんなくだらないことやり始めたんだ」とか「あまりにも政府べったりじゃないか」とかいうことを含めた美術性を、日本はずっと持ってないと思っていた。同時代性をどう持つかというのがないと、美術ってどこにも足場がない。空中の美術界で評価が決まっている、ということは、非常に良くない。「これは好きだ」「これはくだらない」という中に入っていくチャンスはないと思っていて、パブリックアートにシフトしていったんですね。つまり、街に作品を作ると誰でも見るから、「こんなの嫌い」とか「犬がおしっこかけてもいいよ」とか思うわけですよ。美術館にある限りは誰も見ないから、わずかな人だから、守られてるわけですよ。ファーレ立川をやり出す時にいろんな人が文句言うことは、やっぱり作家にとって貴重だしありがたいと思う。行政に出来るだけお金を出させる分、ものすごい文句を言われる、と。それを現実化するのが、戦略的には、一番取れる道じゃないかというのでやってますが。例えば、「大地の芸術祭」の場合は、三年に約六億円、毎回はかかってる。行政が出してるお金は一億です。二つの市・町で一億だから、年間三三〇〇万。十日町については三〇〇〇万弱。多いといえば多いけど、一年二八〇〇万でできるんなら、こんな安いものないでしょうと思います。だけど、みんな文句言うね。お金いただけるのはありがたいけど、僕は戦略的にやってる部分は大きいです。残りの五億は何で集まってるかっていうと、異常なくらい協力してくれてる人がいると思います。必死にチケット、パスポートを売るし、必死にお金集めるし。そういう行政以外のお金を五億集めているわけです。だけど、一億もらってることが重要なんですね。住民はみんな文句言う。そういう構造の中で積み重なっていったものが重要なんじゃないか、と思います。それが生き延びるかどうか、いろんな人たちの意見とか、それに関われば、関わったものとしては文句は言うけど。「もう雨だからやめなさい」って言っても、婆さんが「あたしゃ、やる」って一生懸命パスポートのスタンプ押すのが命みたいにやってるんだけど、どういう気持ちでやってるのかっていうことを、政治家はもちろん知らない。美術をやってる人間としては、「そこを知ってうえで文句を言ってくれ」って、俺は言いたい。アーティストは自分のことを必死でやっています。今どき、自分のことを必死でやってるって美しいですよ。必死になって何かやってるおじさんとかおばあちゃんとか、なんだかよく分かんないけど一生懸命やってることを、何を根拠に批判しているのか、と僕は怒り狂ってるわけですよ。何を根拠に、どこもかしこも芸術祭だって反対してるか、本当に分からないね。行政とやるということは、いろんな人たちと関わるチャンスで、いい意味なんですよ。かかってるお金だって、他のに比べれば、たかが知れてますよ。そういう、チャンスの中で、美術界が内ゲバしてるっていうかね。美術界は〝貧すりゃ鈍する〟って、今までの苦戦していじけてた部分が、とんでもなく出てるね。「まずいぞ」と。美術界って、他の人たちにとって面白い世界になってるのに、「お前ら、面白いバカなことやってくれていいね」と言ってくれてるのに、みんな「もっと高尚なことやらなければいけない」って言ってるんだな。美術界は、本当腐ってますよ。僕は本当に、一番の戦いのところだね。今日はね。もうちょっと落ち着いて内ゲバしないようにしてますけど。

山野　この職業って、なかなか難しいところがあって。本当のことがなかなか言えないでしょ？

北川　ほとんど言ってない。

山野　そうでしょう。ずっとそれでやってるんだろうなって、横で聞いてて思いました。規模は違うけど、一応同業なので想像はつく。話ははしょりますけど、一九七一年くらいの時までは東京にいたんだけど、「もうこんなのは嫌だ」と。「アーティストになりたい」って福岡に帰ったんですね。帰ったんだけど、状況が何もないので、全部作らなきゃならなくなっちゃって。ギャラリー作らなければならない、若い人にアートを教えなきゃいけない、とか。冊子も作ろう、とか。ありとあらゆることをやってる間に、自分はいつの間にかアーティストという職業ではなくなってしまって、今に繋がっています。そうなると、アーティストを生かすために、誰かが最低一人は黙って、いろんなことをやらなければならない。例えば、頭を下げて企業にお金をもらいに行かなきゃいけないとかですね、なんとかして資材をタダで手に入れたいとか、そういう役割。ずいぶん前に、フラムさんと借金の話をして、それって、誰かのところにしわ寄せが行って。借金って、お金を作る方法の一つでもあるわけですよ。そこでいろんな駆け引きをしてお金を作ってとか、悪く言うと、親を騙してでもお金を作っていかなければいけないんですね。その中で、この仕事をしているのがよく分かるというか。

北川　誤解を招くとまずいんだけど、いまの山野さんの話から言うと、二〇年前と変わってきていて、借金をしてでも予算を増やすということは、今のＩＴ起業家にとっては最高の起業だって言ってるね。それが本当の仕事にアートはなるんだ、と。ギャラリーやって高く売ってどうだという話ではなくて、山野さんとかいろいろなところでやっているアートで動いている活動そのものが、大きな事業として成り立つということが、もしかしたら大きな成果になっていくんじゃないかと思います。その辺でちょっとしたアイディアでやるＩＴビジネスよりは、全然大きな本当の意味で一業種一社しか勝てない世界になってきてるから、儲かるところにお金は圧倒的に行く。日本の企業もポツポツは持つかも知れないけど、ナンバーワンじゃなきゃ持てないっていうのが、グローバル経済の基本的な原理。一番効率のいいところにお金がある。ビル・ゲイツたちがやってるのが、医療と難民です。お金をね。彼らは、そこら辺のと違って、何桁も違うお金持ちなので、コレクションに興味ないんです。社会にいいアートがあれば十分で、彼らはもしかしたら、地域づくりに関わるようなアート的なことにお金を出したらいいんじゃないかって動きに入り出したね。世の中変わる可能性ありますよ。美術に対する、いわゆるコレクションじゃなくて。いろんなことについて真面目に討議したいんだけど、地域ってこと以外に、私たちがリアリティ持てる世界があるんだろうか、と。自分が関わる細やかな世界の中でやる以外に、少しでも気持ちよくやるとしたら、地域しかない。一回りしてここに来ている大金持ちも、そう思い出した。「いろんな形でやってきても、なんの意味もないんじゃないか」と。生活文化の表れである美術が、もしかしたらとんでもない可能性を持つかもしれないということを、金持ちたちは、コレクションをするというよりは、そういう形で、美術的活動に興味を持つ動きが出始めたという、信じられないようなことが起きてると思いますね。昔は情報がいかなかったから、ブリューゲルとかみんな苦労して生きていくわけですが、今や、アーティストは苦労はするんだろうけど、とんでもない形で何かに変わるかもしれないってところに、世の中はきてるって僕は思ってるんです。その時は、ある意味で爽やかじゃないといけないし、逞しくもないといけないし、優しくないといけない。だけど、美術界はひ弱でいじましくて、本当に内ゲバ好きだし、人の悪口陰で言うの好きだし。そんな中から面白いもの出てこないなって思う。

山野　すみません、そんなに悪口言われてるんですか？僕も言われることはありますけど、そこまでかなって（笑）。

一昨日、藤田直哉さんのお話があって、『前衛のゾンビたち』という文章を書かれたんですけど、ストレートに、「ゾンビというのはフラムさんだ」と言われました[★1]。前衛というのは、どうやら六〇年代のことらしいんですね。六〇年代を体験した人たち、人たちじゃなくて、フラムさんが、今、不死の体を得て、地域に浸透しているという。彼の言い方を正確に伝えられるか分からないんですが、境目が曖昧なものが、彼にとって地域アートってものらしいんです。要は、どっからどこまでが作品で、どっからどこまでが作品じゃないか。「これがアート」だっていうのが、彼はやはり評論家ですから、そっちの方にこだわりがあるのでしょうが。なんとなく先送りになってて、「地域アートにおけるアートの概念とは？」ってところまで、まだたどり着いてないのかもしれない。議論されて、ちゃんと整理されないといけないんじゃないかな。批評の言語はもう作られないといけないんじゃないかという意見だと思う。

彼は自分の言葉で一石を投じることで、いろんな人たちがいろんな意見を述べるだろうと思ったら、誰も言ってくれない。「投げるだけ投げて、後はみんな黙ってるわけ？」って。

北川　アーティストが場そのものに変わってきてる。キャンバスそのもの自身がある。ヴィトゲンシュタインがやろうとしたのが、平らな均質空間でいろいろなことをやろうとしてもダメなんじゃないかって。現実というのは、ザラザラした地べたなんだ、と。ザラザラした地べたに対応する何かをもう一度作り上げないと、自分が言った、抽象的な感じじゃダメなんじゃないかと言ってるような気がするね。

山野　昨日のプレゼンの中に、シンガポールの方が、香港で、インドネシアの方を集めて読書会をする話があった。そのインドネシアの皆さんが、下層労働されてるんです、香港で。実は、その人たちが、自分たちで本を書くということで、これが一種のアートプロジェクトとして成立しているんですが。これは別に、ビジュアルアートでもなんでもない。本を作って、インドネシアに持って帰るとね、僕びっくりしたんですけどね、インドネシアではハードカバーの本は禁止なんですって。表紙を外さなきゃいけないって。せっかくデザインしても破って、って話もあって。そういうの含めて、ストーリーというんですかね。そういうのが見えてくると、それって別にアートの概念を超えていくって。以前、ナウィン・ラワンチャイクンの話を二人でさせていただいたことがありますけど、彼の以前の作品は、ただお客さんとして行った場所のストーリーを取り上げて作るという内容だったんですけど、最近の作品は自分の体験を混ぜるようにしているんですよね。どこからどこまでが自分の話で、どこからどこまでが地域の話なのか、境目がなくなる。それがすごく面白いんですよ。

北川　自分の父親のいるチェンマイの雑踏と越後妻有の小さい集落が一緒になっちゃってるんだよね。

山野　先程の本の話もそうなんですが、キュレーターやディレクターとして関わっている人たちが、別に特権的な立場じゃなくって、メンバーの一人としてやるんですね。自分が何かを提供してるんじゃなくって、提供していると思ったら、逆に何かを与えられる立場になるっていうか。双方向性みたいなものかな。最近のナウィンを見てると、そういうのやってるように思う。前の作品と比べると、最近の方がずっと好きですね。

北川　あまりにナイーブっていうか、単純だと思うんだけど。僕たちはお金をいただく最大の問題がある。みんな反対するわけだから。そうすると、「いかに地域に役に立つ」とか、当然僕は言うわけですよ。それを取り上げて、「アーティストが全員地域の役に立ってる」とか、そんなことで本を読めるのかと思うね。あまりに単純じゃない？　僕の役割とか、山野さんが横浜市と話す時は僕らの立場で言ってるのであって、アーティストは、「これを描くと、地域のみんなの病気が治る」とか、誰もそんなこと言ってない。そんなのが、文学評論家で大丈夫かと僕は思っちゃうの。

　文学評論家より美術評論家の方が問題だと僕は思ってますけど。現場で作品見てたりしてたら、「こんな言い方できるのか？」ってくらい、本当ナイーブですね。ちょっと心配だなあ。

山野　分かります。

僕はいろんなアーティストに、助成金の申請とかの推薦文をよく頼まれるんですけど、推薦文って必ず褒めなければいけないっていうルールがあって。どんなにこの人はすごいかって書くんですけど、これは、推薦文だから書くんですよ。推薦文だから褒めているんであって。褒めなくていいんだったら、書きようはいろいろあるんですね。お金をアーティストのために引き出すことをお手伝いさせていただくという大前提があるわけですから。

北川　やっぱり大きいのはさ、アーティストがもうちょっと仕事があったり、やれる状態にするのは、まず大前提なんですよ。それはものすごい重要。芸術祭がいいのは、仕事はものすごい生んでるわけですよ。これはやっぱり捨てない方がいいぞって思う。

山野　結構二人で自己肯定話をしちゃったので、ちょっと自己否定しませんか（笑）？

この仕事って一代限りだな、って思いません？

北川　全く一代でしょ。個人的に言えばね。うちらアートフロントって会社でやってるんだけど、ちゃんとした政策をするとか、ちゃんとしたマネジメントするところが今はあんまりないから、もうちょっとできていくと、日本の中でかなりいろいろやれるようになっていけるなと思う。もう一つは、アジア、特に中国とかでは、日本の仕組みとか学んだ方がいいなと思うから、私たちは、そういう面ではかなり経験を持っている。そういうやり方とかちゃんと残してやっていった方がいいと思ってます。

山野　それは、組織として継続していくことですね。私もそろそろ引退したいなと思うことがあるんですけど、フラムさんがまだやってるんで。引退って考えたことありますか？

北川　六〇歳になる時に、公職は全部やめることにして、会社の社長もやめて、大学とかが絡んでることも基本的には全部やめるってしてたんだけど、やめた瞬間に仕事がワーッと増えたね。例えば、山野さんが引退だって言ったら、やめた瞬間にもっと仕事増えるね。日本のいまの美術界の構造で言えばそれは非常にはっきりしてるね。

山野　そうですね。やめたいな、って思うこと、あるんですよ。愚痴ですけど。

北川　行政と関わるという意味では、僕は戦略が重要だと思ってます。ただ、今の行政は最悪になりつつありますね。前に持っていたリベラルな要素とか、文化に対して本質的に何かというより、人が来るからいいとか、なんかプレゼンテーションとしていいってことだけになってきます。言葉は悪いけど、僕がやってる芸術祭は、全部、観光というルートから入ってるね。それが地域づくりにどういう風にシフトするか大変な問題になってるわけですよ。だけど、人が来るからいいとか、そこに関して理解してやってる行政は、だんだん減っていると思うね。

山野　僕、ここに一〇年いますけど、行政の人がすぐに変わっていくんですよ。変わるたびに温度差ができていって、なんのためにこれをスタートしたのかっていう意味が、担当する人によって違ってくるというか。

北川　小さい自治体にはまだ可能性あるけど、横浜みたいに大きい自治体になると、いろんな政策のうちで総体的に決まっちゃうからちょっと厳しいね。美術として、文化としてのものは捉えられない。文化は他のものと比較にしようがない世界だから。彼らは計量可能な中でものをジャッジしたがるから、相当厳しいですね。

山野　僕も一〇年前、もっと前かもしれませんが、横浜に来たのは、ある意味魅力があったんですよ。横浜ってすごいなってところがあって。「ここまでやるんだ」とか、一民間人にものすごい権限をくれるんですね。お金を集めて来てくれるんですよ。そういうバックアップがあって、「こんな自治体あったんだ」みたいなところで、始まったのが、どうもだんだんそういう意識を持っていた人たちの影が薄くなってくる。もうちょっと違う、「どうやって人がもっと来るようにしようか」とか「どうやって経済効果を上げようか」とか、非常に真面目な話として語られるようになるっていうか。それ以上の、まず「アートって一体どういう意味があるんだ」ってところを前提にして、次にそういう話があってもいいと思うんですけど、全部すっ飛ばされてですね。今、切実に感じています。

北川　そう思う。特に、いまの事態からどうするか考えている。だけど、美術なり文化なりに関しては、将来どういう方向に行きたいんだってことだけは誰もやらなくなったね。「今の現況を便利にしましょう」とか「効率良くしましょう」ってだけで、未来のビジョンについてものを持たない。二五年くらい前は、横浜にいる人がいたら、本当に誇りに思った方がいいと思うけど、僕みたいにいろいろな公共のところと打ち合わせしてるのは、日本のあらゆる官僚組織、自治体の中で、横浜市が最強のレベルだって言われてたんですよ。だから、横浜市と建築の打ち合わせする時に、建築事務所は斎戒沐浴していかないとダメだって。横浜市の職員の方が勉強してるからと言われてた時代がある。やっぱりビジョンがそういう方向に行こうとしていた。今、将来像を持ってないよね。そこが問題なんだと思う。

山野　そうですね。横浜のお役人は、意識の高さがあって、「ここは他と違うぞ」と思わせてくれたんですよ。それが、だんだん目線が同じになってきちゃって。歳をとると余計そうなるんですけど、お役人の方が年下になってきてますよね。そしたら、ついつい強いことを言ってしまったり。来ていただいてお説教したりとか、出てくるんですよ。本当はやってはいけないと思いつつ。僕は、福岡時代にお役人とすごい大げんかしまして。そしたら次の日、全部の役職がなくなってました。喧嘩した途端に。そういう経験があるので、横浜では一切喧嘩しないようにしてるんですよ。我慢し通すのはちょっと厳しいなって思って。「なんか言わないと大変なことになるな」みたいなね。

北川　大変ですね。やっぱり横浜はいろんなこと、美術的な事とか都市計画の中で、先頭切ってたから。山野さんもそうだし、池田さんもおられますけど、大変だなと僕は思いますね。本当にビジョンがなくなったというのはあるんだけど、でもしぶとくやりながら。山野さんは人格者だからそう思われるけど、僕の場合は、もう初めから「どうしようもないガキで成長がないんだ」と思われてるから、あんまりワーワー言っても問題にされないね。もはや、そういうもんだと思ってるみたい。

黄金町、BankARTもそうだけど、山野さんの話を伺ってて、一九八〇年、九〇年のアーティストたちが、いろんな形で福岡に関わっていたことはよく分かりました。そういうものを、僕らがやってるところでもどこでもいいんですが、今、場所を超えたリレーっていうか、実際に可能になってきてるから。そういう形での遺産相続というかね。うまくやっていくことが、また戻ってきたりする。そういう、何かはやらないとダメかなって思います。

山野　おっしゃる通りだと思います。

つまり、横浜の問題は、横浜だけの問題ではなくなってしまっている。もっと大きな問題の中の一部として起こってるなって思います。

佐脇　〝場所を超えたリレー〟という話の中で、北川さんも山野さんも、アジアとの関係性を今でも構築し続けていると思います。日本国内だけじゃなくて、国を超えた繋がりもこれからますます出てくると思います。その辺り、活動されているアジアとの関係の中から、今後地域アートと言われているものがアジアとどう結びついていくのか、それに対してどういう可能性があるのか、展望をそれぞれお伺いしたいと思います。

山野　黄金町に来た時に、別にアジアをやらなければいけないという必然性はあまりなかったんです。こじつけで、ここが割と多国籍な場所だからって考えましたけど、福岡で元々そういう関係を持ってたから、そのまま持って来たというのが正直なところ。そのまま持ってきて、こちらではなかったネットワークを、黄金町という場所を利用して作ってきた、それを特色化していこうとやってきてます。

振り返れば、福岡でこういう仕事を始めたのは、元々は、アーティストをどうやって食わせるかということだったんですよ。もう、ローカルなアーティストって、全く食えないのが当たり前の状態で。この人たちに、どうやって仕事を作ろうかって。もう一つは、作品というか、アートの概念を変えたいっていうのがありました。アートの概念を変えたいっていうのは、ホワイトキューブの中にあった作品を外に出したら、それは同じ作品に見えるかどうかということをやってみたかったんですね。つまり、同じ意味を持つかということをやってみたかったんです。やってみた結果、速攻分かったのは、「同じ意味はない」と。「場所が変われば、作品の意味も変わる」と。それがいまの私の仕事にも繋がっていると思ってます。それのヒントをもらったのが、実はアジアのアーティストなんですよ。アジアのアーティストがコミュニティに入っていって、仕事をしたりとか、例えば、ワークショップ的に、お料理を一緒にするとか、そういうのもありました。そういう、今まで考えていたアートとは違う。もう一つは、手元にある、あり合わせのものでやってしまうということ。わざわざヨーロッパから材料を取り寄せてやりますとかじゃなくて、目の前にあるものを使ってやるという感覚。そういうところが、アジアのアーティストからインスパイアされました。今でも、黄金町でも、それを生かしていきたいなって思います。

北川　山野さんが言われた通りで、僕らやっぱり、町にいてもね。隣の市や町もよく知らないっていうのは、もうちょっと知るといいなと思うね。現実的に影響を与えられないけど、隣のことだったら、掃除するだけでも違うとか。隣について、私たちはあまりにも交流がないし、知らないね。日本は、本当にあらゆる関係は「お上」との関係で、いまだに考えているという大問題があると思いますね。横について知らなすぎる。横については、町でもあるし、市でもあるし、国でもそうだし、横のネットワークで物事を考えないと。少しでもフェイス・トゥ・フェイス、隣とやっていく中で、僕らはどれだけいろんなことを学べるか。頑張らなきゃいけないことを分かるか。そう思うね。先進国は全部おんぶに抱っこで、おねだりですよ。国に対して。そうじゃない何か動きを、考えていかなければいけないなとね。アジアは近いし。彼らも僕らを本当に理解しようとしてくれてるし。それはありがたいことで、その中で生まれていくものは、ものすごい面白いと思うんですね。

山野　福岡だけでいろいろやってたってことじゃなくて、全国的にあったんだろうなって。八〇年代くらいからボチボチと。福岡のことはみんなよく知らないだろうと思って、割りと紹介するようにしています。これは福岡だけの出来事ではなくて、福岡がたまたまアジアとの絡みがあって説明しやすいモデルとして使わせてもらってるところはあります。

北川　でも、やっぱり福岡からいろいろな事が聞こえてきたのは確かだね、あの時代。僕も三菱地所の建物に、呼ばれていったことありますよ。

山野　僕が、この職業でお金をもらうということになったのは、三菱地所の人に言われたからですよ。「もうアーティストはやめろ」と。「お前はこっちが向いてる」と。最初は、三菱地所の人たちが、私にお金を払ってくれてました。自分で率先してなったわけじゃないと、ちょっと言い訳をしたいんですけど。フラムさんはお金作るのうまいんだけど、なんで私はこんなに下手なんだろうって思う（笑）。この違いは一体どこにあるんだろう。教えてください（笑）。

北川　そう言われると嬉しいけど。おそらくチケット一枚、切符一枚売る。かなりの部分で、丁寧にやり続けてきたことだと思います。それしかないかな。

山野　確かにおっしゃる通り、私はそんなにやってないと思う、自分で。

北川　それと、僕はシンポジウムで暇な時に計算するんだけど。いわゆるアートツアーを僕は三〇〇〇回以上やってるんですね。ということは、人生の一〇年間は、ツアーをやってるんですよ、作品説明で。バスのガイドさんも顔負けくらい「あれを見てください！」とか一生懸命やってたんですね。そういうのもあるかもしれない。

山野　私の努力が足りてないというのが、今のお話でよく分かりました（笑）。これから、遅ればせながら、頑張ります。

佐脇　ありがとうございました。北川フラムさんと山野さんに、みなさん拍手をお願いします。ご来場いただいた皆さんも、長時間ありがとうございました。

北川フラム
一九四六年新潟県生まれ。東京芸術大学美術学部卒業。アントニオ・ガウディ展、ファーレ立川アートプロジェクト等をプロデュース。アートフロントギャラリー主宰。大地の芸術祭、瀬戸内国際芸術祭他の総合ディレクター。

★1　シンポジウム「まちに出たアートはどこへ向かうのか」は二〇一七年九月十六日〜九月十八日の三日間にわたり開催した。

3-8 黄金町のまちづくり──鈴木伸治

まちづくりの面では二〇〇八年の「黄金町バザール」開催以降もハード面の整備が進み、近年は民間による投資も行われるようになってきた。

当初、日ノ出スタジオ、黄金スタジオの二つだったスタジオについては、第二期の整備も行われ、ギャラリースペース（Site-A、コンテンポラリーズ設計）、NPO法人黄金町エリアマネジメントセンターのオフィス（Site-B、STUDIO 2A 設計）、アーティストが利用可能な工房（Site-C、高橋晶子＋高橋寛／ワークステーション一級建築士事務所設計）、地域住民の会合にも使うことができる集会施設（Site-D、小泉アトリエ設計）そして「かいだん広場」が文化芸術を含むさまざまな活動の拠点となっている。Site-A〜D の設計にあたっては、先行した黄金スタジオ・日ノ出スタジオと同様に住民とのワークショップが開催され、それぞれの建築家が意見を参考にしつつ、設計を進めた。全体はNPOが中心となってコーディネートがなされ、黄金町でのアーティストの活動の状況やニーズも反映させたものとなった。

かいだん広場については、協議会内に「チーム広場」というグループができ、横浜市の「ヨコハマ市民まち普請事業」に応募して、採択されたことで整備された広場である。

このまち普請事業は市民が要望する具体的な計画に対して、専門家が審査し、選ばれた計画に市が整備費用を助成するというユニークな制度である。設計は長期レジデンス中であった建築家の西倉潔氏が担当し、計画段階からNPOスタッフとともに住民の活動を支援し、具体化させていった。土地は京急から無償で横浜市が借り受け、市がNPOに無償貸与し、チーム広場が助成金の獲得から整備

かいだん広場
ヨコハマ市民まち普請事業
お披露目会の様子
（2011年8月14日）

までを行うという官民で協力し合うスキームである。市からの助成金約五〇〇万円があるとはいえ、十分な金額ではなく、塗装作業は住民が参加するなど、多くの関係者の協力でできた手づくりの広場である。

完成後は、朝市やバザール、コーラス、舞踏、演劇など様々なイベントや活動で活用されている。日常的には、子どもたちの遊びの場にもなっており、黄金町のアーティストたちが運営している黄金町BASEの作業スペースとしても使われている。この黄金町BASEの活動は地域のアーティストの創作活動から生まれる廃材をつかって、子どもたちが工作を行うもので、広場が子どもたちのアトリエとしても使われている。

このかいだん広場が面している小規模店舗群は売春が公然と行われていた当時はもっともにぎわった場所であり、通学路に面していながら裸同然のコスチュームの女性たちが朝から店頭に立っていた。そのため通学路の変更が議論され、これがきっかけとなり協議会の活動がスタートしたのである。

ちなみにこの通りは有名な店舗名からとって通称「パフィー通り」と呼ばれていた。レジデンス小説家の阿川大樹さんの『横浜黄金町パフィー通り』という実録小説のタイトルにもなっている。

大学の研究室では地域住民と学生による地元学生会議というのを継続的に開催し、すでに一〇〇回を超えている。参加者は年配の女性が多いが、そのなかでも、かいだん広場の使い方については頻繁に話題になる。できた当時は、この「パフィー通り」に面した住民手づくりのかいだん広場で子どもたちが遊ぶ風景は、当時を知る人たちにとっては考えられない風景であると何度も聞かされたことを記憶している。

ネガティブなイメージの払拭から

二〇〇八年に黄金町バザールが始まり、少しずつではあるが、地域のイメージは変わり始めた。とはいえ近隣の人にとっては、行ってはいけない場所として子どもの頃から教えられていた場所である。この地区の周辺に立つマンションのほとんどは最寄駅が黄金町駅であっても「伊勢佐木」「阪東橋」などの名称がつけられていた。ところが最近は「黄金町」という名前のついた建物もポツポツと見受けられるようになった。私の研究室では二〇〇八年から地域の歴史やまちづくりの活動をまとめた「黄金町読本」という冊子を三回（二〇〇八、二〇一〇、二〇一四年）にわたり作成して配布しているが、ある時大岡川の対岸側の新築マンションの販売関係者から冊子を提供してほしいとの依頼があった。話をしてみるとファミリータイプのマンションの購入相談者から現在の黄金町の状況を知りたいとの希望が多く、地域の歴史や取り組みの経緯を知りたいとのことであり、冊子を提供することとなった。

学生たちの活動

こうした変化が起こっていくものの、空き店舗だらけで人通りもない、地域の住民にとっても日常的に足を踏み入れることのない場所をどうするか、これをどう変えていくかというのが、学生たちの活動のテーマとなった。毎年、学年ごとに企画をたてて活動していくが、その歴史を簡単に振り返ってみたい。

二〇〇八年の黄金町バザールの際には、ほとんど休憩と飲食の場所がなかったため、小規模店舗をセルフリノベーションした小さなカフェの運営、大岡川沿いのプロムナードに人の流れをつくるためのパラソルショップの企画運営を行った。また、小さなカフェでは大学院生の発案で周辺の卸売店舗からデザインがよい、ユニークな商品をセレクトして販売し、小さな地域ブランドショップも運営した。この活動は地元の商店や住民の方たちと繋がるきっかけになり、数年はこうしたコミュニティカフェの運営を行った。当時は黄金町に気軽に休める場所も少なかったため、小さくとも貴重なスペースであった。

その後、アートイベントだけでは地域の住民が高架下周辺に来るきっかけにならないとの意見がでて、地域の人たちが集まり、地域のいろいろな店舗の提供する料理を皆で食べるという交流イベント「隣人祭り」や、震災復興支援の意味も含めて、気仙沼のさんまを焼いて食べる「さんま祭り」を町内会の人たちと開催した。

こうした中、千葉県大多喜と横浜を往復している女性から、大多喜で市場に出ていない野菜をコガネックス・ラボで販売したいという申し出があった。この販売については口コミで近隣の住民にひろがり、井戸端会議のような交流が生まれていった。学生たちもこれをサポートしながら地域住民と交流していった。その後、売れ残りの食材をつかって、ワンコインの食事を提供する「きらく亭」という活動に広がり、単身の高齢者や、レジデンス中のアーティストなどが食事しながら交流する機会にもつながっていった。

隣人祭りについては好評ではあったが、NPO法人が、地域住民との交流の機会を増やす目的でワンデイバザールというイベントを始め、事実上吸収されることとなった。その後、このワンデイバザールは「のきさきアートフェア」に改名して継続されている。

当初、このワンデイバザールには「産直おおたき」や「きらく亭」が出店し、地域住民間の交流機

上｜産直おおたき
下｜はつこひ市場

会となっていたが、惜しまれながらも活動を休止することとなった。しかしながら、店舗の少ないこの地域では、「産直おおたき」や地域の店舗や飲食店の販売が住民たちの交流の機会ともなっていたことから、研究室のOGである臼井彩子さんらが中心となって、「はつこひ市場」（はつこひは、初音町・黄金町・日ノ出町の頭文字から）というマルシェイベントを立ち上げて、地域の人たちの交流の機会を維持しようということになった。臼井さんは二〇〇八年の黄金町バザール開催時の大学院生であり、その後も食をテーマとした活動を続けていた。彼女の熱意で「はつこひ市場」の活動が、地元の商店会のイベントとしてスタートしたのである。現在も定期的に続いており、パンとコーヒーのお店を集める「パンとコーヒーマルシェ」には地域の内外から多くの人が集まるようになった。学生たちもこの活動をサポートしつつ、住民参加の機会の少ない子育て世代向けのワークショップの企画や、広場活用の実験を続けている。

この他にも、「黄金町読本」の製作やフリーペーパーの作成なども行っており、地域の歴史や周辺の店舗を紹介してきた。

「一〇年は活動を継続します」と宣言して二〇〇七年にスタートした活動も一〇年を超え、定期的に開催してきた地元学生会議も一〇〇回を超えた。これまでの地域での活動を振り返ると、基本的にはアートイベントを企画するNPOとは別に、地域の情報の発信、地域住民の交流の機会づくり、公共空間の活用の三つが大きなテーマであり、それなりの成果を残せたのではないかと思う。

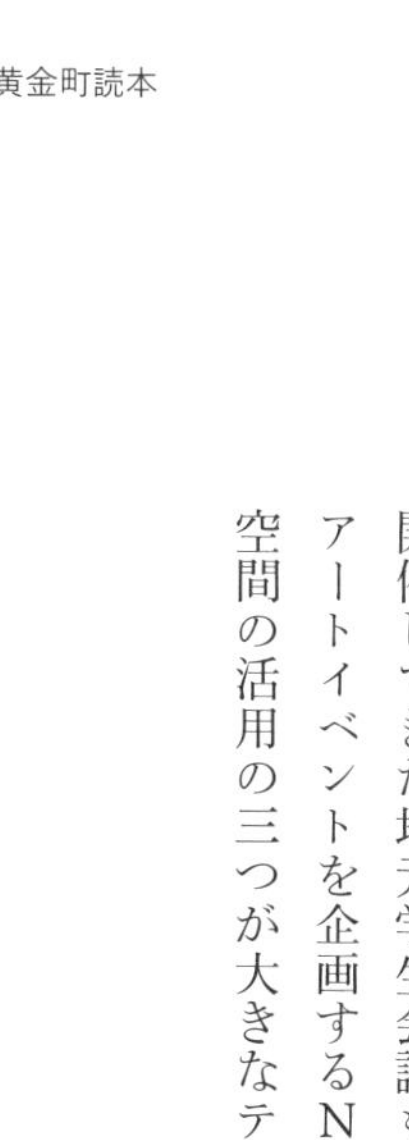

黄金町読本

まちの変化

二〇〇五年のバイバイ作戦以後、さまざまな活動が行われてきた。大岡川沿いのプロムナードは多くの人が歩くようになったし、大岡川では平日の朝からスタンドアップパドルを漕ぐ風景も見られる。この変化は勝手に起こったものではなく、違法な売買春のまちを変えようという地域住民の意志からスタートしている。プロムナードも横浜市のハマ・ロード・サポーターという団体の認定を受けて、地域の皆さんが継続的に清掃を行なっている。SUPステーションができたのも、さくら桟橋を管理する地元住民が外の団体を快く受け入れたことからスタートしている。現在では利用者中心に大岡川・川の駅運営委員会が組織され、地元住民と利用者が協働して管理する体制ができあがっている。

また、この地域では街のイメージが変わったことによって、マンションなども売れるようになり、地域の人口は確実に増えている。日ノ出町、初音町、黄金町の三町内会の人口を二〇〇四年と二〇年で比較すると一六年間で二六一〇人から三九七七人へと一三六七人、約五二%増えている。人口の増加が単純に活性化に結びつくわけではないが、日常的に大岡川沿いを散歩する人の数も大幅に増え、新築マンションの住民の中から黄金町バザールのサポーターとして活動する人たちも現れている。

地価については、近年上昇傾向にあるが、周辺地区から飛び抜けて上昇しているわけではない。賃料の高騰によって居住者が転出を余儀なくされるという状況も生じてはいない。いわゆる民間投資が集中してジェントリフィケーションが起こっているというほどに地域経済が回っているわけではない。ここで商売をし、ここに住みたいと思う人が一定程度増えなければ、また元のまちに戻ってしまう可能性がある。そこが大きな問題である。

しかし、こうした状況にも変化の兆しが見られる。二〇一八年にはTinys Yokohama Hinodechoがオープンした。黄金町のＮＰＯでは継続的に京急に他の高架下区画の活用を呼びかけ、提案を行ってきた。そうした議論を踏まえて、京急が誘致したのがタイニーハウス（移動可能なモバイルハウス）のプロジェクトを多く手がけ、新しい暮らし方を提案するYadokari社であり、カフェとタイニーハウスを利用したホステル、スタンドアップパドル（ＳＵＰ）のステーションを合わせた複合施設が完成した。また、二〇二〇年には日ノ出フードホールがオープンし、少しずつ日常的なにぎわいが生まれつつある状況である。コロナ禍の影響もあり、商売としては厳しい状況に変わりはないが、少しずつこうした活動が定着していくことに意味がある。

二〇二〇年からは新たな高架下の区画を活用するためのワークショップ「黄金町ロックカク」プロジェクトがスタートし、地域の内外からの参加者が高架下活用の可能性について話し合った。少しずつ、着実にではあるが、変化は起こっている。

一方で、小規模店舗についてはどうか。二〇〇五年のバイバイ作戦が開始された頃、その数は二六四件であったが、そのうち八六件は取り壊され、マンションや駐車場へと姿を変えた。残りのうち横浜市が買い上げたのが三件、借り上げているのが九一件（二〇一七年）である。残り八〇件強はいまだに空家であったり、レンタルルームなどに利用されている。

今後は市の借り上げ期間が終了した小規模店舗が増えてくることが想定され、こうした物件を以前のような小規模店舗としての利用に戻さないための方策が必要とされている。

これまでレジデンスをしていたアーティストの中には、レジデンス期間終了後、民間の物件を見つけて定着しているアーティストなども増えており、民間ベースのリノベーションを進めていくための試行が官民に求められていると言える。

インタビュー　谷口安利

戦後の黄金町の風景

昭和四〇年頃の黄金町のまちは、いわゆる売春街でしたが普通に近いまちでした。お菓子屋や八百屋、洋服の仕立て屋などごく普通の店の中の何パーセントかが建前は普通の飲み屋という商売の店でした。そのお店のオーナーは初黄町内会の一員でしたし付き合いはあって、服部三郎さんという地元の方が自分たちの商売をきちんと弁えた付き合いをしてくれました。お祭りの時には寄付金や奉納金を出したり、飲み屋の女性が神輿を担ぐという仲だったし、積極的にまちや町内会の事業に参加してくれました。服部さんは人間としての義務はしっかり果たさせようという意識がすごく強かったみたいです。だから単純に売春で商売をやるのではなくて地域の行事にも参加するし、納税組合をつくって国への税金を納めることもきちんとやっていました。私が言うのも変だけれど、許しというか参加する資格をきっちり持とうという認識だったと思います。いい商売だったかどうかは分からないけれど、こうした体制が崩れたのは、阪神淡路大震災の後に高架の耐震補強工事でお店が全部外に出されてからです。全く違った環境になりました。ヒロポンだとか麻薬の温床だったことは間違いないですけど、ある時期までは普通に近いまちでした。

いい商売になるということでじかにやくざが店を出し、組合事務所も暴力団の関係でいろいろ嫌がらせを受けるという状況だった。ペンキをまき散らされたり、最終的には壊されたりという状況があったらしいです。高架下が塞がれてそういう変化があった。

黄金町という名前は世間では「売春の町」という扱いでした。自分たちは地域に対して自信は持てないし、当時私たちの小さい頃には黄金町の住所だと丘の上の方の学校に入るのも断わられたという噂が流れていました。それから結婚もできなかったとか、すごく良くない印象でした。自分たちは普通のまちだと思っているけれど世間の評価は全く違う。お互いに口では言わないけれど、格好悪い、みっともない、恥ずかしいまちという印象を重々感じていたと思います。

アートに対する地域の反応とまちの変化

バイバイ作戦の後、アートイベントをという話が出てきた時は、正直全く見当がつかなかったです。ちょうどそのころ全国的にアートの仕掛けで誰も来ないようなところに人が来ることがあちこちで始まった時代でもあったと思いますが、時間がかかってしょうがないな、できるのかなと思いました。だから地域の中ではアートに対する話はあまり聞いたことがなかったです。まちが変わっていって、「商売にならなくて困った」というこぼし話は聞いたことはあるけれど、それが反対なのか賛成なのかはわからない。どういったことがアートでできるのか、普段肌に触れるようなものじゃなかったから損得もなく、少し様子を見る感じの人が多かったと思います。

「黄金町バザール」が始まってからは、住民の（アートに対する）興味は湧いてきたと思います。でも、残念ながら今バザールをやっていても地域の人はあまり来ないし、住民の間でとりあげてあそこをどうするかという先の議論は一回もしたことがないので、恐らく「こんなのをやって何ができるだろう」という感覚はまだあると思います。一人一人に聞いたわけではないけど、関心のある人とない人で塗り分けられていると思います。ただ、他所から人が来てくれるということは自然と安心感に変わっていったと思います。よく「どうしてアートなんですか」と聞かれることがあるんですが、私としてはアートだと商売にならないからだと思っています。要するに行政の割り振りで決めている中で、有利な商売になるようなものを連れてくるわけにはいかないと理解して説明をしてきました。

自分自身が「黄金町バザール」を自分のまちで開催していることを他所にアピールできるようになったのは、アートに対して「こういうものか」とはっきり肌で感じて分かってきてからです。「面白いぞ」って外で言えてその中に一人自分が入っているんだということは気持ち的には誇りに感じます。ただ何も知らない人に説明するのは本当に難しい。

二〇一七年一〇月三日実施
インタビュー：寸田青葉、鈴木伸治

谷口安利
二〇〇三年〜二〇一七年　初黄日ノ出町環境浄化推進協議会副会長
二〇〇九年〜二〇一九年　NPO法人黄金町エリアマネジメントセンター副理事長
二〇一七年〜二〇一九年　初黄日ノ出町環境浄化推進協議会会長
二〇一九年〜　初黄日ノ出町環境浄化推進協議会顧問

インタビュー　一ノ瀬成和

大岡川桜まつりの開催と地域のつながり

僕とまちとの関わりは「大岡川桜まつり」（以下、桜まつり）と切っても切れないような関係の中でスタートしています。そもそもなぜ桜まつりが始まったかというと、親父の世代の日ノ出町町内の人たちが地域活性に対する意識を強く持っていたからでした。私が認識しているのは、一九七二年に親父たちの世代が（日ノ出町駅の）特急停車推進のために泉岳寺にあった京急本社へ陳情したんです。京急もそんな簡単に了承することはなくて、この話はそれでもって切れてしまいましたが、（日ノ出町に立ち寄る利用客を増やすために）こうしたお金儲けの商人的発想からのスタートでした。その後、日ノ出町を行きたいと思えるような場所にするために一案として始まったのが「大岡川フラワーフェスティバル」です。第一回目（一九九三年）の「大岡川フラワーフェスティバル」はそれほど大々的なものではありませんでした。野毛のまちづくり会に協力を依頼して資金供与したり、川沿いでスタンプラリーをやりました。当時は朝から売春の営業が行われていて、ランジェリー姿の女性たちの姿にスタンプラリーに参加する人はみんな目をまん丸くしてびっくりしていました。第二回目は横浜市都市整備局都市デザイン室の協力を得て、長者橋のライトアップを行いました。一回目の開催に比べると老松中学校や地域が大々的に参加して盛況でした。その後に、町内からカタカナではなくて親しみやすい名前にして欲しいという要望があり、三回目から「大岡川桜まつり」という名称になりました。最初は桜が咲こうが咲くまいが関係なく開催していましたが、桜まつりと名乗ると「桜が咲いてないのに何でやるんだ」とか「雨が降ったのにやるのか」などクレームを受け、最初は開催する意義はあまり感じられなかったです。でも、何回か繰り返していくうちに少しずつメディアに取り上げてもらったり、自分の立場を客観的に見れるようにもなってその疑問は段々となくなりました。

僕は桜まつりで関係性の維持についてだいぶ勉強させてもらいました。地域は地域ごとに考えが違うということを理解しておくことが重要です。見方によっては、お前は本当に八方美人だなと言われることがあるんですけどね。お互いが知り合って理解しあうというのは難しくて、日々の声掛けからのスタートでした。地域の一部の人が分かってくれても他の人が分からないということが多いですが、そこをまず崩さないといけないと思います。

まちとアートのコミュニケーション

率直に言うとアートのまちとかアーティストとかということに対する抵抗感がありました。アートの種類にもよると思いますが、最初は距離を置いていました。アートに対して理解をしようという住民側の意識もそれほど高くはなかったです。アーティストに対する説明も不足していたのか、双方にコミュニケーションの努力が欠けていたように思います。だから今一緒にまちの活動をしている住民の中でもアートに対する理解がいまだに不足しているというところがあると思います。地域を盛り上げていくには賑わいを取り戻すのが必要なことです。アートによってその賑わいができないわけではないですが、黄金町バザールやトリエンナーレのような目立った形は日常的なことではないんです。

ただ、今では女性一人でも歩けるようになってきたことは成果だと思います。このまちに七〇年近くいますが、裏通りは地元でも歩かない方がいいと言われていて、「わー」とか「きゃー」とか「泥棒」なんていう声は毎回のように聞こえていましたから。

地区協定やまちづくりの協定は結構規制力はあるんですけれどそれは旧建物に対しては効力がないんです。新しい建物がなくて、そうするとこれからまちの建物自体が満杯状態でスペースがだんだん少なくなって古いものが転用されるケースが多くなると危険も大きくなるんです。ちょっと油断すると簡単に戻ってしまうから、常に状況を見て考えていかないといけない。今回この地域は超例外的に警察もやむを得ず関わってしまった。いつまでも警察力に頼るわけにもいかないだろうと思っています。そのためには、なぜこの活動が発生したのかという根本的なところを共有しないといけないと思います。まずは基本的なところを認識できる範囲で理解する努力を、現在主力で動いている人たちにやってもらいたいなと思っています。

二〇一七年七月三一日実施

インタビュー：寸田青葉、鈴木伸治

一ノ瀬成和
1995年〜2020年　大岡川桜まつり実行委員会委員長［★1］
2013年〜　初黄日商店会会長
2019年〜2020年　初黄日ノ出町環境浄化推進協議会部会長

★1　大岡桜まつり実行委員会は、新型コロナウイルスの影響などがあり、二〇二〇年九月に解散した。

インタビュー　高畠美保

まちの子どもたちの安全を守るための覚悟と恐怖

私は一九八六年の夏に結婚して黄金町のエリアに引っ越して来ました。主人が学生時代からこの辺に詳しかったので、映画「天国と地獄」に出てくるように実はあまり良い環境ではないという話はちらっと聞いていました。でもそれが実際どういうことなのか、その時は分かっていませんでした。結婚してこちらに移って来て、生活圏の一部である伊勢佐木町の方へ買い物に行くとき、高架下の辺りは昼間でさえ異様な雰囲気が左右に広がっていました。子どもたちが言う「お化け屋敷」のような状況でした。

私がＰＴＡ活動を始めた当時はマンションが少しずつ建ってきていて、新しい住民が学校にも増えてきていました。でも、皆さんはエリアの状況を全然知らずに来ているから、通学路の状況を改善するために学校として何も手を打たないのかという意見もちらほら出始めていました。そんな話をしているときに、地域住民の谷口安利さんから「もしかしたら危ないことかもしれないけど、ＰＴＡや学校の協力体制で学校の子どもたちの安全に対して何かアプローチすることができないか。警察や行政も協力してくれるという話なので、改善の方向にスタートを切りたい」と相談がありました。ＰＴＡだけれども、私の一存でいろんな人を巻き込んでもし何かあったら怖いから、まずは私個人として子どもたちのために参加することにしました。活動はＰＴＡでありながら、自分の自己責任で一緒にやっていくことに決めたんです。危険性を考えると他の方々には参加して欲しいとは一切言えませんでした。その後、谷口さん（当時　初黄町町内会長）、杉江さん（当時　第一北部連合町内会会長）、小林さん（当時　日ノ出町町内会長）、私の四人で各所に説得や調査、嘆願に行ったりしました。

しかしあまりにも根が深い問題で、素人ではどうにもならないというのが現実でした。そこで、中区区政推進課からの手助けを受けながら、地域住民と一緒に勉強会をすることになりました。何が問題で、何が自分たちにとって不利益なのかを整理して、将来的にどうしていきたいのか、そのためには何をしたらいいのか。それらを掘り下げて考える勉強会を約一、二年近くやったように思います。月に一回程度は必ず集まり、皆さんの考えがだいぶ整理されました。ちょうどその頃、前横浜市長が地域ごとに回る「シティフォーラム」が中区の開港記念会館でありました。二〇〇三年頃だったと思うんですが、そのときのテーマが

「まちの安全」に関することで、活動にも一致するので出席しようという話になりました。そして、おそらく保護者や学校という立場から意見を伝えた方がみんなに響いて効果があるんじゃないかとなり、当日は発言をしました。ちょうど横浜がＹ１５０に向けて動き始めていたこともあり、主な会場がみなとみらい周辺になるということで、黄金町を今のまま横浜の一部として残していいんですか、子どもの安全を考えなくてもよいのですか、などいろいろ発言しました。今地域が立ち上がっているから、ぜひ横浜市や県警の力を貸して欲しい、私たちのできないところを法的な面でバックアップして欲しいと訴えました。そしたら、期せずして会場で拍手喝采になりました。いろんな人が何とかしたいと思っていたんですね。前市長もしばらく黙っていましたが、県警にも要請していろいろやっていきましょう、とみんなの前で約束を取り付けた形になりました。そこから神奈川県警の協力もお願いできて具体的に動いていくことになります。

最初は警察からの提案でパトロールという名目で入っていきました。当時は今みたいに子どももお母さんたちも参加できる状況ではなかったので、関係者の一部と勇気のある人だけ参加しました。毎月二七日を防犯パトロールの日と決め、日ノ出町の下の交番（現在のサクアス横）に集合して出発しました。そのときは、パトロールをしているという形を取るためにジャケットを着ていくことが大事でした。偵察を兼ねて、谷口さん、杉江さん、小林さん、あと町の人たち数名の五〜六人の少人数で継続的にパトロールをしました。

伊勢佐木警察署が前後左右固めてがっちりついてくれていましたが、みんな恐怖心を抱きながらパトロールをやっていたと思います。遠巻きに嫌がらせを受けながら歩いて、解散した後に尾行されるんじゃないかとか、もう後ろを振り返り振り返りの毎日でした。本当に今では考えられないような怖い思いをしながらパトロールが始まったんです。当然顔も覚えられてしまうし、調べようと思えばどこの誰かはすぐに分かる。無言電話がかかってくるし、自分の娘が誘拐されないかとか、自分の家に何かあるんじゃないかとか、最初は本当に怖かったです。

まちの変化と子どもとの関係

当時の高架下の雰囲気は子どもたちにとっても近寄りがたい場所で、何となく危ないところは近づかないと危険察知をしていたようです。でも、通りに入らなくても特殊飲食店は通学路に面していました。現在かいだん広場がある場所も当時は大量のゴミがいつも山のようにあり、大きなネズミがちょろちょろしていて、注射器や白い粉も出てきました。まさに「暗い・汚い・危険」な一角でした。その前を子どもたちが通学するので、勉強会ではまずそこをなんとか改善したいとずっと話し合ってきました。当時は殺人事件で大岡川に死体が浮いていたり拳銃が発見されたりしたことが新聞に掲載されることもありましたが、学校では売春や麻薬取引という言葉は出せないし、事実をなかなか言葉にしては言えないものでした。戦後の名残があった頃かな、高架下に売春店舗がまだあった当時は、それを生計にしていた人たちの住居もあって、そういうお母さんたちの子どもも東小学校に通っていたようです。でも高架下の子どもだからといって差別を受けるわけでもなく、普通に学校生活を送っていたそうです。このエリアは、そういう昭和の戦後史の一部がずっと残っていた地域でもあるんですね。

二〇一一年にかいだん広場ができて、その周辺のスタジオにアーティストが日常的にいてくれるようになって、子どもたちが高架下周辺で遊べるようになりました。かいだん広場だけでは、まだ子どもたちにとって危険な場所のままだったかもしれないけど、そこにＮＰＯ関係者やアーティストといった大人の目があるから、以前よりはるかに子どもたちの安全が強化されていると感じます。また、アーティストがいることで、子どもたちがいろんな体験ができるようになったことは、とてもありがたいことです。二〇〇九年に東小学校はまっ子ふれあいスクールのチーフとして着任して以来、まちにアーティストがいる良さを生かしたい、子どもたちに本物の体験をさせてあげたいと思ってやってきました。学校ではなかなかできないことを体験させてあげることも私たちの使命なのかなと思っています。いろいろなことを体験できるチャンスがあり、普段できないことをさせてもらえるのは、今のこのエリアにそれだけの受け皿があるからだと思う。その部分ですごく感謝をしていますし、このエリアが変わったなと感じています。

一方で、まだまだ特殊飲食店の建物が残っていたりして、警戒を緩めると、まちはいつでも元に戻る危険性もがあると思っています。そして我々が当時持っていた危機感、恐怖心、を次世代にも伝えなきゃいけないなと思います。それは実感として伝わらないかもしれませんが、そういう背景のある地域だからこそ、今後もみんなで見守っていかなきゃいけないんだという意識を持ってもらいたいと思います。次世代育成と言われているけど、人材を発掘して活動を続けないといけない。活動が止まると逃げていた人たちが戻ってくるわけだから。いつでも付け込まれるということもあると思う。アートの活動も住民の活動も、一緒になって活動を継続していくことが必要だと思っています。アートをいつでもやっているよということをアピールして、外からひとが集まり賑わうまちにしていかないといけない。外部の目があれば、悪いことはできないと思うので。

ここまでアートが定着した以上、もっとアートで売り込んでもいいと思います。そのために必要な建物や設備をもっと充実させて「アートなら黄金町」とか、ここで活動していた人たちがもっと世界で活躍していくための登竜門になってくれればいいなと思います。その部分でも今後も応援したいですよね。

二〇二〇年一〇月一七日実施
インタビュー：佐脇三乃里

高畠美保
大阪生まれ、結婚を機に横浜市西区に住む。三男一女の母。子どもが東小学校に在籍中、ＰＴＡ活動の傍ら初黄・日ノ出町環境浄化推進協議会の立ち上げに関わる。現在は、東小学校放課後キッズクラブで主任として勤務。

3-9 NPOのこれからの役割と持続可能性について

——山野真悟

これまでの十数年間、NPOは、この地域においてアーティスト支援、アートイベントの開催、国際交流、防犯、ゴミの問題、にぎわいの創出、経済的再生、まちの新たなイメージづくりなど、多くの役割を期待され、それを担おうとしてきた。しかしその役割は最近、少しずつ変化してきているように見える。

その大きな理由は、おそらく黄金町エリアに関わるプレイヤーの数と種類が次第に増え、多様化していることにある。この傾向は、今後さらに加速度的に進行していくことが予想され、NPOが今までこの地域で担ってきた役割を見直す時期がまもなく来ると思われる。

また、黄金町とそれを取り巻くエリアを含む地域全体の特徴は多国籍、多文化の方向へ向かっており、さらに相互理解の努力が求められる状況になりつつある。このように変わりつつある地域的特性を活かしながら、将来的には、黄金町エリアが、何か一つの業態や生活形態に収束するのではなく、多様性を受け入れ、互いに協力し、成長していく、複数のコミュニティの集合体のような地域を目指すことが新しい目標となるだろう。そして、これからのNPOの役割は、そのような「複数のコミュニティ」を、アートとアーティストの力を媒介として繋いでいくことにある、と考えている。

今後の地域の変化に対応する事業として、私はNPOが段階的にアートセンター機能を集約した形態へ移行していくことを提案したい。アートセンターは当初からNPOの将来の目標として想定されていたが、それ以前に取り組むべき課題の方が多く、現在のＮＰＯの中ではまだ断片的にしか実践されていない。

アートセンターとはアーティストの支援を行うこと、アートの社会的役割を伝え、普及すること、産業化すること、交流、研究を行うことなどを主な目的とした活動およびその施設を指している。

アートセンターが求心性と恒久性を持つことによって、アーティストおよびその他の創造的な業種に関わる人材（例：デザイン、建築、映像、身体表現、音楽、文学、研究者等）が地域に定住することを促進し、また、アーティストの自立とその職業化を目指すための経済的な環境づくりとして、若いアーティストの集積だけではなく、すでに経済的に自立しているフルタイムアーティストのための施設整備や、アート環境を取り巻く事業の誘致を行う。例えば美術教室、学校等の教育機関、画材店、コマーシャルギャラリー、大型の展示施設などの集積を図り、作品販売の促進やアーティストに対するコミッションワークの機会を増やすことを通してマーケット形成を目指す。アートセンターの存在はそのような集積のための目印として機能することが期待される。

黄金町を含むエリアに集中したアートの産業化の展開によって、これまでのＮＰＯのミッションのひとつであったアーティスト支援のための原資と、ＮＰＯ自身の持続可能性の手段を確保することにつながっていくことが期待される。そしてこれからはＮＰＯ単独ではなく、複数の事業者とともに地域の芸術産業を支えていくことが黄金町の「アートによるまちづくり」の次の過程である、と考えている。

国際交流は地域の多国籍性に対応するだけでなく、アートセンターの事業内容を更新、拡大していく上でも、大きな意味を持っている。今後はアーティストだけではなく、研究者、インターンの受け入れを行い、さらに海外の事業者、大学、行政等と連携したプログラムを導入していきたい。

古くから黄金町エリアの特徴であった商業の街としての性格と職人的技術は貴重な地域資源であり、同時にそれはアーティストにとっても、生活の基盤であり、また素材と技術が身近にあるということで、そのような地域資源の積極的な活用によって両者の連携による、新たな地域資源作りに発展することが期待できる。新しい住民でもあるアーティストが売買春以前からあった地域の商業や技術と地続きの関係を作り、共存していくことが重要であり、そのような関係作りに関与していくことがアートセンターの役割のひとつである。

黄金町で行われているアーティストの定住による地域へのアートの介入と都市再生の手法は、すでに国内外の行政やアート関係者の注目を集めているものであり、さらにこれを経済的に持続可能なモデルへと移行することがこれからの私たちの目標になるだろう。

しかし忘れてはならないことをここに書いておくが、現在でも、地域の状況は相変わらず一進一退を繰り返しており、必ずしもすべてが良くなっていると言うことはできない。いつ壊れてもおかしくない危うい環境なのは今も同じで、今後もＮＰＯを含む地域の忍耐強い活動が必要なことにまったく変わりはない。

それをやめてしまうと、急速に元に戻ってしまう。そのことを決して忘れないように。

座談会　都市とアート／地域とアート

池田修（BankART1929 代表）＋櫻井淳（(株) 櫻井計画工房取締役）＋山野真悟＋鈴木伸治

実施日：二〇二〇年六月二日｜場所：BankART Temporary

鈴木　「都市とアート」あるいは「地域とアート」という文脈でいろいろと伺いたいと思います。

横浜の話からいきなり始めるのではなく、池田さんが横浜に来られる前、そして山野さんとも以前から繋がりがあったというので、その辺りからお話を始めて頂ければと思います。

山野さんが最初に池田さんと会われたのはいつですか？

山野　横浜のBゼミスクール［★1］（以下、Bゼミ）です。池田くんがBゼミの生徒さんでした。

池田　Bゼミの学生だった時に、僕の隣の先輩学生の子が九州出身で山野さんがやっていたスクールみたいなのに属していた人だったんです。

その時の子が牛島智子さんというんだけど、彼女がBゼミにゲストを呼ぼうとしたときに、福岡の三羽ガラス（福岡市美 帯金章郎、IAF芸術研究室 山野、江上計太）というか、福岡で元気にやっている山野さんのチームを先生としてお招きしたのです。夜終わった後に飲んだりして、それで仲良くなっていった。その時に村田真（美術ジャーナリスト）さんが取材に来てくれたりもしていた。

鈴木　まだ山野さんが「ミュージアム・シティ・プロジェクト（以下、MCP）」をやってないころ？

山野　まだ何もやってないときですね。

池田　その頃に川俣さんが福岡にいってたよね。

山野　そう、川俣が福岡に来てとっても大きな影響を与えていった。

池田　僕も単独で影響を受けています。東京の家でやっているプロジェクトにすごい興味を持って。その頃に出版された「ぴあ」という情報誌（村田真さん担当）に掲載されて

★1　一九六〇年代後半に小林昭夫氏によって横浜に設立された日本初の現代美術の学習システムとして発足した私塾。二〇〇四年に終了。

いる小さな写真をたよりに展示を見に行ったりしてました。そうこうしているうちに、僕が二年生の時に川俣さんがBゼミの講師にゲストで来てくれたんです。それで受講した数人を気に入ってくれて、PHスタジオ（以下、PH）を作って一緒にやるようになった。それが一九八三年くらいかな。

山野　どっちがメインだったの？　アシスタントがメインなの？　独立してたの？

池田　どっちもですよ。基本的にはアシスタントで顔が知られていくことになりました。一番大きいのは、ヒルサイドテラスでやった「工事中」というプロジェクト。あれは完全にアシスタントとして川俣さんについた。ただ、やっぱりみんな出たいという気持ちもあって、「川俣正＋PHスタジオ」という名前がついた。「工事中」は住民に本当の工事と思われてしまって、テナントが入らなくなってすごいクレームがついて止めようという話になった。それで中止するという看板を作って欲しいと言われて。フラムさんが文章を書くんだけど、その中に「川俣正のプロジェクトは…」って書いてあって。「これはちょっとまずいな」ってみんな言って。そんな中、僕がフラムさんに直接「川俣正のあとにプラスでPHスタジオと入れてくれませんか」と言いに行った。それがフラムさんとの最初の出会いです。

山野　それで雇われたんでしょ？

池田　その後、もう少しPHが活動してからね。注目というか元気良くやっていたから、勢いが良かったんですよ。プレスにもよく出ていたんで。

山野　ヒルサイドギャラリーのディレクターをやってたのは何年くらい？

池田　一九八六年から一九九一〜九二年ですね。六年間やりましたね。

山野　一九九〇年頃に、僕がMCPをやろうと考えていて、その時参加アーティストのほとんどが日本人だったので、池田くんのところに電話して「だれか外国人いないか？」と相談をしたんです。そしたら「うちに時々くる中国人のアーティストがいるよ」と言われた。当時ギャラリー周りをしていてどこからも断られているという中国人のアーティストがいて。それが蔡國強さんだったんですよ。池田君が火薬やダイナマイトを使うとかとても過激なことを言っていたので「面白いね」と。その後、僕は黒田雷児くんと話していたんです。当時黒田君も中国のことはあまり知らなかったので、「火薬とかダイナマイトとか使うアーティストがいるらしいよ、面白そうだね」と言ったら、呼ぼうという話になりました。

池田　一緒にやろうと言ってたけど、川俣さんがNYに本当は一年ということでPHを東京に置いて出て行ったんだけど、結局二年帰ってこなくて。親が子の面倒をみないという感じになってしまい、徐々にPH単独で活動するようになった。PHは一九八六〜八七年くらいでデビューしていました。《夏の虫の家》とか《ネガアーキテクチュア》とか。雑誌にも随分出ていました。

山野　家具を作っていたのもその頃?

池田　家具は一九八四年。最初からオブジェ大賞展でメンバーの永岡るみさんの作品入賞から始まって。話題になっていました。川俣正の秘蔵っ子みたいな感じで。渋谷にLoftができた時、小池一子［★2］さんがコーディネートしたんだけど、エスカレーター上がった真っ正面に広いスペースがあってそこを全部やってくれって言われて。『家具Φ』というプロジェクトなんですけど。ボロボロの家具を再構築したものを五〇脚くらい展示した。二〜三日でほとんど売れちゃった。そのくらいバブリーな時期でした。一九八五〜八六年。そのあとは外のプロジェクトが多かった。その頃にもフラムさんに呼ばれていろいろ一緒にやったり、結構忙しい生活を送っていました。PHとアートフロントを行ったりきたり、一日二交代制でやってました。

山野さんにも誘われてMCPも何回か参加しています。

山野　一番最初の一九九〇年、そして一九九八年にも参加した。

鈴木　時代としては、都市の中にいろいろ展開していく、箱から出て行くというのは当時としてはどうですか?

山野　原型はやはり川俣正だったと思うんですよ。それを例えば行政と一緒にやったり企業から協賛取ってきたりというやり方を、それはバブルの時代だったからだと思いますけど、たまたまそういうやり方をしたのは私たちだったかもしれない。外でやるという原型は彼。外でやるのは面白いと川俣正が思わせてくれた。

池田　一九八四年にもうその原型が出てましたね。もう少し前かな、本当はね。

山野　彼が福岡でやったのは一九八三年くらいかな。

池田　僕らも外しか考えてなかった。ギャラリーや美術館でやるのは格好悪いという感じでした。だからプロジェクト自体そのものを外でしかやらないと決めてた。山野さんは行政と一九九〇年くらいからずっとやっていくんだけど、僕らは作家として単独で外に出たプロジェクトをやってた。

山野　少し話を飛ばしたけど、その前はお金がかからない場所というのが一つ（理由として）あった。空き家を探してくるとか、ビルの屋上を使えるかどうかお願いに行くとか。

★2　クリエイティブ・ディレクター、十和田市現代美術館館長

池田　どちらにしても川俣さんの影響が大きいね。ＰＨの活動もそうだし、山野さんの活動もそうだし。

山野　それと、僕は川俣がフラムさんに与えた影響も大きいと思う。

鈴木　横浜でも一九八〇年代の終わり頃に「ＹＥＳ'89ヨコハマ・フラッシュ（横浜博覧会）」［★3］とかいろいろやっていたと思いますが、その頃横浜に縁はありましたか？

池田　一九八六年に開港記念会館でやった「パフォーマンスアートフェスティバル」という南條史生さんの企画にＰＨが参加しました。一九八七年には「ライトアップフェスティバル」があって、僕らは大倉山記念館だったんだけど、横浜の歴史的建造物を使ってやったりとか。今考えると横浜の「歴史を生かしたまちづくり」という都市づくりの文脈に関わっていたんですね。それ以外では横浜市教育文化センターでのスクール講師をやったりとか。とにかく当時横浜でやる外のプロジェクトが多かった。横浜は箱としても横浜市民ギャラリーや神奈川県民ホールのギャラリーがいわゆる大きな吹き抜けを持っていて、美術館然としていない割と自由な感じがあった。インスタレーション系の作家はみんなそこで実験的にやっていた。柳幸典さんや川俣さんもそうだし。横浜はよく通った場所でした。僕もあとで気づいたけど、バルセロナ博（「バルセロナ＆ヨコハマシティクリエーション　ＢＡＹ'90」）ってあったでしょ。竹山実［★4］さんがやったのかな？　その時僕がヒルサイドのディレクターだったからアートフロントを手伝えと言われて、僕がアートフロントが出店するバルセロナの家具の紹介で全体の空間構成をやったりした。

そのあとＹＣＳ（横浜クリエーションスクエア）かな、マイケル・グレイブス［★5］なんかがやっている横浜ポートサイド地区。あのプロジェクト、フラムさんのところが相鉄と組んでコンペに入っていたんですよ。結局負けたんだけど、僕も相鉄チームに入れられて手伝った。図面を描いたり模型を作ったりしていました。今から思うと横浜の都市／まちづくりに結構関わっていたのですね。国吉直行さんがライトアップフェスティバルをやっているなんて思ってもいなかったし。開講記念会館は荒木田さん（元副市長）や秋元康幸さん（元建築局）がやっていたのは覚えている。あの時に村田さんが南條さんと一緒にコーディネートしていたり。

それからBankARTで今アルバイトしてくれている滝沢葉子さんもアシスタントをやっていた。そういう意味では縁があったんですね。

鈴木　たまたま昔の資料を探していたら、その時期に横浜はトリエンナーレの企画を考えていたりというのを盛んにやっていた。

池田　当時、そういうセンター構想というのは頻繁でしたよ。一宮均［★6］さんとかあの辺がどんどん誘ってきてた。アートセンター構想というのがあって、何かやろうとしていましたよ。

BankART1929のはじまり

鈴木　しばらくして横浜の創造都市の話がきたと思いますが、そのきっかけは二〇〇四年のBankARTの公募ですか？

池田　そう、公募。遅れて応募したので場所も見せてくれなかったんだけど。

鈴木　櫻井さんが池田さんのところに電話した記憶があるというのですが。櫻井さんは選考にも関わられたんですよね？

櫻井　コンペの事務局だったから、審査員の先生より前に事務局で出てきたプランを下準備で選定するんですよ。どうみてもＰＨのプランが一番ちゃんとしていた。あの時僕が一番驚いたのは、移動壁がうまく描けてて、面白いなと思った。その後見事に稼働していくからね。アイデアだけじゃないんだけど、中身の要求にちゃんとぴったりと、要求通りに描いてたね。

鈴木　その当時、池田さんとしては、公募がかかった時に、何ができるだろうとか、いろんな期待があったんですか。

池田　実を言うと横浜のために考えたプランじゃないんですよ。名古屋港で倉庫を使ったプロジェクトが進んでいたんですが、急に名古屋市や愛知県が「止める」と言い出して。それで当時反対運動を名古屋の作家たちと一緒にやってたんだけど、結局二人くらいしか残らなくて行政に負けかけてたんです。僕はアートセンターの構想があって進めていると思ってたのね。でも残念ながら行政には本当に何も作文がなくって。ＮＹＫよりも大きい一〇〇メーターくらいの巨大な倉庫ですよ。それをどっちいくか全くわからないまま適当に使ってたんですよ。それを役人から「君たち構想がないから」と言われちゃったんで。「じゃあ書くぞ」と思って、一生懸命どうやったらこの倉庫で何ができ

★3　横浜市制一〇〇周年・横浜開港一三〇周年を記念して開催された博覧会。

★4　日本の建築家。竹山実建築綜合研究所所長。イリノイ大学名誉教授。武蔵野美術大学名誉教授。アメリカ建築家協会（ＡＩＡ）名誉会員。

★5　ポストモダン建築を代表するアメリカ合衆国の建築家。

★6　一九八一年より、演劇の企画・運営を通して横浜の文化の活性化を図っていこうと活動してる非営利団体PAW YOKOHAMAの代表。

るかを書いてるところだった。そしたら丁度その頃、行政がものすごく強く出てきて事業を一気に切って、何も手が出せなくなった。その頃友達に、横浜で君がやってるようなことをやるコンペがあるから出しなよって言われたんです。コンペの内容を見たら本当にそうだから、名古屋を横浜に変えました。

櫻井　歴史的建築物の空間をいかに上手く使うかというのが、コンペの第一の問いなんですよね。それを解いてる人は他に誰もいなかった。

山野　名古屋で一回試行錯誤した分、先にいってたんだね。

櫻井　空間の使い方がすごくうまかった。面白かった。それを理解した人だったたんじゃないですかね。

池田　コンペが素晴らしかったと思います。僕は今でも人前で褒めますけど、横浜市の募集要項が素晴らしかった。あれはまだ大事に取ってあって、他の自治体がBankARTへ視察に来た時は必ず、「こういうの持ってますか?」って聞いてます。すごくよく出来ている。本当にアーティストの心を掻き立てるというか、頑張りたくなるようなコンペ要綱でしたね。

櫻井　審査員は芸大の熊倉純子さんと、アサヒビールの加藤種男さんと、それからメセナ協議会の角山紘一さん。

池田　あと東京ドイツ文化センターの山口真樹子さんとね。いずれにしても上から目線ではなく、一緒にやりましょう、みたいな感じで。一方で、かなり強いてくるコンペでした。お金は出さないから自分で稼げ、みたいなことを平気で言ってくる感じでね。後半は減額の要素がいっぱい書いてある。一年間で事業費の一〇%、二〇〇万ずつ落としますよって。七年経ったらなくなるじゃん!って(笑)。

それが逆に魅力的だった。じゃあ七年間である程度自立できるように頑張ればいいんだなって。そういう気持ちになった。

櫻井　北沢猛さんは推進委員の基本的考え方のベースを示していた。

池田　面接の時のこともすごく覚えてる。建物が旧第一銀行と旧富士銀行と二つあって、それぞれ一チームずつとるのかと思って、「これ二ついっぺんにやるということですか?」と北沢さんに唯一質問しました。そしたら「そうです」ってスパッと言ってきたから、要するにまちと一緒にやれということなんだなと。コンペの内容はそれを見事に表してた。建物が二つに分かれてて一チームでやれっていうのは珍しいと思いますよ。難問をこっちにぶつけられてる感じがして、すごい魅力的でしたね。まちとやるしかないわけで。歩いてる人全部取り込むしかなかった。

櫻井　要項は北沢さんとも議論して、かなり事務局で作りました。自立できること、それから他でやってないことというか、オリジナリティがものすごい高いこととか、空間の部分、歴史的建築物をうまく使うかとか。いくつか要素があったと思うんですけれども。その辺は地元にそのままいるようなやり方は良くないから、新しい力を入れましょうみたいなこともあったと思います。

池田　今から思うと嘘も書いてあったよ。「もしお金がなくなったら横浜市職員が協賛を集めて回ります」と書いてあったけど、全然やってくれてない（笑）。

櫻井　昔は三吉演芸場なんかもそうやったんだよね。風呂屋のところに演芸場を作ったじゃないですか。あれも最後は市の職員が個人的にお金を支援して成立させたんです。それくらい昔の市の職員に気持ちがあったんだろうね。

池田　市の関係はいっぱいエピソードを喋れるくらいお世話になったので感謝していますね。要所要所で何人かキーマンが出てきて、とてもお世話になってるからその人たちがいなかったらもう辞めてたかな。

山野　横で見てると結構場所を動いてるじゃない。あの気の短い池田くんにしては素直に動くなぁ、と見てました。

櫻井　タダでは動いてませんよ。すごいしたたかに動いてましたね。

池田　それは当然。劣化するような状態だったら絶対動かない。ちゃんと条件闘争はにもっていってます。

櫻井　そこがすごいよね。

鈴木　北仲 BRICK & WHITE（以下、北仲）のプロジェクトの時は、確か山野さんも入られたんですよね？

山野　そう、WHITE の方。

池田　北仲はタイミングと、オーナーの森ビルの真田年幸さんの関わりが良かったですね。ちょうど僕らも活動して一年くらい経っていたんで。初年度で四〇〇くらいのチームと活動しているわけですよ。もうすでにいっぱい友達ができちゃって。あれは奇跡的だよ。あの大きなスペースを二回しか入居者の下見会してないのに、五三組（約二五〇名）が決まったの。値段の設定も安くしてくれて。

櫻井　一平米一〇〇〇円だよね。

池田　しかも改装自由という最もアーティストが好むところですよね。ちょっと誘ったら、僕も僕も、と。あんまり気づいてないんですけど、あそこ蚕産倉庫の建物の構造が良かったんです。一階層がたくさんの部屋に分かれていて、上に行くほどでかい部屋になってるんですよ。そうすると一階二階に若いアーティストやギャラリーとか、家賃の安い連中を入れて、上に行くほどお金がある連中ね。横国大とかね、公的な資金が動かせるチームとか。そういう構造が作れた。上で下を支える、みたいな。

山野　そういうところは、池田くん賢いなと思ったよね。

池田　いや、でもあれほんとにみんな入ってくれたよね。

櫻井　今横浜にいる若手の建築家のほとんどがこの時に入って来たでしょ。小泉アトリエやみかんぐみなど。

池田　川俣正さんもいたよね。川俣さんは寝泊まり部屋にしていたけど。村田真さんや友部正人さんもいた。

櫻井　それにはやっぱり、さっき出て来た市役所のキーパーソンがいましたね。

池田　そうなんですよ。Mさんって当時の都市整備局次長で、キーマンだった。結局、北仲の話を持ってきたのもMさんだったのかな。でも横浜市の予算でいうと、時期的に既に四月ぐらいだったから絶対予算組めないんですよ。民間でやるしかないから、池田くんたちやってと言われて、見守ってくれて。最後契約の段階になって、やっぱり森ビルは僕一人では契約させてくれない。NPOとか会社とかはダメなんだと。それで個人で誰かいるかといったら、いなかったし、全然動かなくなっちゃって。そうは言ってもああいう古いビルでも、大きな会社の取締役会を越えなければいけないし。その時にMさんが保証人になってくれて個人的にサインをしてくれて。横浜市じゃないですよ、個人ですよ。

なんかね、その他いっぱい救われた話ある。

ヨコハマ・トリエンナーレ

鈴木　山野さんはその時はもうトリエンナーレの関係で横浜に来ていたんですか？

山野　そうですね、二〇〇四年の終わりから。

鈴木　その頃のBankARTの活動を見てて、トリエンナーレのことを含めて横浜の状況はどう思いました？

山野　それ以前に池田くんはえらい規模の大きなことをやっているなあと思っていましたよ。はっきり言って僕は横浜のこと何にも知らずに来ているから。全く知らない人の中で唯一、天野太郎と昔札幌で会っていたくらいで。それくらいしか知り合いがいない状態の中で、川俣はいるけどね。けど川俣はいつもいるわけじゃないから。とりあえず変な言い方だけど、池田君しか横浜に知り合いがいないよ、みたいな。当時はね。

池田　僕らも成長期でしたよね。多分山野さんと会った頃は。もちろん山野さんと出会った九〇年頃はまだ本当に若いチームでまち場でやっているだけだったけど、社会的な仕事をだいぶやり始めていた。一九九〇年代後半に名古屋芸大を設計したりとか公的なもの、それと「船、山にのぼる」ですよね。あんなのは一人じゃ何にもできないんで周りの人とやるしかない。その辺のノウハウと経験が出て来た時期で。そこで横浜市とぶつかったから、良いタイミングだった。

鈴木　そのタイミングで二〇〇五年に川俣さんが。

山野　あれはやっぱり川俣がやったっていうことがすごく大きい。ある日、川俣から「来れる？」って電話かかってきて。その時私は福岡に住んでいたんですけど、上野かどこかで待ち合わせしました。それで、「横浜トリエンナーレを引き受けようかと思っているんだけど引き受けたら来てくれるか？」みたいなこと言うわけ。川俣がやるんだったらやるかって思って。

最初彼は街中展開を私に期待していたみたいなんですよ。外でやることを。要するに、福岡でMCPをやってたから、そっちの方を期待してた。しかし人脈がないところでいきなり数ヶ月間でそれをやれっていうのはさすがに無理で、ほぼほぼ全滅でしたね。特に中華街が直近のエリアで、やっぱり中華街はすごい縄張りが厳しくて。入り口を間違えたら、こっち半分は全員ノーって言い出すんですよ。そういう中に巻き込まれちゃって、ちょっともう無理って。結局西野達くんの作品を川俣が粘りに粘ってやった。その他にもうちょっと複数の展開も考えていたみたいだけど、それはもう早めにストップした。それともう一つ、私はアジアを担当することになっていた。当時川俣はアジアにあまり興味がなかったから、これはどちらかというと国際交流基金の方からのオーダーでした。アジア圏、特に東南アジアのアーティストを集めてくれ、みたいな感じで。結果的にアジア全般をメインでやることになりました。その時に池田くんは川俣がやっているから、かなり力を入れて外から応援してて。

池田　独自で共通チケットの買取とかしてましたからね。

山野　えらい気合入ってるなと思いました。

池田　嫌な言い方だけど、当時は我々の地場でやってる人たちを全然評価しないというか、相手にしてくれなかった。共通チケットなんか作ってくれる状態ではなかった。買い取るんだったら出来るんじゃないかなって川俣さんに言ったら、直ぐにOKしてくれて、すごい数を買取りましたね。

鈴木　国際交流基金が事務局の時ですよね。

池田　そうですね。

櫻井　トリエンナーレの時、川俣さんになる前に磯崎新さんが最初だったじゃない。それで磯崎さんの下で山下公園にどんどん作りたいんだけど地盤調査できるかって。いや、先生、あそこは瓦礫を埋めてるからダメですよ、って言ったけど全然いうこと聞いてくれない。困ったなあと思っている内に時間がどんどん過ぎて、やめたいという話になった。それで、どうすんだろうなぁと思って川俣さんのところにいったから、ホッとしてた。大変だったよ、川俣さんのところに決まる前。

鈴木　その経緯はご存知ですか？

池田　うちはど真ん中。BankARTのホールで多摩美大が主体になって国際展のシンポジウム（「横浜会議2004――なぜ国際展か？――」）をやったから。磯崎新さん、南條史生さん、長谷川祐子さん、岡部あおみさんを集めてやったんですよ。北川フラムさんもいるし。たまたま川俣さんと日比野克彦さんがBankARTの違う階でゼミをやってたんです。ゼミが終わって、日比野さんは外から聞こえてくる話に興味津々だから「僕は聞いて帰ります」って下に降りて。川俣さんは多分もう既に磯崎さんの代わりにトリエンナーレを頼まれてるから「僕は用事あるから今日は帰ります」って言ってさーっと帰っちゃった（笑）。そのときはもう分かっていたと思う。後で合点がいったのだけど、このシンポジウムの少し前に川俣さんにプロジェクトをお願いしたら「今年はちょっとできないと思うなぁ、池田くん」とか言ってたから。

鈴木　やっぱり二〇〇五年のトリエンナーレって一つのモデルですよね。

池田　横浜にとってはすごいことだよね。

山野　やった側としては、あれを続けて欲しかったんですよね。こういうのだったら、続けていいんじゃないかなと思った。やる側は死ぬほど大変だったけど。

池田　役人も含め、影響受けた人多いですよ。あれで人生変わった人いっぱいいる。この前、たまたま横浜に川俣さんが来た時に会いにきた役人の人、泣いてた。あの時の川俣さんは本当に判断力がすごい。優秀な人だなと思った。全然時間がなかったんですよね、磯崎さんとチェンジして。

山野　数ヶ月しかなかった。

池田　もともと彼は外に展開したい人じゃないですか、街中に。それを今回は倉庫だけでできることをとにかくやるんだ、与えられたものだけでやりたいんだ、みたいなことをはっきり言っていた。それからもうひとつびっくりしたのは、スタッフとして建築家を選ぶときに、アトリエ・ワンとかみかんぐみとか優秀な人を選ぶんだけど、そういうスター的な建築家よりもワークステーションの高橋晶子さんたちをトップにもってきたんですよ。安定感のある、ちゃんと自分の意見をきちんと理解して実現してくれるということだと思うんだけど。多分アトリエワンとかチーフにしたら大変なことになるからその辺を見抜いてて。すごい暴れん坊の犬を飼い慣らしてたような感じですよね。

山野　あの人には自分がやりやすいチームを作るのはもと

もと身についてるからね。でも本当に大変でしたよ。

池田　今から考えるとレクチャーだってとんでもない数をやったよね。

山野　毎週開催してたよ。

池田　言ったら怒られるけど、今は全然やらないよね。

鈴木　サポーターの人を巻き込むというか、それも今までと全然違いましたよね。

山野　何が違うかって、自由度が違うんですよ。僕はサポーターさんの担当だったんだけれど、今は、サポーターさんが作品の解説するのに何を喋るかまで全部決まっているんです。当時は好きにやっていいよ、自分で考えて適当に喋っていいよっていうのがルールでした。それと、子どもたちが作品解説するキッズキュレーターっていうのを作ってたんですよ。そしたら次の回に組織委員会から作品解説する人がキュレーターではおかしいから、キッズキュレーターという言葉は使いませんと言われちゃって。子どもたちがキュレーターっていう職業に憧れを持てばそれでいいと思って付けた名前なんだけどね。なんかいつの間にか普通の展覧会になったなあ、というのが私の感想です。残念ですね。

鈴木　BankARTの活動で言うと、あと野毛のマリアビルとか、他にもいろいろ拠点をもたれたりしてますよね。

池田　それはいつもやってることで。でも大きいやつは全部横浜市の事情ですよ。小さいところは自主的にとっているところもあるけど、大きいところはみんな横浜市都合です。それを僕が断らないだけで動いていることが多い。唯一企画して取りに行ったのは新港ピアのハンマーヘッドスタジオ「新・港区」だけ。ヨコハマトリエンナーレと連動して「新・港村」を実施した時は、横浜市はなんちゅうことを言ってくるんだと。自分たちの拠点のBankART Studio NYK（以下、NYK）を急に明け渡して、場所はないんだという話で終わっちゃって。そのうちまた急に新港ピアを使わないかと。国交省との関係で使って下さいときたんですよ。それでトリエンナーレのためにNYKを貸して、BankART本体は新港ピアを活用して「新・港村」をつくった。NYKをトリエンナーレの会場として使うとトイレも作れるし、三階も改修できるし、未改修のところを全部改修して、トリエンナーレが終わったらBankARTが使える、という話を一応エサに（笑）。その時に代替で使った新港ピアは、こんな馬鹿でかい空間をどうすんだってくらい大変だったけど、やりました。

その後に横浜市の活用コンペがあって「新・港区」に展開していくんだけど、あそこを拠点として二年間使えたのは大きかったですね。あれで、自力でやるっていうのを身につけた。あれは一切お金もらってないですよ。逆に言うと、維持費を入居チームでまかなったんです。年間二千万くらいかかるんだけど、それを入居者の家賃だけで成立させたっていうのかな。ある意味では一番過酷な経済条件でやった。放っておいたら横浜市が払うべきお金をアーティストが活用することで、その一部を担うことができた。それはいい経験でしたね。その代わり自治を非常に認めた方法で、僕ら管理者も全部を抱えなくて済むように工夫して、入居者の内部で鍵の開け閉めから消灯からものすごく緻密にリレーすることができた。

櫻井　だけどやっぱり、池田さんがちゃんと監視してないと。もちろん、ちゃんとしてたけど、やっぱりそうしないと、アーティストはすぐだらけちゃうからね。

池田　だらける時は多いけど。二週間に一度オープンスタジオをしたら、だんだん人も増えて、良くなっていったんですね。やってよかったと思ったのは、このシェアスタジオの二年間を経て、またトリエンナーレが使うって言ってくれて。

櫻井　でかいなりの面白いことをやってたね。

池田　いろいろ変なことやってましたね。

池田　川俣さんの評価をもっとピシッと山野さんと鈴木先生でやって欲しいけどね。

山野　年下だけど、影響を受けているというか。

池田　村田真さんもそう。みんなそうです。この辺りは最高に影響を受けている。抜け出ないのは玉に瑕だね。越えれないよね、あれはやっぱり。

山野　私とか職業を変えざるを得なかった（笑）。同業ではちょっと追いつかないって感じで。

鈴木　役所的に横浜創造都市の話を整理すると、トリエンナーレのディレクターを一回やった、ということだと思うんですけど。大きい流れで見ると、ものすごく影響を受けていますよね。横浜だけの話ですけど。

池田　川俣さんはもちろんすごいけど、よく見ると北沢先生は都市計画的にトリエンナーレを上手く点を打っているなと思いました。北沢先生はパリ博とかロンドン博とか都市博のことを非常に評価していました。

鈴木　一九八八年に、横浜デザイントリエンナーレみたいなイメージの企画を立てていたんですよね。不思議なのが都市計画局が市長助役会に説明している。普通だったら文化関係の局ですよね。

池田　でもよかったね、デザイン博で。いっとき建築博をやろうとしていた時もあったでしょ。それでアートに行ったっていうのは嬉しいね。

池田　横浜は幸せだと思いますよ。行政マンで建築をやっている人がデザインからアートを選んで、現代美術に向かってくれたのは。稀有な例だと思います。すごいリスペクトしてくれているところがある。僕らが心地良いのがはそういうところだから。そこは大きいと思うな。

黄金町

鈴木　一九八〇年代から九〇年代くらいの伏線が、二〇〇四年に池田さんたちが来られたことで回収されるみたいな。池田さんたちのところにまたいろんな人たちが集まるというのは、すごい大きな流れとしてどこかに書いておくべきかなと思います。トリエンナーレが終わった後、山野さんは横浜に残られる。

山野　残るのではなくて、二年くらい帰ってたんです。横浜に来るもう一つのきっかけが、当時の福岡市役所とずっと喧嘩のし通しだったんですよね。市長さんが変わったのもあって本当にしょっちゅう喧嘩していました。前の市長さんは私が「福岡市文化芸術による都市創造ビジョン懇話会」という構想の座長をやっているときの提言を受け取って、やりましょうと。でもこの提言を市長に渡した直後に市長は選挙で落ちちゃったんですよ。それで全部ご破算になった。その他、私は財団のギャラリーの運営とか手伝ってたんですが、運営そのものが元々赤字だった。僕が年間いくらかお金もらって場所の運営して、アーティストやスタッフにもお金を払ってやってたけど、それでも足りない分は僕がバイトして稼いできて運営してきたわけですよ。それなのに来年度予算を下げていいですかって言い出した。ちょっと来てくださいって呼び出して、お役人を。今でも僕は赤字でやってるんですよ、と。自腹を切ってここの運営を引き受けている、それはここがあったほうがいいと思うからやっているだけであって。それを削減しますってどういう意味ですか、と怒りまして。ちょうどそういうやり取りがあった。役所ってすごいなって思ったのが、当時の課長さんとか部長さんとか怒鳴りつけたら、僕いろんな役職を持っていたんですけど、翌日全部クビになってました（笑）。

鈴木　山野さんが座長になってまとめた構想というのは、横浜二〇〇四年よりもちょっと後ですよね。

山野　そうですね、二〇〇六年ですね。吉本光宏さんが最終的にまとめたのかな。

鈴木　それで、そのタイミングで仲原正治さんから電話かかってきたんですか。

山野　仲原さんから、福岡に行って打ち合わせしたいんだけどって電話がかかってきて。明日東京に行く予定があるんですけどと言ったら、じゃあこっちで会いましょうという話になって。その時に初めて黄金町の話を聞いて。何回も強調してるんだけど、一年ぽっきりの話だったんですよ。こっちにずっと私を置いとこうというつもりは仲原さんにもなくて。当時黄金町には、池田くんたちが既にいましたもんね。

池田　割とすぐだよ。BankART スタートしてからすぐに黄金町に行けって言われて、唐突な感じでしたけどね。

山野　私は展覧会を一本作ってくれみたいな話だったんですよ。僕はその後黄金町をどういう風にするのかっていうことは一切聞かされていなかったんですよ。だから展覧会を作ってそれが終わったら帰っていいよ、みたいな感じだったんですね。福岡で街中に展開するプロジェクトをやっていたということで多分声がかかったんだと思います。

池田　横浜の創造都市の昇りの時だよね。昇りというか一番元気な時ね。川俣さんがトリエンナーレのディレクター終えた後でしょ。全体的に最も意気高揚している時期ですよね。

鈴木　BankART 桜荘（以下、桜荘）はどういう経緯だったんですか。

池田　あれも仲原さんだったんでしょうね。よく分からないけど、もともと中区だよね。

櫻井　大堀剛さんと、あの時仲原さんが絡んでましたね。

池田　改修費ありません、これ使ってください、みたいなひどい条件で誘われたけどね。本当にボロボロの連れ込み宿がそのまま残って、そのまま与えられて。その時まだBankART 本体に余力があるとみたんでしょうね。

櫻井　私はたまたま、創造都市が一段落して、BankART が決まって動き出したんで、それで中区の大堀さんから「コンペやるから参加しないか」と言われてまちをどうするかというプロポーザルコンペ出したんですよね。そしたら通ったと。そのストーリーが全部、NPOまで作ってというストーリーがあった。

山野　櫻井さんが作っていたストーリーですか？

櫻井　鈴木先生を途中で入れるとか、大学を入れるとか。それからアーティストがこのまちを主導してくというストーリーを作ったんですよね。

鈴木　その時はもう桜荘はあったんですよね？

池田　あった。その前に防犯のチームが使ってて、桜荘で我々が同居した。その次に横浜市大ですよね、順番からいくと。

櫻井　浅井裕介さんが絵を描いていたりとか。

池田　まだまだヤクザはいっぱいいましたね。桜荘の隣はヤクザで、ＢＭＷいっぱい停まってましたね（笑）。

鈴木　本当厳しいところでしたよね（笑）。

櫻井　曽我部昌史さんのところの学生さんたちが隣のヤクザに怒られながら桜荘を改修して。あれすごかったね、桜荘は本当にボーンと橋頭堡を作ったようなものだから。

鈴木　過酷なプロジェクトでしたよ。

池田　本当孤軍奮闘でしたね。

山野　怖かったと思う。

池田　夜になるとヤクザが五人くらいいつもウロウロして。コーヒー飲まないか、ビール飲まないかってなんかすぐ奢ろうとするんですよ。それを断るのが大変だったみたい。

鈴木　スタジオを使っていた白井美穂さんも本当怖いって真剣に言ってたね。

櫻井　やっぱり空襲のおどろおどろしい場所だったんですよね。あそこに人がいっぱい川に飛び込んで死んだっていうのがあって。夜な夜な、白井さんは亡霊の声が聞こえてくるって。白井さん本当によく言ってたよね、それ。

山野　今でも管理施設でそういう場所がいくつかありますよ。お化けが見えるとか、夜になると音が聞こえるとか。

池田　変な人は今はもうあんまり歩いてないよね。僕らんときはいましたけどね。

山野　ゼロではないけどね。でも普通の人が歩く率は高くなった。

鈴木　Kogane-X Lab. ができた時も、窓割られたりとかいろいろありました。

山野　ＮＰＯができた後も頻繁に割られてましたね。

櫻井　事務所に変な人入ってきたしね、一回。

山野　一回じゃないですよ。何回もあります。ヤクザも勝手に入ってきてトイレ使ってたし。意味不明な人も来てました。

鈴木　黄金町で活動されて、一回目のバザールをやって、その後残ることになったのは？

山野　二〇〇八年の秋、黄金町バザールをやっている途中に竹内一夫さん（現・ＮＰＯ法人黄金町エリアマネジメントセンター理事長）が来て「残ってくれないか」と言い出したんですよ。それまで一切そういう話はありませんでした。

池田　今は文化観光局が仕切ってるんだと思うけど、都市整備局との関係はどれくらいの割合なんですか？　元特殊飲食店改修して借りてるのをずっと続けているでしょ、今でも。プロジェクトにはあんま入ってこないんですか？

山野　例えば黄金町バザールの中身とかそういうところには全然入ってこないんですけれど、どちらかというと施設関係ですね。最近は返すというパターンが少しずつ起こり始めてて。要するに維持するだけじゃなくて、オーナーが返してくれっていうパターンが出てきた。またそのときに、現状復帰どうするんだみたいな話もあります。都市整備局はＮＰＯにとって大きな大家さんなんですよ。

櫻井　都市整備局には大堀剛、住吉国男の二人のキーパーソンがいましたね。彼らが離れてからだんだん後ろ向きになってきたように思います。

横浜の創造都市

鈴木　横浜の創造都市全体の話に近づけていきたいと思います。今、都市整備局と文化観光局と両方が黄金町に関わっているように、BankARTのプロジェクトでも都市整備局とか文化観光局以外のところと繋がっているのが、他の都市と比較すると横浜の創造都市の一つの特徴じゃないかなと思うのですが。そのあたり池田さんはどう言う風に感じていますか。

池田　僕らの初期は文化観光局はなくて、都市整備局の都心部再生とデザイン室でスタートだから。全く都市の問題としてしかスタートしてない。最初は文化の問題としてやってない。誰が言い出したのか、文化観光局を独立して作っちゃったところから、ちょっと変なボタンのかかり方したかなと思っていました。

今辛いのは文化観光局に理科系、あるいは計画的な人がいない。そうすると、土地の問題とか、一番重要なフレームの問題が、誰もほとんど手を出さないで、重箱の隅つつくみたいに、予算内をどうするかみたいな話ばっかりになって、その重箱をどう作るかという話まで一切行かなくなってしまってますね。多分北沢さんがいたときは国との関係でいろんな広がりを持ってたし、さっきの新港ピアなんか、あれは国との関係でできてきたわけですね。象の鼻だってそうですよね。そういうところでワクワクするところはあるんだけど。いまは孤立。文化系のプロジェクトになっちゃってますよね。

鈴木　その辺のダイナミクスさがちょっと失われてきてますよね。

池田　お金の問題とか、土地の問題とか、それをちゃんとやる人がいなくなった感じがしますよね。

鈴木　池田さんは、BankART Stationを新しく考えることになって、みなとみらいの人たちと繋がり始めてますよね。その辺りは民間ベースで繋がり始めてるイメージですか？

池田　というよりは、また急な話で移動したわけで。別に僕らはみなとみらいに行きたかったわけじゃないからね。ずっと関内にいて、関内がだんだん居心地良くなって良かったんだけど、横浜市は関内に場所を取れなかったんでしょうね。結果的には、たまたまそれが縁だよね。元副市長がみなとみらい高速鉄道の社長だったというところから場所の提供に手をあげてくれて。

櫻井　またそこに大石龍巳さん（横浜高速鉄道株式会社）というキーパーソンがいたのも面白いよね。

池田　ただあの時に、横浜市らしい証拠付けみたいなことやるなって思ったのが、コンペの条件。ご存知の通り、新高島の駅はもちろんメインなんだけど、もう一箇所関内地区に拠点を借りてくれって。コンペの条件にそれを入れてくるわけ。関内地区で拠点を設けてくださいと。BankART Silkはそれでとった。

櫻井　それは振る舞いというか申し訳ありません、みたいな感じなのかな。

池田　うーん、というか元々東横線廃線（高島町〜桜木町）の問題と創造都市は実を言うと繋がってるでしょ。だから関内地区というか旧市街地の斜陽について、どこかエンジンかけろという役割があるから、それに対してはやめられない。みなとみらいに力を入れ、東横線を廃線にして、みなとみらい線に切り替えたことによって、ものすごく旧市街地から反発を受けてたわけで。その補償のプロジェクトの中で生まれてきている部分もあるじゃないですか、東横線の廃線上の高架遊歩道の問題にしても、野毛の大道芸の問題も。創造都市構想も実はそういうところがあったと思うんですよ、どこか緩和策というかね。それでいきなり本人（BankART）が、敵の場所のみなとみらいの方に行かされて。なんか変な感じだなあと僕は思っていたんだけど。既に創造都市構想も十数年経っているから、新参者は新参者でまた一からやればいいやと思ってやってます。知り合いがいないのは残念ですけど。街を歩いていて誰も知らないからね。でも川俣さんに一番習ったところで、全肯定型というか、決まったものに批判しないでそこの条件でどこまでやれるかっていうことが割と重要だと思っているから。与えられた条件を嫌がらないでいいやと思っていて。そこの水に入ったらそこの水を飲むということですね。だから今は結構企業とお付き合いさせていただいて、この前は企業系が推進するガチェット祭りまで引き受けてしまって（笑）。

櫻井　BankART Stationもあんな空間他にないじゃないですか。それを本当に見事に使いこなしているのはすごいなと思って見ています。相当使いこなしているよ。

池田　一番大きいのは歩道の部分を開けさせてくれることをトライして粘って。コンペの時に出していたんだけど。それ絶対ダメって言われてて。コンペでそれで出したら落とすぞみたいなこと言われてた。最終的に今は道路開けさしてもらっている。これからですよ、あそこは本当に。

鈴木　ここからどうやって盛り返していくかというのがすごい難しい問題ではあると思います。

池田　最近みなとみらいに行って気付いたことなんだけど、

創造都市は旧市街地のプロジェクトではないなと思った。横浜市全体の都市計画の考え方なんだって思いました。だから、行ってよかったです。

山野　池田くんは割と分脈を大切にするタイプですよね。私は割とローカルエリアのローカル課題にじっと付き合ってしまうくせをもともとつけてしまって。例えば彼みたいな動き方はちょっと想像がつかない。じゃあ次こっち行ってくれ、みたいなこと言われたら、そりゃあ無理かも、みたいな。誰かを行かせることはできるかもしれないけど、自分でそこに行ってみたいなことは……。それを池田くんの場合は、全体の絵の中のことなんだと納得しながらやってるよね。

池田　それはやっぱり北沢先生の影響です。僕はどちらかというともっとディテールで作る方。北沢先生は思いっきりブーメランの人ですね。バーンと投げて、その行ったところで勝負みたいなところでやっていますよね。

山野　それは、構想が拡張していくわけ？

池田　構想はあるんだけど、そんなに計画的じゃないところからスタートしてる。トリエンナーレの会場をよく見ると全部海の果てなんですよ。赤レンガをスタートして、新港ピアも山下もそうでしょ。全部向こうに一度人を行かせてこっちを見る、みたいな感じですよね。だから拡大でもないんだけど。ああいう感覚はすごいなあと思いますね。

山野　トリエンナーレの会場が毎回変わってるのはそういうこともあったのかな？

池田　それも含めて利用していたと思いますけどね。

櫻井　考えようによっては、ナショナルアートパーク構想の展開なんでしょうね。

鈴木　二〇〇一年の第一回展の時も、ディレクターが決まる前に街中にどう展開するかっていうスタディを最初にやってたんですよ。汽車道を使えないか、赤レンガとか水面使えないかとか。だんだんスタディした上でトリエンナーレの企画に入っていって。そこは意識的に繋げようとしていたと思うんですよ。

池田　たまたまかは知らないけど、僕らが飛ばされる会場が大体地の果てみたいなところばっかりで。最初からボロくて不便なところばかり扱ってました。北仲も最初そうだったでしょ。そこでいつの間にか開発がかかって。僕らがつけた名前がそのままプロジェクトの名前になって。もう一つは新港ピアですよ。あれだって実際に使う方にとったら大変で、塀の外ですよ。いちいち門扉開けて入らなきゃいけない場所。今度はいつの間にか、ハンマーヘッドプロジェクトって同じ名称で開発かかって。ブーメランじゃないけどどうなるかわからないとこに賽投げて、あとは考えてみたいな。

山野　その絵が北沢先生の中に元々あったんだろうね。

池田　そうそう。僕はそれを感心してる。上手くいくかどうかはわからないけど、言われたところでやるのは別にいいやって。嫌だとは言わない（笑）。

山野　よく嫌と言わないなって思って見てる（笑）。

櫻井　山野さんだってぐちぐち何か言ってるけど、やっちゃってるよね。文句言いながら、着々と。

座談会の様子
左奥｜池田修、左｜山野真悟、
右奥｜櫻井淳、右｜鈴木伸治

鈴木　折れないところが、お二人ともすごいなと思う。

山野　少なくとも福岡の経験で身につけたのは、もうお役人と喧嘩しないってこと。どんなに怒っても喧嘩はしない。

鈴木　こうやってお話を聞いていると、創造都市もだいぶ時期によってかなり波があったと思います。今はコロナの問題もあるかと思うんですけど、もうちょっとこうすべきじゃないかって言うのはありますか。

山野　やっぱり、みんな最初に大きな構想を持ちながら携わってた人たちが多かった。それにお付き合いするのはすごい楽しかった。大きな構想の人たちと一緒に仕事するときは現場の側も割と自由度が高いし。はっきり言ってお互い同意しながら物事を進めていくところは以前の方があった。それからちょっとずつトーンダウンしていっているように見えて。今はどうやってこの苦しい状況を凌ぐんだろう、みたいな。横浜に来た当初は思いもよらなかったようなことがだんだん増えてきている感じがしますね。それと若い人たち、例えばうちで仕事をしている人とかにとって、時々、この仕事本当に楽しいのかな？と思うことがあります。池田くんがBankART始めた頃のもっと前になるけど、十数年前とかさ、その頃のちょっとしたワクワクするような楽しさみたいなものを、今の若い人たちって横浜で感じてるのかなと。

池田　おっしゃる通り、尻すぼみですね。大きな構想は消えかけているけど、一方で、小さな構想は増えている。自分たちで場所を切り開く人たちは増えたと思うんですね。だからそれは財産ですよね。大きなものがバーンって弾けたかもしれないけど、今はちっちゃな分子がいっぱい飛んでいるみたいなとこはあって。

鈴木　確実にプレイヤーが増えていて、いろんなことをいろんな人がやるようになった。

櫻井　横浜にいるアーティストは山野さんか池田さんのどちらかの気配を、粉かかってるでしょ。それは見ていて面白いなと思ってる。

池田　やっぱり大きな構想がついてこないと、世界に発信できるような文化にはならないですね。

鈴木　北沢さんとは僕が東大にいたときに会って、しばらく付き合っていろんなこと議論していたんですけど。プロセスプランニングとか色んなこと北沢先生が言っていて、大きいビジョンは掲げるけど細かくは書かない、マスタープランみたいなのは書かない。その通りに人を動かそうと思うな、と。要は、それに向かってみんなが色々動いている中で、色々なことが起こってくるから、そのことの方が大事だと。成長するのか縮退するのか分からない時に、大きい目標を掲げてそこに誰がどういう道筋を取ろうがビジョンがちゃんとあれば、そこに向かっていくんだということを言われたことがあります。どちらかと言うと、今横浜市は細かく細かくこうやったら何年後はこうですよね、みたいなことを求めているような感じはします。

池田　一方でそう言いながら計画性ないな、レイヤーになってない。

鈴木　それは大きいビジョンの欠如みたいなことでしょうかね。

池田　そうですね。文化が積み重なっていない感じがしますよね。

鈴木　そこはもったいないですよね。

櫻井　創造都市をはじめたとき、何年後にアーティスト何人集めるとか北沢さんが目標をつくっていましたよね。絶対これはやんなきゃだめだって。その目標を掲げたために、ACYも補助金出すとかいっぱいやったじゃないですか。ああいう目標も今はちょっとなくなっちゃったんですよね。

池田　実際お金もないんですよ。当時はまだお金があったんですよ。施設だってどんどん作ってたけど。だって推進委員の加藤種男さんなんて拠点形成二〇ぐらい作るって平気で言ってましたよね。今なんて何一つ出てきてないでしょ。

山野　全然増えてない。減るかもしれない。

池田　それで地下に潜ってるしね。黄金町もそうだしBankARTもそうだし。大体パッとビジュアルで見えないところばかり。

一年間だけだけど、今回ようやくBankART Temporary（以下、Temporary）で「あそこです」って言えるようになりました。新高島ではそれが言えない。中に入ってもらわないと分からない。山野さんのところもそうでしょ。

山野　黄金町はいつも細い路地の見えるまち中の写真使ってる。

池田　Temporaryはね、やっぱり原点に戻って嬉しいですけどね。

櫻井　戻って来たのは何年振りですか?

池田　十何年振りですね。最初の五年くらいしか使ってない。

富士銀行はパッと移っちゃったけど。ここは案外長いんですよ。二〇〇八年でNYKを改修しトリエンナーレが終了するまでは使っていましたよ。

櫻井　一二年前か。

山野　ガタイの大きいところは池田で、ちっちゃい箱が山野、みたいな感じだよね、いつも。

活動の継承

山野　今日はスタッフの全体ミーティングをやりまして、NPOがなんのためにここに作られたのかというのを、もう一回みんなちゃんと考えながらやろう、という話をしました。それとこの仕事は私の代だけじゃ終わらないし、誰かが引き継がないといけないと。更に言うと、地域にしろ行政にしろ、京浜急行にしろ、アートだけではなく経済的な発展をみんな望んでいる。でもそれを理解して、戦略的に考えてやっていかないといけない。展覧会を作ればいいんだ、とか、いいアーティストを呼べばいいんだろう、とかそういうレベルの話じゃない。ここでやらなきゃいけないのは、それ以上のことだ、という話をしたんですが、果たして伝わったかどうか。アートの中心にいるとか一切思うんじゃない。ローカルで端っこの方にいるんだから、そのつもりでやりなさいと、まるで遺言のような説教をした（笑）。そろそろそういうことを言わないと大きな勘違いをしかねない。今、うちのスタッフもそうですけどね、展覧会を作りたがるんですよね。展覧会を作りたがるのはどういう意味かっていうと、いい作品とかいいアーティストを並べていい展覧会を作ればいいという風にやるんですけど。私が考えるのは、そういうものは、つまり観客がいないところで、我々は展覧会をやってるんだよ、と。観客になる気がない人たちにどうやって伝えるの？と思う。そこをなんとかしようよ、というのがうちのアートに関心がないと思われる皆さんに対する役割。でもこれなかなか伝えるのが難しい話で。

池田　逆説的な言い方になって、山野さんと反対意見みたいに聞こえるけど、僕はもっとアート命の人を何人か育てなきゃいけないと思ってますね。それが一つ目。一方で、それを支える行政マンがシステムとしてちゃんとやらない限りは絶対ダメだと思っているんで。行政マンとしてのリスペクトの構造がアートについてできるかどうか。それはもう一つの車輪として絶対いると思う。その辺二つが揃ったら、市民もついてくると思うから。簡単に言うと気狂いみたいなアーティストと、それから本当にアートのことを心底尊敬してくれて一生懸命やってくれる、システムとして、しかもそれを行政的にお金も含めてちゃんと作れる人たちが行政マンに育つこと。その二つがあれば自ずから残るかな、と。いいまちになるんじゃないかと思いますけどね。一応、一〇〇年後くらいには目指した方がいいと思ってるんで。ニューヨークも一〇〇年前はアートもないし全然ダメだったわけですよ。横浜は今一五〇年しか経ってないわけだから、ニューヨークの二五〇年とは違うわけだから、あと一〇〇年頑張ればいいんじゃないか。あと一〇〇年続けましょう、今やってること。そしたらちょっとは世界から尊敬されるようなまちになるかなと。一応僕は一〇〇年続けるつもりで、横浜での構造の一部を作りたいと思いますね。

池田修（BankART1929 代表／PH STUDIO 代表）
一九五七年大阪生まれ。都市に棲むことをテーマに美術と建築を横断するチームＰＨスタジオのメンバーとして、多岐にわたる活動を行ってきている。また代官山ヒルサイドギャラリーディレクター（一九八六〜九一）等、コーディネータとしての実践も長い。二〇〇四年からBankART1929の立ち上げと企画運営に携わり、今日に至る。

櫻井淳
一九四六年福島県生まれ。建築設計、まちづくり・都市計画、横浜創造都市施策・BankART1929 設立から行政側事務局、黄金町エリアマネジメントセンター設立に関与理事、横浜市都市マス・まち普請事業・福祉のまちづくり等

4章 成長するまちの課題と未来

4-1 創造都市政策のもたらしたもの――鈴木伸治

二〇〇四年の文化芸術創造都市構想の発表、二〇〇八年の黄金町バザールから一〇年以上が過ぎ、横浜市がすすめる創造都市政策も多くの成果をもたらしたように思う。

確実に言えることは、新たなアーティストやクリエイターが活躍しだしたことだ。二〇〇五年の北仲BRICK & WHITEプロジェクトで横浜に移ってきたアーティストやクリエイターよりもさらに若い世代の活躍が顕著になってきた。関内関外のみならず、郊外部のプロジェクトでも新たな建築家やデザイナーが活躍している。それ以前も横浜にこだわって活躍するアーティストやクリエイターはいたが、世代交代したといってもいいだろう。

また、都心部にいくつもの拠点ができたことも大きい。もともと北仲BRICK & WHITE終了後、BankARTの池田さんと建築家やデザイナーが中心になり、歴史ある本町ビル（現在は取り壊し）の四階と五階の二フロアに「シゴカイ」という建築家やデザイナーを中心とした拠点ができた。これも期限付きのプロジェクトであったが、終了後はこのグループの中から自分たちのオフィスを持つもの、「宇徳ビルヨンカイ」という新たな拠点に移るものもいた。これ以外にもこうしたクリエイターが集まるような民間の「拠点」が増えていった。横浜市も文化観光局が「芸術不動産」というアーティストやクリエイター支援の仕組みを設けて、アトリエの開設や拠点の開設、防火建築帯という戦後復興期にたてられたビル群のリノベーションなどをすすめたことも民間の「拠点」形成に役立ったと思われる。

また、横浜市文化芸術振興財団にアーツコミッション・ヨコハマ（ACY）という、横浜市に移転したい、あるいは市内で活動するアーティストやクリエイターの活動支援などを行うワンストップ窓口ができたこと、BankARTや黄金町のＮＰＯなど創造界隈の拠点が実施しているＡＩＲ（アーティスト・イン・レジデンス）プログラムによって、アーティストやクリエイターの活動のきっかけができたことなども、彼らの活躍を後押ししている。

特筆すべきは関内外オープンという毎年一一月に行われるアーティスト・クリエイターによるオープンスタジオで、文化芸術振興財団が事務局をつとめ、関内外で活動するアーティスト・クリエイターも企画段階から参加している。毎年参加する拠点やスタジオが増えて二〇一九年は三六の拠点やスタジオが公開された（二〇二〇年はコロナ禍によるオンライン開催）。これにあわせて、道路空間を活用したイベントなども催されており、これらの活動を介して、市民や企業との接点も増えている。

創造都市政策がきっかけになり、徐々にアーティスト・クリエイターの活動の顕在化・ネットワーク化が進んできたというのが、この十数年の大きな成果である。そのネットワーク化については、ＡＣＹの一連の活動や、BankART、象の鼻テラス、黄金町エリアマネジメントセンターなどの創造界隈形成をすすめる拠点が果たした役割も大きいと言える。

この創造都市政策の特徴は、いわゆる一般的な行政計画とは異なる進め方がなされている点にある。通常、行政が特定の目標を掲げて政策を推進していく場合は、具体的な目標を掲げ、それに向けた詳細な計画をつくりながら物事をすすめていく。そのほうが、進捗管理がしやすく、担当者の異動があったとしても方針に一貫性を持たせることができる。予算確保の面でも説得力がある。一方、創造都市の一連の施策については、大きな目標は示すものの、長期的計画と言えるものはなく、具体的な事業などはその担い手に任されている。担い手の創意工夫、新しい活動が始まり、効果的なものについては行政がサポートし、あるものは新たな事業として推進される。

創造的な活動は詳細に計画できるものではなく、ジャズなどの音楽に見られるインプロビゼーションのような即興性が必要なのである。行政や企業、アーティスト・クリエイター、地域のさまざまな組織、そうした政策の担い手間の応答によって新しいネットワークが形成されていき、新たなネットワークや人のつながりが、新しい活動を生んでいく、そうした生態系（エコシステム）をつくりだしてきたことが、創造都市施策の成果ではないか。

典型的なものは、創造界隈推進のための拠点運営の評価方法であろう。指定管理者制度のような場合は、年度ごとの詳細な計画をつくり、それに応じて予算が配分され、計画したものは実施することが必須であり、実施実績が評価される。しかし、BankARTなどの創造界隈推進のための拠点運営については、詳細な計画は求められず、実施したプロジェクトの内容によって評価される。行政の定型的な評価ではなく専門家による判断である。この仕組みにおいては、評価する側も担い手の活動を年間通じてウォッチする必要があり、評価する専門家側も能力や意欲を問われる仕組みでもある。

こうしたシステムの冗長性は、創造都市政策のような定型にはまらない、新しい領域を開拓していくような政策の場合には欠かせない要素ではあるが、先述したように通常の役所の物事の進め方からするとやや特殊であるといえる。評価の指標が明確ではなく、詳細な計画がないために、評価側の影響を受けやすい面もある。専門家によって判断される場合もあるが、行政内の評価もあり、一貫した政策の方向性を維持しにくいという欠点もある。

創造都市政策の抱える課題

二〇〇四年の文化芸術創造都市構想においては、「アーティストやクリエイターが活躍できるまち」といった目標が掲げられて、当初の目標は達成されているように思われる。しかし一方、創造産業の育成や、「文化芸術・観光による都心部活性化」という観点から見るとどうだろうか。

創造産業の立地については政策の導入のころから、大学で立地の分析を行ってきた。横浜における創造産業の集積は、関内地区、横浜駅周辺地区、新横浜駅周辺地区に集中している。横浜駅周辺は駅からやや離れた中小ビルにＩＴ系の企業などの集積が見られる。新横浜駅周辺では半導体系のＩＴ企業の集積が顕著である。一方、関内地区、特に馬車道や旧市庁舎周辺の西側の地区にはデザイン、建築、ウェブサービスなど多様な創造産業が集積していることがわかってきた。その多くは中小規模の高度成長期のビル、戦災復興期のいわゆる防火建築帯のビルに立地していることがわかった。場所によってそのクラスターに特徴があるのだ。横浜市における創造都市政策は二〇〇二年ごろ、関内地区の空室率が一四％にまで達するなど、旧都心部の衰退が顕著となってきたことから始まった。そこにアーティストやクリエイターの活動を呼び込み、ひいては創造産業を誘致しようという考え方は実現できているように思われる。

しかし、統計的に見てみると、横浜の創造産業は他の都市と比較して、大きく増えているわけではない。増加に寄与しているのは主にＩＣＴ産業であって、建築、映像制作、デザインなどの業種が増えているわけではないのである。

活躍するアーティストやデザイナーは増えていても、決して全体のパイが大きくなっているわけではないということは何を意味するのか、政策としての効果があったかどうかについては慎重に検討しなければならないであろう。

また、横浜市内で活躍しているクリエイターから横浜の仕事が少ないとの声も頻繁に聞こえてくる。やはり東京と比較すると、放送局や出版社、広告代理店などの企業の立地が少ない。創造産業のクライアントとなる企業の立地はやはり東京に偏在していることがその一因である。しかし一方で、横浜の企業とビジネスを積極的に展開しているデザイナーなどもいる。やはり単なる企業立地の問題だけではなく、人と人、企業と企業のつながりをどう生んでいくか、という点も創造産業を育成していく上での課題であると言える。

近年の横浜の都心部においては、二つの注目すべき動きがある。一つはみなとみらい21地区へのオフィスビルの開業ラッシュ、もう一つは関内地区を中心とするスタートアップ支援である。

前者は、京急本社や資生堂の研究所などが東京オリンピックを前に進出し新たなオフィスビルが一気に増加した。加えてコンサートホールなどの文化施設のオープンもある。これらの企業と創造産業のクラスターを結びつけることによって生まれる可能性は検討すべきであろう。

後者の、関内を中心とするスタートアップ支援については、近年横浜市経済局が推進している政策である。これについては、創造産業に分類される領域のスタートアップ企業もあり、ウェブサイト作成やデザイン業務などを行う事務所などはスタートアップ企業にとっては必要不可欠な存在である。実は創造産業の育成とスタートアップ支援はかなり領域の重なる分野である。欧米のみならず、中国、台湾などにおいても、創造都市政策の中心は創造産業育成であり、その中にはスタートアップ支援も含まれている。横浜市においても産業育成の観点から創造都市政策とこうした産業政策との関係を見直していく必要があるのではないだろうか。

横浜市は多くの郊外エリアを抱えているため、それを支える産業の規模が全体の人口と比較して小さいという特徴を持っている。人口増加期においては、流入してくるファミリー層の旺盛な購買行動によって地域経済は支えられ、住民税の税収増は市の財政状況にもポジティブな影響をもたらした。一方、少子高齢化、人口減少期においては、高齢化に伴う福祉ニーズの増大、社会保障の義務的経費の増加によって、厳しい財政運営を強いられつつある。そのためにも、都心部を中心とする産業のパイを少しでも大きくする必要がある。昨今のＩＲをめぐる議論もこうした横浜市や首都圏の郊外都市の抱える問題を背景に語られている。創造都市政策の先に、これからの横浜の経済を牽引する魅力ある都心づくりをもう一度位置付ける必要があるだろう。

4-2 アートとコミュニティ——山野真悟

アートとコミュニティの関係について語るとき、このふたつが無関係であるという、前提から話を始めることもできる。

私は、自分の専門の職業はアートだと思っているが、その私にアートはもういいから、パン屋を作ってくれという人が後をたたない。そのとき、いつも私は、パン屋は私の専門ではないのですよ、と答える。これは、私の専門性があまり理解されていないことに起因しているのだが、また、同時にアートとコミュニティのお互いがそれぞれ無関係に発達して来た結果として生じた分かりにくさもあるだろう。お互いによく見えていないのだ。

アートがコミュニティから歓迎される場面がある。外部から地域に多くの人が訪れるし、またときにはメディアがまちの様子を伝えてくれるきっかけにもなる。オープンニングパーティーでは関係者が一堂に会して楽しい時間を過ごすことができる。でもよく考えてみれば、これは他のイベントであっても、おそらく可能なことばかりだ。

私が最初アートをまちへ出そうとしたとき、アートの概念を変えることの方に関心があった。私は、芸術作品はいつも自己同一性を持ち続けるわけではないと考えていた。いつもと違う環境の中に作品を置いてみるのが、私の実験だった。この実験が始まった頃は、大部分の作品はそれが置かれる環境と無関係に制作されていたが、現実の空間に置かれた作品の多くは、それらがあらかじめ芸術作品である、という前提を失う危機にさらされることになった。このような新しい環境の中で、アートはその後いくつかの方向を選ぶことを考えるようになる。アートが自分のために環境を変えようとすることもあるし、環境に合わせて、アートが変わろうとすることもあるが、実際にやってみて、私が興味を持ったのはその両方が変わろうとするケースだった。

まちは複数のコミュニティの人たちが往来する場所であり、私は美術館やギャラリーを訪れる観客をまじめな観客だとするなら、この行き交う人たちを不真面目なあるいは不注意な観客だと考えた。しかしこういう人たちが実はアートとコミュニティをつなぐ可能性を持っているとも考えた。私はこのような観客を、アートとコミュニティのつなぎ手として、次のように書いた。「これら二つの世界をつなぐと思われた接点は私の中では新しい観客のイメージでした。観客とは不正確な言葉ですが、この観客はいわゆる作品を中心に置かない不真面目なあるいは不注意な観客です。」これはまだ可能性の話でしかないが、作品を中心に置かないという意識はアートと現実の空間の関係をアートとコミュニティの関係の問題として、それぞれ自らのコミュニティに持ち帰ることのできる人たち、というイメージである。

ついでに、アートの世界から少し距離を置いたタイプのディレクターを考えてみる。例えば、作品を見るときに、彼は作品の外側を同時に見ようとする、そして作品の自立性をあまり尊重しないというか、むしろどうでもいいと思っている。そこに未分化性や境界を探すことの方に興味を持ち、アートの概念が変わっていく契機をそこで捉えようとし、また、ここがアートの役割が発生する場所であり、ここに視点を定めて、複数のコミュニティが混在する場所で実験をしてみて、不真面目な観客との出会いの場面を作り、このような人たちが新しい観客の姿へと変化していく契機をつくろうと介入する。この実験の重要なところは誰も今のままではいられないという関係ができることで、そこでは誰もが変化する可能性の中に置かれる。この変わることによってつながる相互的状態を仮に「教育的関係」と名付けようと以前から考えていたが、その内容をうまく説明できている言葉かどうか。あるいはそれは倫理的なニュアンスを帯びているかもしれないが、態度の問題を含むので、そういうことなのかもしれない。教育的関係とは人と人との関係において、あるいはそこで発生した何かの課題において、それに対する時の立ち位置をどこに置くかということであり、あるいは人がどのような態度で人に対するのかということでもあり、またその人自身が人から学ぶという姿勢を持っているかどうか、ということでもある。個人的には、私はここにアートの概念が変わる契機を求めていたということであり、コミュニティが変わる契機もここにあると考えている。

アーティスト・イン・レジデンスは、アーティストがコミュニティに近いところで、あるいはコミュニティのメンバーとして活動する場面を作ることがある。アートとコミュニティというテーマに即して言えば、ここでも「教育的関係」が発生する可能性があるので、場合によっては、今まで書いてきたことと無関係な方法ということではない。

話は最初に戻るが、私にパン屋さんをやってくれと言う人はあるいはそれほど見当違いではないのかもしれない。まかせっぱなしではなく、本気でおつきあいしていただけるなら、考えていいかもしれない。つまりそれが「教育的な関係」ということではないだろうか。

アートセンター構想

黄金町の問題を黄金町だけで解決することはできない。この課題をより大きな全体構想の中に位置付けて、そこから改めて取り組みを見直していくことが必要である。私自身何度かそのような観点から発言したことがあるが、それ以前に、私がそのような発言をする立場にはないこともあって、まったく無反応のままであり、そのような議論をする機会も見当たらない。

本来そのような検討は黄金町の中の課題の議論と並行して行われるべきだと思うが、それは今のところどこかの誰かに託すしかない。

横浜の例ではないが、二〇〇六年、私は福岡市でたまたま「クリエイティブ福岡一〇年計画」という提言づくりの座長を務めたことがある。この提言自体は直後の市長の交代もあって、まったく顧みられることもなく消滅してしまった。私も長い間それを見る機会がなく、内容も忘れていたが、このたびこの提言のとりまとめをやっていただいた吉本光宏氏の手元に残っていたデータを見ることができた。

計画の全体像は当然私の能力を超えたスケールの大きなものであり、それは委員のみなさんとニッセイ基礎研究所吉本さんらの力に負うところが大きいだろう。

ただ当時の私のアートセンター構想につながる考えが意外なほど反映されていることを改めて確認した。アートセンターの根底は都市政策と文化政策をひとつの視点で捉えるということにある。提言という性格上、ここでは行政向きの前提になっており、文化芸術振興財団のアーツ・カウンシルへの再編、具体的には行政からのある程度の独立性の確保、民間の人材の登用、および民間の活動の支援、コーディネート等を担当するとされる。この文脈では公的機関であるアーツ・カウンシルに対するアートセンターの位置付けがやや不明確に見えるが、アートセンター自体については文化芸術と都市をつなぐ拠点と明確に定義されている。

このような発想の背景には当時の福岡が抱えていた課題が考えられる。ひとつは若いアーティスト等に対する人材育成の意識や経済的な支援の制度がないための人材の流出。また、福岡はアジアに関する事業を数多く手がけていたが、それらの多くはバラバラに行われているばかりで、全体としての発信力が大変弱く、情報が福岡の外に広がっているようには見えなかったこと、そして行政は民間との共同の意識が薄く、民間の活動を支援し活用するというよりは行政主導で行われる事業が多かったこと。ついでに教育問題を言うと、私たちのアーティストを学校に派遣する活動もほとんどその必要性を認められることがなかった。これを裏返していけば、アーティストを含む人材育成の制度と経済的支援の制度をつくり、アーティストの集積を図る、アジアに関する事業全体を統一的に組み立て直し、発信力を高める、民間の人材と活力を取り込みながら、事業を行い、支援する行政のスタンス、ということになるだろうか。そして提言はこのような事業全般を主管する組織として「都市創造文化局」の創設を提案している。

これらは福岡においてはまったく取り上げられることはなかったが、書き並べてみると、その一部は横浜の状況と重なっているように思われる。ただし最近の横浜は部分的各論が先行していて、前に進むための全体の構想の見直しが見えてこない。都市政策と文化政策の一体的な取り扱いを通して、例えばこれまでの取り組みの評価、これからやるべきことの策定が必要だと思う。そして現在の横浜の状況を言うと、全体のバラバラ感は否定できない。統括する組織がないためなのか、連携している姿が見えない。

福岡の提言書は当初行政の希望としてはいわゆるハコモノ、新しいハードの整備を含むことを期待されていたように記憶しているが、結果的にはソフトの話だけで完結させることができた。古い話を蒸し返したが、ほんとうは今でもこれをやってみたいとの思いはあり、この構想を誰かに引き継ぎたいとも思っている。

提言の最後に、こんなあとがきを書いた。

大げさに言えば、この提言の中には、私にとって十数年間待望していたことの多くが盛り込まれています。

そしてこれは各方面から参加していただいた委員のみなさんの思いが集約されたものでもあります。各委員はそれぞれの立場から内容についての細かい検討と議論を重ねることによって、今回の提言をより客観的で内容豊かなものに仕上げることに協力していただきました。

私を含め、すべての委員の意見は、提言だけでことが終わるということではなく、むしろこれから実際にどのように進めていくのか、が重要である、という点で一致していると思います。

提言の中では、今後福岡市が文化政策と都市政策を一体的に進めていくために必要ないくつかの変革について言及していますが、その行き着くところは結局従来とは異なる民間と行政との協働関係をどのように形成していくか、ということではないでしょうか。これからの10年間、そしてその後も見据えながら、目標を持って福岡の新しい都市イメージを形成する人材がこの協働の中から生まれてくるのではないかと思います。

この提言が今後の福岡市の文化都市政策にとって少しでも寄与することがあれば、と願っています。

私はこれを、福岡市に限定されることのない話だと考えている。
私はいつも同じことを繰り返し、話し、書いてきただけなのかもしれない。

あとがき

文章を書きながら、私は当事者の限界というものを感じていた。古い時代の記憶には、長い間の思い込みで作られた勘違いがあるような気がした。また、今回、私の中で二〇〇〇年代の福岡と横浜を往復している時期の前後関係の記憶がかなり混乱していることもわかった。いくつかのよくわからない点に関して、福岡時代の知人数名に確認を取ったが、その知人の間でも見解が必ずしも一致しないこともあった。私の今回の記述はそのような、再確認できた情報で書き直した部分と、私の記憶そのままの部分が混在している。

例えば個人の所属先や役職など、もっと正確に調べて記述するべきではないかというご指摘もいただいたが、それはもう私の役割ではない、と思う。

私から見てどのように見えていたか、ということを優先し、単純な記憶違いと思われるものは正す、という折衷的な組み合わせで書き進めた。それ以上の正確さについてはもし必要であれば、他の人にお任せしたい。

黄金町の初期の取り組みも、多くのことが忘れられていることがやはり資料を発掘していて分かった。身の危険を感じながら、身体的にも精神的にもかなり大変な時期もあったが、立場の違う多くの人たちと、多くのことを同時に進めることの楽しさを感じることができた時代でもあった。

黄金町に関する文章は、記録を追うというより、わたしの思いを書き残すという方向を選んだ。これまでなにごともあまり説明することなく、仕事を進めてしまうという私のわるい癖があって、いっしょに仕事をしていたスタッフでもよくわからないということがあったと思う。

私の記述はおそらく前半と後半で違う雰囲気になっていると思う。私は全体を過去に書いた文章を参照しながら、つぎはぎの感じを出したいと思ったが、前半を書き始めた時は、手元にあまり資料がなくて、記憶ベースで書いたところが多くなってしまった。それに対し、後半の黄金町は参照するものが身近にあったので、当初考えていたつぎはぎ感がいくらか出ていると思う。これは明確なストーリーを持って物事が展開するわけではない、という点をいくらか強調してみたいということもあった。前半の文章についてはあとから資料探しの時間ができたので、注の形で、本文とはやや違う調子の文章を組み込んだところがある。

長い間地方で仕事をしてきたということは、私にとって大きな意味を持っている。東京（のある公的な機関）から、ある海外アーティストについて、自分たちが取り上げる予定があるので、福岡で彼を招聘するのをやめてほしい、と電話をいただいた。もちろんお断りをしたが、もともとの力関係が違うので、その後きびしい対応が待っていた。中央の人間に逆らうとひどい目にあうということは、その後も経験した。地方でやっていた仕事は美術年表にも載らないのが普通だ。一度見たことがあるのは、東京の事例があって、その頃福岡で、という記述があるものを見たことがある。時間的な順序を逆にして地方の重要度を下げるという工夫がされていた。あるいは別の話だが、マイノリティの擁護者でありながら、実は権威主義者でもある、という人たちに出会うことがある。地方で長い間やっていくということはそういうことに気がつく目を持つ、ということでもある。

しかしながら、今となっては、私はそういう人たちに皮肉でも何でもなく、感謝したいと思う。私がどういう生き方をしなければならないかを教えてくれた人たちに違いないからだ。

この本の最初の原稿を書き始めた頃はまだコロナ禍ではなかったが、状況はすぐに悪化し、ほぼ全ての作業期間がコロナとともにあった。

また、アジアの状況も再び困難な時代を迎えようとしているかに見える。多くの人たちが殺害され、弾圧される時代が戻ってきているかのようだ。私としては、これまでの取り組みを継続し、継承することによって、この課題に対処していきたい。

この本を作るために本当に多くの方のお世話になった。情報の収集やその整理にご協力いただき、また、この本の方向性について助言をいただいた方々、どうもありがとうございます。そして、出版のためにご支援をいただいた多くのみなさんにお礼申し上げます。

本の中ではごく一部の方しか紹介できなかったが、これまで一緒に仕事をしたすべてのアーティストのみなさんに感謝を伝えたい。同様に私と一緒に仕事をしていただいた歴代の関係者のみなさんへも。私は福岡、黄金町を通じて、地域のみなさんの協力がなければできない仕事を続けてきた。ある日突然やってきた正体不明の人間を受け入れ、お付き合いいただいた、地域のみなさんに感謝申し上げます。そして黄金町の活動を見守り、応援してくださった、海外のみなさんにもお礼を。みなさんの注目は私たちの活動に大きな影響を与えています。いずれこの本の文章を日本語以外の言語に翻訳し、お伝えできるようにしたいと思います。

この本を出すことを思いつき、共著者になっていただいた鈴木先生、この出版プロジェクト全体を動かすことを引き受けてくれた佐脇三乃里さん、お二人にお礼申し上げます。そして、出版についてご努力いただいた春風社の方々にも深く感謝を。

山野真悟

山野真悟（やまの・しんご）

一九五〇年福岡県生まれ。一九七一年美学校加納光於銅版画工房修了。一九七〇年代より福岡を拠点に美術作家として活動。一九七八年よりＩＡＦ芸術研究室を主宰、研究会・展覧会企画等をおこなう。一九九〇年ミュージアム・シティ・プロジェクト事務局長に就任。これを契機に美術作家からディレクターに転身した。一九九〇年より隔年で街を使った美術展「ミュージアム・シティ・天神」をプロデュース。その他にも「まちとアート」をテーマに、プロジェクトの企画、ワークショップ等を多数てがけた。一九九一年「中国前衛美術家展［非常口］」をプロデュース。二〇〇五年「横浜トリエンナーレ二〇〇五」でキュレーターに就任。二〇〇八年より活動拠点を横浜に移し、「黄金町バザール」ディレクターに就任。以後黄金町バザールは毎年開催。二〇〇九年黄金町エリアマネジメントセンター事務局長に就任、現在に至る。著書に『福岡のまちに出たアートの10年　ミュージアム・シティ・プロジェクト１９９０－２００Ｘ』（二〇〇三年、黒田雷児、宮本初音と共著）がある。

鈴木伸治（すずき・のぶはる）

一九六八年大阪生まれ。京都大学工学部建築学科卒業。東京大学大学院を修了後、東京大学助手、関東学院大学工学部助教授、横浜市立大学准教授を経て、二〇一三年より同教授。専門は都市計画・都市デザイン・歴史的環境保全。黄金町では二〇〇七年よりまちづくりに取り組み、現在ＮＰＯ法人黄金町エリアマネジメントセンター副理事長。著作に『都市の遺産とまちづくり　アジア大都市の歴史保全』（編著、春風社、二〇一七年）、『今、田村明を読む』（編著、春風社、二〇一六年）、『創造性が都市を変える』（編著、学芸出版社、二〇一〇年）、『都市の風景計画』（共著、学芸出版社、二〇〇三年）など。

アートとコミュニティ　横浜・黄金町（こがねちょう）の実践から

二〇二一年八月一八日　初版発行

著者　山野真悟＋鈴木伸治
企画監修　佐脇三乃里
特別協力　認定ＮＰＯ法人黄金町エリアマネジメントセンター
発行者　三浦衛
発行所　春風社
横浜市西区紅葉ヶ丘五三　横浜市教育会館三階
電話　〇四五―二六一―三一六八　ＦＡＸ　〇四五―二六一―三一六九
http://www.shumpu.com　info@shumpu.com

ジャケット作品　普耘（プユン）《揺れる家》二〇一七年
装丁・レイアウト　長田年伸
印刷・製本　シナノ書籍印刷株式会社

ISBN978-4-86110-752-8 C0036 ¥3000E